RAMSÈS III

DU MÊME AUTEUR

L'Art aux yeux pers, Le Cherche-Midi, 1980, *poésie*. Prix Jean Christophe.
Torrent, R.E.M., Lyon, 1983, *poésie*, Album avec interprétation au piano de Violaine Vanoyeke.
L'Harmonie et les arts en poésie, Monaco, 1985, *anthologie*.
Le Mythe en poésie, Monaco, 1986, *anthologie*.
Cœur Chromatique, R.E.M., Lyon, 1986, *poésie*. Album avec accompagnement musical interprété au piano par Violaine Vanoyeke. Interprétations des textes avec Dominique Paturel.
Clair de Symphonie, J. Picollec, 1987, *roman*.
Messaline, Robert Laffont, 1988, *roman*. Traduit en espagnol, portugais, grec, coréen, bulgare, polonais.
Le Druide, Sand, 1989, *roman*.
Au bord du Douro, Lizier, Luxembourg, 1989, *poésie*.
Les Louves du Capitole, Robert Laffont, 1990, *roman*. Prix littéraire de l'été 1990. Traduit en espagnol.
Le Crottin du diable, Denoël, 1991, *roman*, Prix de l'association de l'assurance et des banques 1992.
Les Bonaparte, Critérion, 1991, *histoire*.
La Prostitution en Grèce et à Rome, Belles Lettres, 1990, *histoire*. Traduit en espagnol.
La Naissance des Jeux Olympiques et le sport dans l'Antiquité, Belles Lettres, 1992, *histoire*.
Les Grandes Heures de la Grèce antique, Perrin, 1992, *histoire*.
Les Sévères, Critérion, 1993, *histoire*.
Les Schuller, Presses de la Cité, 1994, *roman*.
Hannibal, France-Empire, 1995, *histoire*.
Paul Eluard, Julliard, 1995, *biographie*.
Le Serment des Quatre Rivières, Presses de la Cité, 1995, *roman*.

Discographie

Beethoven, Debussy, Chopin, R.E.M., Lyon, Violaine Vanoyeke, piano.
Chopin, Debussy, Schumann, R.E.M., Lyon, Violaine Vanoyeke, piano.

VIOLAINE VANOYEKE

RAMSÈS III

ÉDITIONS FRANCE-EMPIRE
13, rue Le Sueur
75116 Paris

Vous intéresse-t-il d'être au courant des livres publiés
par l'éditeur de cet ouvrage ?

Envoyez simplement votre carte de visite aux

ÉDITIONS FRANCE-EMPIRE
Service « Vient de paraître »
13, rue Le Sueur, 75116 Paris

Et vous recevrez régulièrement, et sans engagement de votre part,
nos bulletins d'information qui présentent nos différentes collections
que vous trouverez chez votre libraire.

ISBN 2-7048-0785-X

IMPRIMÉ EN FRANCE

Pour Philippe.

INTRODUCTION

Tous les visiteurs qui se sont rendus aux temples des souverains du Nouvel Empire connaissent les noms de Ramsès, fils de Séti, ou de Ramsès III. Cependant, et malgré la richesse des documents sur Ramsès III, ce pharaon demeure sans conteste le moins connu.

Au milieu des temples, en partie reconstruits par les archéologues, se trouve celui de Médînet Habou qui est sans doute le plus imposant et qui fut précisément construit par Ramsès III. A cet endroit, Thoutmosis II (1492-1479 avant J.-C.), Amenhotep, Ay et Horemheb au XIVe siècle, s'étaient fait construire des temples funéraires aujourd'hui ruinés. La reine Hatshepsout y avait fait, elle aussi, ériger un temple. Cependant, le monument que fit construire Ramsès III au XIIe siècle et qui fut achevé en 1173 sur la rive gauche de Thèbes, demeure l'un des plus vastes et des mieux conservés de l'Antiquité. Outre sa fonction cultuelle, le temple de Médînet Habou constitue un témoignage du règne de Ramsès III.

L'ensemble fut clos par une enceinte d'une épaisseur de dix mètres cinquante, haute de plus de dix-huit mètres. Il était muni de tourelles, de deux tours puissantes au nord et au sud et, à l'est, d'une porte fortifiée s'ouvrant sur un quai du bord du Nil. Un bassin servait de port. Un pavillon fortifié comprenait deux étages. Les murs des pièces étaient décorés de scènes de harem dans lesquelles Ramsès III apparaît au milieu de ses femmes.

Par un pylône de vingt-deux mètres de hauteur, on pénètre dans une cour bordée de sept piliers à l'effigie d'Osiris. Passé le second pylône, un peu moins haut, on arrive dans une seconde cour plus grande bordée d'un portique. Elle permet d'accéder à la salle principale. L'ensemble présente quarante-huit salles. A l'intérieur de l'enceinte ont été également retrouvées des traces de magasins, de chapelles, de demeures de prêtres, un bassin sacré et un nilomètre. Les murs des greniers et des ateliers qui se trouvent tout autour sont gravés de textes économiques et de représentations de porteurs d'offrandes qui permettent d'imaginer l'activité fébrile des travailleurs.

Toutes les parois du temple sont couvertes de reliefs et d'inscriptions représentant des scènes de chasse, des scènes religieuses évoquant les guerres de Ramsès III et ses victoires sur les Peuples de la Mer.

Le pharaon devait utiliser le palais accolé au temple comme pied-à-terre lorsqu'il venait à Thèbes. Ce palais évoque donc la vie quotidienne à la cour.

Ce premier document est exceptionnel. Il révèle combien Ramsès III était soucieux d'imiter Ramsès II. Mais il témoigne aussi de son courage lorsqu'il dut lutter contre les Peuples de la Mer afin que les Libyens, les Achéens, les Danéens, les Philistins et tous les peuples méditerranéens, que l'on retrouve chantés par Homère, ne s'installassent pas en Égypte. Il constitue un ensemble de faits économiques, politiques, militaires, historiques et religieux.

Le site, exploré en 1858 et déblayé dès 1895 par A. Mariette puis par E. Grébaut et G. Daressy qui évacuèrent les constructions urbaines en briques crues pour atteindre les niveaux anciens, fut fouillé dès 1912 par Th. Davis. L'Oriental Institute de Chicago a fait un relevé en six campagnes des temples, de 1927 à 1933.

Les fouilles ont révélé d'inestimables documents retrouvés dans les archives des temples : des procès datant de l'époque de Ramsès III, un immense papyrus (que l'on appelle « papyrus Harris » du nom de son premier propriétaire) aujourd'hui conservé au British Museum de Londres qui fut découvert en 1855 dans une cachette où il avait sans doute été dissimulé par les prêtres de Médînet Habou et qui rapporte les richesses de l'Égypte au temps de Ramsès III, le fonctionnement de l'administration, et de très nombreux détails sur la vie égyptienne, les institutions religieuses, civiles et militaires du pays et de la Maison du Roi.

Aujourd'hui divisé en vingt-quatre feuillets, le papyrus Harris représentait autrefois un rectangle de quarante-deux centimètres de haut et de quarante-deux mètres de longueur. Il s'agit actuellement du plus long papyrus connu. Ses presque mille cinq cents lignes écrites par cinq scribes constituent une sorte d'autobiographie de Ramsès III présentée sous la forme d'un discours que le roi aurait adressé aux dieux et à ses sujets quelques jours avant sa mort mais qui semble, en réalité, avoir été rédigé par son fils et successeur Ramsès IV. Il rappelle les principales réalisations de Ramsès III et prie donc ses sujets de favoriser le règne de son fils. Sans doute était-ce une manière, pour

Ramsès IV, de rappeler aux prêtres et aux notables combien il convenait d'être loyal à l'égard du pharaon. Peut-être même ce témoignage, qui se lit parfaitement à distance, a-t-il été affiché au vu et au su de tous à un moment où des comploteurs tentaient d'évincer les successeurs de Ramsès III.

Le papyrus Harris est le seul exemple de récit d'un règne égyptien que l'histoire nous ait laissé. Il se divise en deux parties : un discours aux dieux sur soixante-quatorze pages et un discours au peuple sur cinq pages. Dans la première partie se succèdent trois discours aux dieux de Thèbes, d'Héliopolis et de Memphis, Amon, Atoum-Rê-Horakhty et Ptah, un discours aux dieux de villes secondaires avec de petits développements consacrés à ceux de This, d'Hermopolis, d'Abydos, d'Assiout, d'Ombos, d'Athribis et de Pi-Ramsès. Suivent des listes quantifiant les biens alloués à ces divinités.

D'autres papyrus révèlent une conspiration de harem peu ordinaire. Ramsès III était pourtant discret dans ses relations avec les femmes. Isis, la grande épouse royale, apparaît sur les fresques de Médînet Habou lors des fêtes de Min ou dans quelques scènes rituelles mais Ramsès III ne semble pas avoir réservé aux femmes de sa famille la place prestigieuse que leur attribuait Ramsès II. On le retrouve cependant et tout à fait exceptionnellement en compagnie de ses filles sur les représentations d'une tour de Médînet Habou.

Suivre ces fresques, ces papyrus, c'est suivre la vie et le règne du dernier grand roi du Nouvel Empire égyptien.

Bien avant le Nouvel Empire et dès le début de la IVE dynastie, il existait un riche répertoire à la disposition des artistes qui décoraient les tombes et qui ont ainsi retracé la vie quotidienne des Égyptiens dans chaque corps de métier. Ce répertoire fut enrichi pendant l'Ancien Empire avec un souci de précision et parfois une pointe d'humour. Les principaux thèmes de ce répertoire se retrouvent sur les tombes du Moyen Empire, à Meir, à Beni-Hassan, à El-Bercheh, à Thèbes, à Assouan, enrichis de représentations d'événements que le personnage a connus de son vivant. Ainsi s'ajoutent aux scènes de la vie quotidienne des scènes historiques.

Au Nouvel Empire, les sujets qui décorent les tombeaux des particuliers reprennent les scènes de l'ancien répertoire mises à jour. S'y mêlent des scènes historiques et le récit imagé de la vie du défunt ainsi que des tableaux représentant la piété que les Égyptiens manifestaient à l'égard de la divinité. Toute la cérémonie des funérailles est reconstituée : fabrication du mobilier funéraire, cortège, traversée du Nil, mise au tombeau, offrandes et pleurs.

Les Égyptiens avaient en effet des idées bien arrêtées au sujet de la mort et sur la vie qui la suivait. Pour eux, la personnalité d'un individu survivait à sa mort et pouvait habiter son enveloppe charnelle. Les Égyptiens concevaient leur vie au-delà de la mort sur le modèle de leur vie terrestre. Une personne décédée était représentée sur les murs de sa propre tombe avec tout ce qu'elle pouvait désirer. Les pyramides illustraient cette conception de la vie postérieure à la mort. Le roi gravissait un escalier jusqu'au ciel pour y devenir le chef. Les gens du peuple devenaient des « Osiris » après leur décès. Ils étaient soumis à un jugement du Tribunal d'Osiris. Au Nouvel Empire, tous ceux qui le pouvaient se faisaient ainsi construire des chapelles-tombes au-dessus de leur caveau. De nombreuses formules à caractère magique étaient inscrites sur des papyrus enterrés avec les morts ou gravées sur les murs. Certaines sont aujourd'hui connues sous la dénomination de *Livre des Morts*. Quant au pharaon, il voyageait en esprit avec Osiris-Rê pendant les douze heures de la nuit recevant les hommages de son peuple. Puis il renaissait chaque matin à l'aube pour naviguer aux côtés du dieu Soleil tandis que son corps dormait dans sa tombe de la Vallée des Rois.

Sur chaque temple royal, l'historien lit comme dans un livre. Il n'est pas un fût de colonne, un architrave, un montant de porte qui ne soit revêtu d'hiéroglyphes. En outre, le pharaon était fils de dieu ; la divinité avait guidé ses faits et gestes pendant toute sa vie, si bien que retracer les événements de son existence était une manière d'honorer les dieux.

L'artiste tient surtout à rappeler combien le pharaon a embelli un sanctuaire, comment se sont déroulées les guerres de Syrie, de Libye ou de Nubie, et les butins que les Égyptiens en ont rapportés, comment s'organisaient les chasses royales. Des textes rapportent ordres, chants et paroles pour compléter ces fresques.

Ces monuments funéraires n'ont pas seulement livré des bas-reliefs, des statues, des sarcophages, des stèles ou des offrandes. On y a retrouvé des objets qui avaient sans doute appartenu au défunt ou à sa famille. Si la civilisation égyptienne a évolué lentement en plus de trois mille ans, ce changement relatif dans les coutumes, les institutions, les croyances ne doit pas être négligé. Sous l'Ancien Empire, les Égyptiens avaient déjà construit tout ce qui représentera l'originalité et la grandeur de l'Égypte.

Vers 1300, commence l'époque des Séti et des Ramsès par un renouvellement des naissances. Les Égyptiens en attendent un changement. Cette famille est composée d'« hommes du Delta » alors que les pharaons qui se sont jusque-là succédé étaient de Memphis ou de Thèbes. Certains avaient grandi entre Coptos et le Fayoum. La famille des Séti honorait le dieu Seth depuis quatre cents ans. Elle régna jusqu'au XIe siècle. La descendance de Ramsès et son dieu Seth furent alors congédiés.

Trois pharaons ont particulièrement illustré cette période : Séthi (ou Séti) Ier (1289-1279 avant J.-C.) dont l'ambition était de reconquérir les possessions syriennes de l'Égypte et qui réaffirma la mainmise de l'Égypte sur les provinces de Canaan et d'Upi et sur la partie sud de la côte phénicienne ; Ramsès II (1279-1212) qui fut, comme son père, un conquérant et un bâtisseur, et qui se promit de rivaliser avec les plus grands pharaons de l'Empire dès son plus jeune âge ; Ramsès III (1184-1153), septième successeur de Ramsès II.

La famille des Séti et des Ramsès a apporté à l'Égypte la paix religieuse après une longue période de troubles et de crises (cette paix ne sera menacée que vers 1100). Elle a remporté des victoires militaires glorieuses. Les Hyksos [1], cette lignée de six rois étrangers qui avait constitué la XVe dynastie, ayant tout ravagé, les Ramsès ont également poursuivi la restauration des régions dévastées que les pharaons thébains n'avaient pu ter-

1. Hyksos est un mot dérivé du terme égyptien désignant les « souverains des pays étrangers ». Il existait vers 1650 avant J.-C. trois « Égyptes » : celle du nord avec les Hyksos ; celle du sud avec les Thébains et une troisième faite de principautés nubiennes. Ahmosis Ier acheva de chasser les Hyksos d'Égypte.

miner. Ils ont donc été des bâtisseurs de villes et d'édifices. En témoignent les tombeaux et de très nombreux papyrus des XIIIe et XIIe siècles, romans, lettres, listes de travaux et d'ouvriers, contrats, procès-verbaux et, bien entendu, l'éloquent testament politique de Ramsès III.

Ramsès III fut donc le principal roi de la XXe dynastie et le dernier grand roi du Nouvel Empire. Il a régné plus de trente ans. Son règne marque le passage du Nouvel Empire à la Basse Époque. Son nom et son activité se trouvent aujourd'hui attestés sur la plupart des sites archéologiques égyptiens. Rien là d'étonnant quand on sait qu'il l'emporta contre les peuples libyens à deux reprises, qu'il repoussa les tentatives d'invasions des redoutés Peuples de la Mer, qu'il fit construire de nombreux monuments ou que les parois des temples furent gravées de textes relatant son règne, textes que les fouilles archéologiques ne cessent d'enrichir.

Le prêtre égyptien Maréthon écrivit vers l'an 300 avant J.-C. une histoire de son pays pour le roi Ptolémée Ier. Seuls des fragments de cette histoire à laquelle se mêlent des réminiscences légendaires sont connus. Elle révèle cependant les trente dynasties pharaoniques. L'histoire de certaines périodes (et surtout les périodes de troubles) demeurent pourtant difficiles à cerner. Il est également ardu de découvrir à travers les récits vantant les exploits des rois ou sous les témoignages des pharaons écrits à la première personne l'exactitude des faits tant les rois ont coutume d'auréoler leurs actes de perfection. Comment saisir en effet sous le « langage » officiel le véritable caractère du pharaon dont nous connaissons si mal la vie privée, l'éducation, la vie amoureuse ? Il faut tenter de déceler à travers chaque acte officiel le tempérament de l'homme, de retracer à travers le strict décorum et le quotidien si bien réglé de chaque pharaon, les simples gestes, les goûts, les réactions d'un Égyptien dont la destinée était, dans l'au-delà, de parcourir l'univers aux côtés du dieu Soleil, dans une course infinie, pendant des millions d'années.

PREMIÈRE PARTIE

LA ROUTE VERS LE POUVOIR

1

L'ÉGYPTE AVANT L'AVÈNEMENT DE RAMSÈS III

L'Égypte au temps des Ramsès

L'Égypte au temps des Ramsès s'étend sur un terrain fertile d'environ trente mille kilomètres carrés le long du Nil et sur d'immenses terrains désertiques. Bien avant l'époque des Ramsès, le pays était divisé en deux parties : la Basse-Égypte était envahie par une végétation luxuriante. Le fertile Delta y était flanqué de déserts et de sables stériles. Le Delta s'étendait largement alors que l'étroite vallée de la Haute-Égypte s'étirait sur trois à dix-neuf kilomètres entre déserts et collines.

A quelques kilomètres au sud du Caire, sur la rive gauche du fleuve, se trouvait Memphis qui fut pendant plus de trois mille ans la capitale de l'Égypte ancienne. Le Nil se divisait en multiples bras et canaux qui irriguaient les champs et les villages du Delta. En 1300 avant J.-C., le fleuve se divisait en effet en trois bras principaux [1]. Le

1. Il ne subsiste aujourd'hui que deux bras principaux : l'un à l'ouest débouchant à Rosette et l'autre à l'est débouchant à Damiette.

« Grand Fleuve » coulait au milieu du Delta ; les « Eaux de Rê » rejoignaient la mer en remontant vers le nord puis vers l'est. Il ne subsiste aujourd'hui de la troisième branche que quelques canaux. Les « Eaux de Rê » quittaient le Nil principal en face d'Héliopolis pour se diriger vers le nord-est. Près de Bubastis, coulait le Canal de l'Eau Douce qui se dirigeait vers l'est jusqu'aux Lacs Amers. Il suivait l'ancienne route commerciale empruntée par les caravanes qui se rendaient au centre du Sinaï.

Avaris, ville du dieu Seth, était le carrefour des routes commerciales du sud-est et du nord-est, celles-ci longeant la côte depuis la terre de Canaan (Palestine). Les « Eaux de Rê » dépassaient Silé près des « Chemins d'Horus » et se jetaient dans la mer près de Sa'inu (Péluse). Le berceau des Ramsès se situait précisément entre Héliopolis et Avaris. Là s'embarquaient les marchands qui rejoignaient Memphis par le Nil. Là arrivaient les caravanes du Sinaï. Avaris était remplie d'une foule cosmopolite.

Au sud d'Avaris, on parvenait par la route ou le fleuve à Memphis. Les pharaons avaient coutume de partir de là pour Thèbes ou de descendre les neuf cent soixante kilomètres jusqu'à Assouan où se trouvaient d'énormes blocs granitiques.

A quatre-vingts kilomètres de Memphis la vallée s'élargissait en une vaste plaine. Un canal reliait le Nil à la province du Fayoum et à son lac. Les pharaons avaient l'habitude d'y venir pêcher ou chasser dans les marécages.

En descendant le Nil pendant une quinzaine de jours, le pharaon parvenait aux vastes temples de Karnak et de Louxor, les plus grands sanctuaires d'Égypte. Les temples funéraires des rois se trouvaient sur la rive gauche, en bordure du désert. Les Vallées des Rois et des Reines étaient dissimulées par des falaises dans lesquelles étaient creusés les tombeaux des notables.

Au sud d'Assouan, le Nil traversait la Nubie gouvernée au nom du pharaon par un vice-roi. Les habitants vivaient là de leur or. Les trois cents kilomètres allant d'Assouan à la Deuxième Cataracte constituaient la province de Basse-Nubie. Ensuite, le Nil traversait la province de Koush (Haute-Nubie). Au-delà de la Troisième Cataracte s'étendait une riche région agricole. La zone frontalière devait se situer près de Abou Hamed en aval de la Cinquième Cataracte.

A cet empire déjà immense allant du Delta du Nil aux cataractes s'ajoutaient les provinces de Canaan et du sud de la Syrie.

Qu'en était-il des origines de ce « double pays » ? Un fleuve avait creusé la vallée du Nil au début de l'époque préhistorique à travers les grès et les calcaires du nord-est de l'Afrique. Le Nil avait peu à peu diminué, inondant la vallée de juin à septembre. Des communautés villageoises s'étaient assemblées en provinces dirigées par des souverains locaux jusqu'à ce que la vallée allant d'Assouan au Fayoum représentât un royaume unique dirigé par des rois « à la couronne blanche » (XXXIIe siècle avant J.-C.). Un royaume rival était apparu dans le Delta gouverné par les rois de la « couronne rouge ».

Les diverses dynasties

Un affrontement inévitable opposa les deux royaumes ennemis.

Le roi du sud, Narmer, l'emporta sur les princes du nord vers 3100. Le pharaon devint donc le « Seigneur

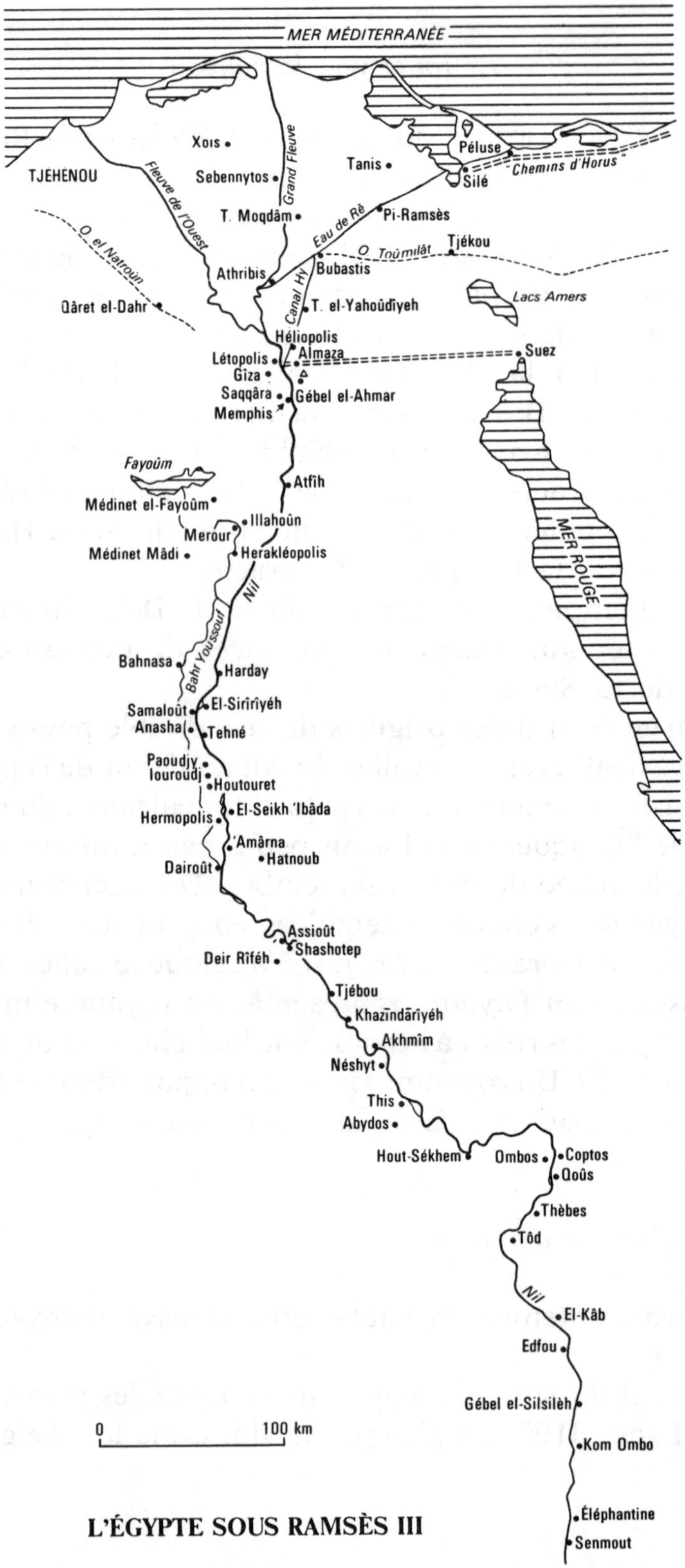

L'ÉGYPTE SOUS RAMSÈS III

des Deux Terres ». Narmer fonda une première lignée de rois : la première et la seconde dynasties qui constituent la période protodynastique et qui créèrent une administration hiérarchisée, utilisant les hiéroglyphes pour écrire les archives, développant une imposante architecture, des arts raffinés comme la fabrication de bijoux, de vases, d'un mobilier royal prestigieux.

La IIIe dynastie inaugura l'Ancien Empire ou « âge des pyramides » qui dura de 2700 à 2200 avant J.-C., de la IIIe à la VIe dynastie. Vers 2700, le roi Djeser et son ministre Imhotep firent construire les premières grandes pyramides avec leurs tombeaux et leurs palais. Le roi Snéfrou, fondateur de la IVe dynastie, fit construire deux pyramides sans degrés. Son fils Khéops ordonna de bâtir la grande pyramide, la plus imposante de toutes. Les rois ultérieurs recherchèrent la sécurité pour leurs pyramides : la taille importait moins que les rites magiques gravés sur les murs.

La hiérarchie du pouvoir devint plus complexe et les gouverneurs locaux de la Haute-Égypte souhaitèrent plus d'indépendance. L'État égyptien s'écroula sous Pépi II à cause des luttes intestines et des ambitions des colons de Palestine. Sous les VIIe et VIIIe dynasties, des rois sans envergure se succédèrent à Memphis. Une famine entraîna une menace des Asiatiques dans le Delta. Alors arrivèrent des rois de Ninsu, près du Fayoum. Ils créèrent les IXe et Xe dynasties. Ils reconquirent l'est du Delta malgré l'opposition d'une lignée de princes qui refusèrent de reconnaître leur légitimité et qui créèrent un petit État à Thèbes.

Le roi thébain Mentouhotep II restaura l'unité du pays après avoir éliminé le dernier roi de la Xe dynastie, vers 2030 avant J.-C. Il fit élever à Thèbes son tombeau et son temple funéraire où l'image d'Amon était portée

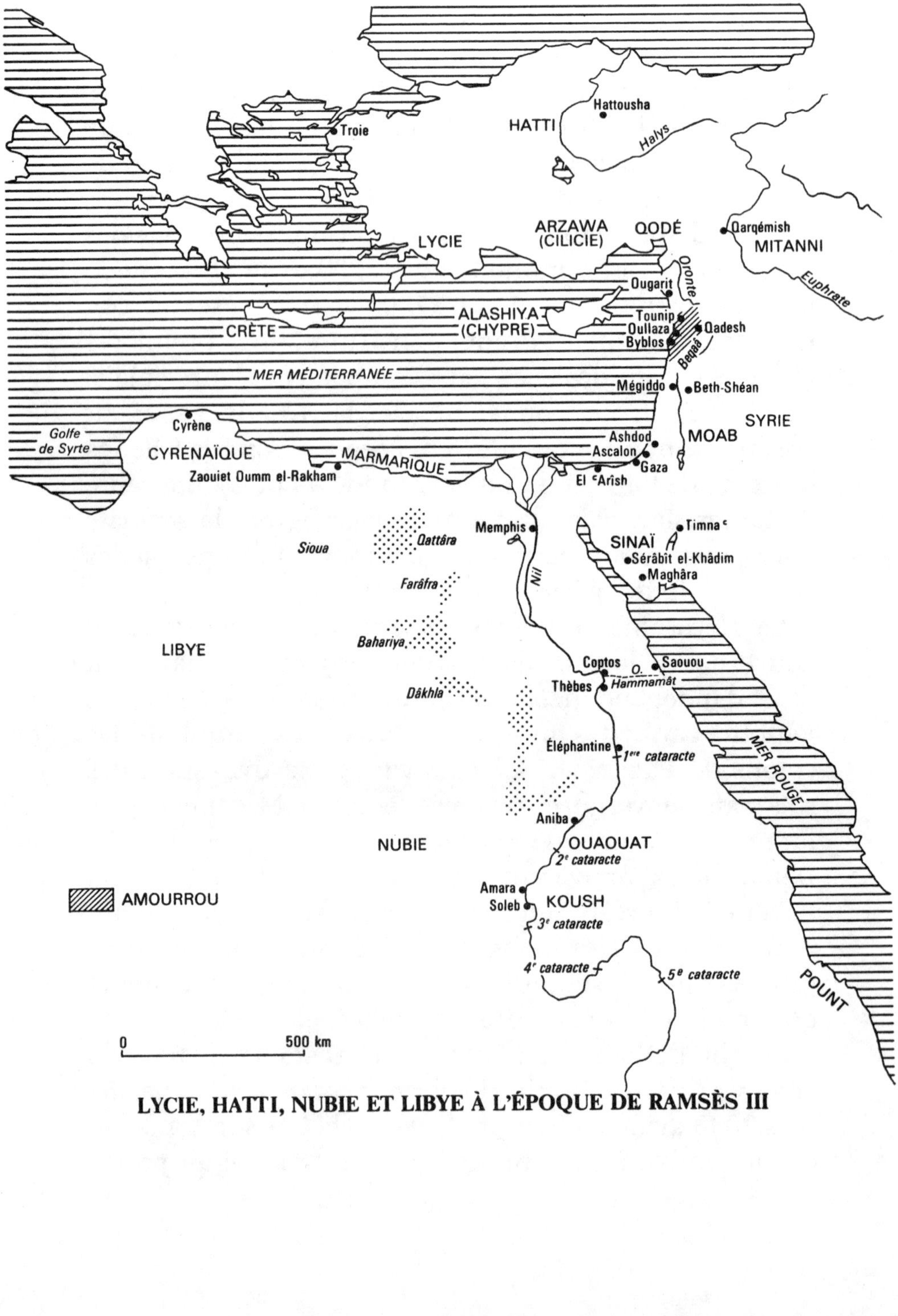

LYCIE, HATTI, NUBIE ET LIBYE À L'ÉPOQUE DE RAMSÈS III

pendant la Fête de la Vallée, fête qui deviendra une des plus prestigieuses d'Égypte.

Quand Mentouhotep mourut, des périodes de sécheresse et des conflits de succession s'enchaînèrent jusqu'à l'avènement du vizir Amenemhat Ier qui commença la XIIe dynastie. Celle-ci restaura la puissance de l'Égypte de 1991 à 1786 avant J.-C. et supprima le pouvoir des gouverneurs de province en les remplaçant par des fonctionnaires plus dociles.

Pendant la XIIIe dynastie, les rois se succédèrent rapidement. Certains dirigeants manifestèrent dans le Delta une ferme volonté d'indépendance. Les Asiatiques s'introduisirent en Égypte. L'un des princes asiatiques s'empara de l'Est et d'Avaris. Il prépara un coup d'État et se fit même nommer pharaon à Memphis et à Itjet-Taowy. Les rois égyptiens retournèrent à Thèbes comme gouverneurs-vassaux vers 1650 avant J.-C. Cette dynastie de six rois étrangers constitua la XVe dynastie ou lignée *Hyksos*.

Pour la troisième fois, les princes du Sud sentirent la nécessité d'agir. Sékenenrê-Tao II et son fils Kamès combattirent contre le Nord et l'emportèrent contre le dirigeant hyksos Apopi. Mais Kamès mourut prématurément, laissant à son fils, Ahmosis, le soin d'achever leur entreprise. Les princes thébains réunifièrent l'Égypte une nouvelle fois.

2

LES PHARAONS DU NOUVEL EMPIRE

Ahmosis Ier fut le premier roi de la XVIIIe dynastie. Vers l'an 1530 avant J.-C., il retourna se battre en Asie et soumit la Palestine et le sud de la Phénicie afin de se prémunir d'une éventuelle invasion des Hyksos. Son fils, Aménophis Ier (1525-1504 avant J.-C.), organisa lui aussi des expéditions en Syrie et en Nubie mais il s'appliqua surtout à restaurer son pays et à reconstruire les temples. Il fit placer son tombeau dans les falaises de Thèbes-Ouest, rompant ainsi avec la tradition des pyramides, et fonda, pour accomplir ce travail, la Société des Ouvriers du Tombeau Royal.

L'extension en Asie

Dès le début du Nouvel Empire, vers 1550 avant J.-C., les Égyptiens ne cessent de combattre en Asie. Thoutmosis Ier (1504-1492) marque les limites les plus reculées du pouvoir égyptien, au nord par l'Euphrate et au sud par Kénisa-Kourgous, près de la Cinquième Cataracte. Il fait agrandir le site de Karnak, le temple d'Amon à Thèbes et installe les ouvriers du Tombeau Royal sur la rive gauche, à Deir el-Médîneh. Il leur confie la tâche de tailler la première tombe de pierre dans un site qui deviendra la Vallée des Rois.

Son fils, Thoutmosis II (1492-1479 avant J.-C.) étant mort prématurément, le trône revient à son fils Thoutmosis III qui n'est encore qu'un enfant. Sa belle-mère, Hatshepsout, prend donc en main le pouvoir. Elle commandite de nombreuses expéditions. Mais, à sa mort, l'Égypte a perdu toutes ses possessions syriennes, en partie annexées par le Royaume du Mitanni. Thoutmosis III (1479-1425 avant J.-C.) rencontre donc sous son règne des obstacles que n'ont pas connus ses prédécesseurs. Il n'en maintient pas moins sa puissance. Il n'aspire qu'à reprendre les possessions de son grand-père en Syrie. A partir de 1457 avant J.-C., il engage ses armées dans dix-sept campagnes, contraignant les forces du Mitanni à repasser l'Euphrate. L'Égypte est sans doute alors la plus grande puissance du monde. Le Mitanni se trouve dans une position délicate. Un nouveau peuple menace d'étendre son territoire : le peuple des Hittites ou Hatti qui habite au nord du Mitanni. Tout en poursuivant sa guerre contre l'Égypte, le Mitanni redoute une attaque des Hittites alors que l'Assyrie, qui se trouve sous sa domination, n'attend qu'une occasion pour reprendre son indépendance. Une solution s'impose : le Mitanni conclut une alliance avec l'Égypte. Des princesses mitaniennes épousent des pharaons.

L'Égypte administre dorénavant ses possessions en Asie. Des gouverneurs surveillent les princes de Syrie regroupés en trois provinces : Canaan (Palestine), Upi (au sud de la Syrie dont le centre est à Koumidi) et Amourrou (sur la côte syrienne) ainsi que les villes de Phénicie situées entre Tyr et Ougarit. Chaque gouverneur possède une garnison. Les princes asiatiques sont contraints à verser un tribut sous forme de denrées. Deux vizirs gouvernent le pays au sud et au nord, aidés par les chefs du Trésor, du grenier et leurs seconds. Le vice-roi de Nubie s'occupe du passage de l'or.

Thoutmosis se révèle aussi un grand bâtisseur. Toutefois, sous le court règne de Thoutmosis IV (1396-1386 avant J.-C.), l'Égypte et le Mitanni se disputent le nord de la Syrie. Cette querelle se clôt par une alliance et le mariage d'une princesse du Mitanni avec un pharaon.

Sous Aménophis III (1387 ou 1386-1350 ou 1349 avant J.-C.), l'Égypte est donc riche et étendue. A l'exception d'une expédition en Haute-Nubie, ses quarante années de règne sont marquées par la prospérité et la paix. Sa réalisation la plus impressionnante est le nouveau temple d'Amon de Thèbes établi à Louxor. Comme ses prédécesseurs, Aménophis nomme de nombreux prêtres d'Amon à Thèbes, certains étant d'anciens soldats. Le roi malade désigne sans doute, à la fin de sa vie, son fils Aménophis IV comme corégent. Ce nouveau pharaon est marié à la belle Néfertiti. Il renie Amon, congédie ses prêtres et ferme ses temples. Il se fait appeler Akhenaton (« Efficace pour Aton »).

Le Mitanni connaît alors deux révolutions. La légitimité du nouveau roi est contestée tandis qu'en Asie Mineure les Hittites sont entraînés par un roi ambitieux, Souppiloulouima Ier, qui prend le parti du prince exilé du Mitanni. Akhenaton, plus occupé par la religion et par la politique que par la guerre, laisse les Hittites s'emparer de la Syrie et de l'Amourrou sous la conduite de Souppilouliouma. Les Hittites menacent les Égyptiens dans la plaine de la Beqaâ. La mort de Souppilouliouma arrive à point pour les successeurs d'Akhenaton qui parviennent ainsi à contenir l'invasion hittite et à maintenir la frontière entre Égypte et royaume hittite à quelques kilomètres au sud de Qadesh.

Toutânkhamon succède à Akhenaton mais ne gouverne pratiquement pas. Il reçoit le pouvoir encore enfant et laisse le trône sans héritier. Sa veuve, Ankhesenamon, décide d'épouser l'un des fils de Souppiliouliouma mais Aÿ, qui a exercé le pouvoir avec le général Horemheb sous Toutânkhamon, veut prendre sa succession. L'empereur hittite, furieux, lance son armée contre les possessions syriennes de l'Égypte et fait de nombreux prisonniers qu'il envoie en esclavage dans la terre du Hatti.

Horemheb prend à son tour le pouvoir à la mort de Aÿ (sa femme était probablement la sœur de Néfertiti). Son règne pacifique et sa détermination ramènent le calme dans une Égypte prospère.

Un adolescent du nom de Séti souhaitait faire carrière dans l'armée alors que s'achevait le règne d'Akhenaton. Son nom venait de celui du dieu Seth d'Avaris. Séti entra effectivement dans l'armée et fit une brillante carrière. Son fils, Pramsès, suivit l'exemple de son père. Il devint commandant des troupes, puis surintendant des écuries, conducteur de char du roi et aspira à la charge d'envoyé royal. Ainsi entra-t-il en contact avec les ministres et avec le pharaon lui-même. Son ascension lui fit accéder au rang de commandant de forteresse, de superintendant des bouches du Nil puis à celui de vizir, c'est-à-dire Premier ministre. Horemheb crut bon d'en faire son successeur, d'autant que Pramsès avait déjà un héritier. Élevé dans un milieu militaire, Pramsès jugeait qu'il fallait reprendre aux Hittites la partie de la Syrie qu'eux-mêmes avaient enlevée à l'Égypte. Il devint Ramsès Ier. Son fils Séti épousa une certaine Touya. Leur second fils reçut le nom de son grand-père, Ramsès, qui devait devenir Ramsès II.

Séti Ier succéda naturellement à son père Ramsès Ier. De 1294 à 1279 avant J.-C., il s'affirma comme un conquérant et un bâtisseur. Il imposa la puissance de l'Égypte sur les provinces de Canaan et d'Upi et sur la partie sud de la côte phénicienne. Afin de posséder le nord de la Phénicie, Séti Ier n'hésita pas à engager une nouvelle campagne. Il prit Qadesh sous les yeux du nouveau prince, le futur Ramsès II.

Mais le nouvel empereur hittite Moutawalli n'entendait pas céder si facilement Amourrou et Qadesh qu'il reprit. Il est vrai que l'enjeu de la Syrie était de taille puisque chaque adversaire tentait d'obtenir ainsi le contrôle du commerce entre la Mésopotamie et la Méditerranée.

La guerre va cependant cesser sous Ramsès II. Le roi hittite propose spontanément au pharaon, en 1275 avant J.-C., une paix préférable au combat. Les Égyptiens sont en tout point d'accord avec le Hittite. L'armistice de Qadesh doit mettre un terme à une campagne éprouvante pour les deux pays. Le Hatti est alors demandeur car l'Égypte a depuis longtemps organisé une armée capable de lutter pendant de longues années en Asie. Cette armée est désormais puissante et elle est dirigée par l'élite égyptienne. En outre, lutter à mille kilomètres de ses frontières ne perturbe en rien l'Égypte. Entre 1274 et 1271, les soldats ont pris l'habitude d'aller guerroyer en Syrie.

En revanche, la guerre implique pour le Hatti d'importants sacrifices. Il ne possède pas d'armée et doit en constituer à partir de peuples disparates plus ou moins indépendants. En outre, Moutawalli doit repousser une révolte de barbares partis d'Anatolie qui menace sa capitale, Hattousha, tandis que les Assyriens occupe le Hanigalbat (ancien Mitanni), l'une de ses possessions.

Quand Moutawalli meurt en 1272 avant J.-C. (an 9 de Ramsès II), le roi laisse le trône à son fils Moursil III. Mais ce dernier se méfie de son oncle Hattousil qui est très populaire. C'est en effet un homme politique efficace qui a combattu brillamment à Qadesh et qui a laissé la couronne à son neveu. Inquiet, Moursil III lui retire ses fonctions, si bien qu'en 1264 avant J.-C., craignant sans doute pour sa vie, Hattousil renverse son neveu et devient Hattousil III. Moursil se réfugie en Égypte. Les Égyptiens refusent de considérer Hattousil comme le successeur légitime de Moutawalli, ce qui envenime les relations entre eux et le Hatti.

Pour parer une éventuelle attaque, Ramsès se rend en 1262 en Palestine avec son armée. L'affrontement est évité. Toutefois, profitant une nouvelle fois de la situation, l'Assyrie annexe en 1261 le Hanigalbat. Hattousil III juge alors pertinent de se réconcilier avec l'Égypte. Il recherche depuis son avènement une alliance avec le roi de Babylone pour combattre contre l'Assyrie et redoute une lutte sur deux fronts.

Certes, une tentative de paix avait déjà été ébauchée en 1446 avant J.-C. sous Thoutmosis III mais l'Égypte dominait alors le Proche-Orient.

Le Hatti souhaite d'autant plus s'entendre avec l'Égypte qu'elle est de tous ses adversaires le pays le plus éloigné.

La paix de Qadesh (1259 avant J.-C.)

La paix est donc conclue entre les Hittites et les Égyptiens. Les possessions égyptiennes s'étendent jusqu'au débouché septentrional de la Beqaâ. Si Ramsès II renonce à Qadesh et à Amourrou, Hattousil III lui concède le droit de circuler le long de la route menant à Ougarit.

On connaît les versions égyptienne et hittite de ce traité de paix qui implique pour les deux parties une aide militaire en cas de nécessité, l'extradition d'éventuels fugitifs, la sauvegarde de la succession royale dans les deux États. Cette entente se passe dans un bon esprit. Égyptiens et Hittites s'échangent des cadeaux et s'écrivent. A la demande d'Hattousil III, Ramsès II envoie même des médecins égyptiens dans le Hatti, Hattousil III étant à la recherche d'un traitement qui rendrait sa sœur de soixante ans enceinte ! Pour satisfaire une demande si curieuse, Ramsès II juge nécessaire de joindre aux médecins quelques magiciens...

Dès 1250 avant J.-C., tandis que les Assyriens menacent le Hatti, le roi hittite multiplie les échanges avec le pharaon pour renforcer son alliance. Ramsès II épouse successivement en 1246 et en 1240 deux princesses hittites. Quant à Hattousil III, sans doute visite-t-il l'Égypte entre ces deux mariages comme l'y invite le pharaon dans l'une de ses lettres.

Le bilan de Ramsès II est positif sur le plan militaire : non seulement il n'a jamais été vaincu mais il a su conclure une paix qui a apporté à son pays la prospérité. Quand il meurt, en 1212 avant J.-C., les relations de l'Égypte avec le Hatti se sont un peu espacées, surtout depuis le décès de Hattousil III en 1234 avant J.-C. Ses successeurs ne sentent guère la nécessité de flatter le pharaon. Ils ne brisent toutefois pas le traité de paix.

Ramsès II laisse un trône florissant à son fils qui s'est déjà illustré par les armes et qui a déjà secondé son père dans de multiples fonctions. Aucune inquiétude ne trouble le pays. L'héritage de Ramsès II sera pourtant anéanti en dix années.

La chute de la XIXe dynastie

Merenptah, le fils de Ramsès II, va régner dix ans (1212-1202). Il poursuit l'œuvre de son père et se révèle non seulement un bâtisseur mais aussi un excellent militaire. Le règne de ses successeurs sera marqué par les troubles et les querelles de succession. En dix-sept ans, se succèdent quatre souverains dont un usurpateur et une femme.

Comment expliquer cette période de troubles ? Le règne de Ramsès a été long. Le pharaon a gouverné pendant soixante-sept ans et a survécu à la plupart de ses enfants. Merenptah est son treizième fils et connaît déjà sous son règne de grosses difficultés. En l'an 2, il doit mener une campagne contre la Palestine qui se soulève probablement à la mort de Ramsès II. En l'an 5, il repousse des Libyens qui tentent d'envahir le Delta et chatient des Nubiens qui se révoltent.

Quand Merenptah meurt, un certain Amenmessé, qui nous est inconnu et qui semble n'avoir construit qu'une tombe dans la Vallée des Rois, s'empare du trône au détriment de l'héritier légitime Séti II. Amenmessé était peut-être le père du futur roi Siptah. Il appartient sans doute à une lignée opposée à celle de Merenptah. Gouverne-t-il sur toute l'Égypte ? Rien n'est moins sûr. Son pouvoir semble local en Haute-Égypte et en Nubie, les Égyptiens reconnaissant, ailleurs, comme seul pharaon Séti II qui serait un petit-fils de Ramsès II. Amenmessé n'en détruit pas moins tout ce qui peut rappeler l'honneur de Séti II. Il fait marteler ses cartouches et ôte leurs fonctions à de hauts fonctionnaires qui l'ont aidé. Ainsi les prêtres du clergé thébain perdent-ils des charges qu'ils assumaient depuis près de cinquante ans.

La dynastie retrouve son cours normal avec le nouveau pharaon dont il ne reste qu'une tombe et un temple-reposoir édifié alors devant le temple d'Amon à Karnak. Le pharaon gouverne avec fermeté l'Égypte et l'Asie égyptienne.

Comme le fils unique de Séti II, Séti-Merenptah, meurt avant son père, Ramsès-Siptah (1193-1187 avant J.-C.) succède à Séti II.

Ramsès-Siptah est sans doute un fils d'Amenmessé et de Tiaâ, reine secondaire d'Amenmessé. Il souffre d'une atrophie du pied peut-être due aux séquelles d'une poliomyélite. D'autres historiens pensent qu'il s'agit plutôt d'un fils que Séti II aurait eu avec une reine appelée *Soutaïla,* « petite plante [1] ».

Ramsès-Siptah est plus connu sous le nom « Siptah ». Il semble avoir pris le pouvoir à l'âge de douze ans. Un certain Bay gouverne donc à sa place avec le titre de « grand chancelier du pays entier » (on trouve même sur un monument la précision : « celui qui gouverne le pays entier par sa politique »). Sans doute d'origine asiatique car il est appelé par ailleurs « Ramsès

1. Les différentes hypothèses sont évoquées par Dren-Khahn, *Elephantine-Stele*.

Les derniers rois de la XIXe *dynastie*

Ramsès II (1)

Merenptah (2) — Takhat Ire

Séti II (4)
ép. Taousert (6) Khâemouaset

Amenmessé (3)
ép. Tiaâ

Séthi - Merenptah

Siptah (5)

Les chiffres indiquent l'ordre des règnes.

Khâemnéjérou », nom typique donné aux échansons royaux d'origine asiatique, Bay doit sa place éminente au fait qu'il était, sous Séti II, échanson royal et qu'il avait apporté au prince son appui pour régner. Aussi eut-il sa tombe dans la Vallée des Rois. Ses noms et ses titres sont connus grâce au temple-reposoir de Séti II à Karnak sur lequel ils furent gravés. S'il est alors le dernier homme de la famille royale, Siptah sent, dès la troisième année de son règne, la nécessité de changer son nom de Ramsès-Siptah en Merenptah-Siptah pour souligner sa fausse parenté avec Merenptah. Mais même ainsi, le nouveau pharaon a bien du mal à être reconnu. La veuve de Séti II, Taousert (ou Tewosret) considère son règne comme une injustice et songe peut-être elle-même à succéder à son époux. Mais son parti semble moins puissant que celui de Siptah qui est soutenu par de nombreux dignitaires très influents.

Bay ne paraît guère, quant à lui, recueillir les suffrages des Égyptiens. Le papyrus Harris le décrit, sous le surnom de Iarsou, comme un usurpateur qui impose sa loi aux chefs locaux et ce jusqu'à sa mort, vers l'an 4 du règne de son maître Siptah qui ne lui survit que de deux ans.

A la mort du pharaon, seule une femme paraît susceptible de prendre le pouvoir. Ramsès II n'a plus, en effet, aucun héritier mâle. Pour la quatrième fois dans l'histoire de l'Égypte, une femme prend donc le pouvoir. Taousert succède ainsi à Nitocris (fin de l'Ancien Empire), à Néfrousobekrê (fin du Moyen Empire) et à Hatshepsout de la XVIIIe dynastie. Taousert n'a guère le temps d'accomplir une œuvre car elle ne règne que deux ans (1187-1185 avant J.-C.). On ne connaît d'elle que la haine dont elle a poursuivi Siptah qui se montrait pourtant à son égard assez respectueux. Taousert fait ainsi marteler ses cartouches ou les transforme, souhaitant gommer toute trace du règne d'un usurpateur. A sa mort ne subsiste plus aucun héritier de Ramsès II dont la lignée s'éteint. Ainsi se termine la XIXe dynastie.

La XXe dynastie

Ramsès III est le second pharaon de la XXe dynastie. Il succède à Sethnakht qui arrive au pouvoir au moment où l'administration, l'armée et l'économie égyptiennes sont totalement désorganisées. Comme souvent entre deux dynasties, des pouvoirs politiques locaux se constituent et luttent entre eux. Les cultes ne sont même plus assurés si bien que certains temples tombent en ruine. Les lacs sacrés d'Héliopolis et de Memphis sont utilisés comme décharges publiques. Les esclaves et le bétail sont volés. Les champs sont laissés à l'abandon. Toute la population égyptienne travaillant pour les temples se retrouve sans emploi. Les prêtres qui restent en exercice ne parviennent plus à faire respecter les chartes.

Profitant de ce laisser-aller, des Libyens tentent de pénétrer en Égypte et ravagent les cités de Xoïs. Les villes de Haute et de Moyenne-Égypte situées sur la rive gauche du Nil comme Hermopolis, Assioût ou Abydos sont menacées par d'autres peuplades venues du désert. Les envahisseurs n'épargnent même pas les villes les plus sacrées si bien que Ramsès III se verra contraint de construire des enceintes fortifiées autour des temples de ces villes. A la même époque, des Asiatiques s'établissent dans l'est du Delta, peut-être à la demande de dynastes locaux à la recherche de mercenaires.

Pour l'Égyptien, la légitimité du pharaon est essentielle. Seul le roi légitime peut être comparé au dieu. Siptah représentait l'antithèse de tout cela : il était trop jeune. Son infirmité ne lui permettait pas de s'assimiler à un dieu ou de se prétendre descendant d'un dieu. Il dépendait d'un homme qui avait plus de pouvoir que lui. Autant de détails auxquels l'Égyptien ne pouvait être insensible et qui entraînaient chez ceux dont les ascendants avaient servi sous Ramsès II la révolte et le doute. Les soldats, les officiers, les hauts fonctionnaires restèrent loyaux vis-à-vis du pharaon qu'ils considéraient cependant comme un usurpateur. Mais ils œuvrèrent certainement pour éviter qu'un tel roi ne gouvernât l'Égypte au début de la XXe dynastie.

Sethnakht, le père de Ramsès III

Sethnakht succède donc à Taousert. Ce Sethnakht ne semble s'être alors distingué par aucun acte particulier. Quelle était sa fonction ? Quel était son titre ? Était-il rattaché à la famille royale ? Autant d'inconnues. Toutefois, si Sethnakht avait eu un lien quelconque avec la famille royale, il en aurait sans doute été assez fier pour le mettre en avant. En outre, son prénom et son nom, très longs pour un roi, semblent avoir été formés à partir d'un nom plébéien sans doute *Séthy* ou *Sethnakht* qui a donné *Ouserkhâourê Sétepenrê Méryimen* et *Sethnakht Mérrerrê Méryimen*.

Certains historiens ont proposé d'expliquer ce choix de Sethnakht comme pharaon parce que celui-ci avait été auparavant le premier vice-roi de Koush de Siptah. Il portait alors le nom de Séthi et aurait ajouté à son nom le suffixe *nacht* signifiant « le vainqueur » après son avènement. Peut-être Sethnakht est-il aussi le prince Ramessou-Soutekh-(em)-nakht qui possédait à Pi-Ramsès et sous le règne de Ramsès II, une maison dans le quartier des notables à l'ouest du palais royal.

Sur les inscriptions se trouvent les titres exacts de Sethnakht : « Horus Kanékht-Ourpéhty ; Nebty Touthkâoumitaténen ; Horus d'or Sékhemkhépesh Derkhérouyef ; Roi de Haute et de Basse-Égypte, Seigneur du Double-Pays Ouserkhâourê Sétepenrê Méryimen ; Fils de Rê, Seigneur des Couronnes Sethnakht Méreerê Méryimen. »

Sethnakht était l'époux de Tiy-Merenaset et le père de Ramsès III. Eut-il d'autres enfants ? Quelle fut son ascendance ? Nous l'ignorons. De son nom, dans lequel se retrouvent ceux des dieux *Seth, Rê* et *Amon*, qui donnaient, à l'époque des Ramsès, leur nom aux corps d'armée de Pi-Ramsès, il est possible d'avancer l'hypothèse que Sethnakht était issu d'une famille de soldats qui s'étaient sans doute distingués à Pi-Ramsès ou non loin de là. Sous Ramsès III, le directeur du Trésor royal Payiry, appelé Soutekhemheb, le prêtre ritualiste du roi, l'intendant de Médînet Habou, Mérybastet, et le vice-roi de Koush, Hori, fils de Hori, étaient originaires d'une petite ville située à cinquante kilomètres environ au sud de Pi-Ramsès, Bubastis (actuelle Zagâzig). Sethnakht était-il lui aussi originaire de Bubastis qui avait fourni tant de dignitaires ? Le pharaon avait-il récompensé là des amis qui l'avaient soutenu lors de son élection ?

Sethnakht et Ramsès III expliquèrent a posteriori aux Égyptiens qu'ils avaient été choisis par les dieux eux-mêmes pour rétablir l'ordre et la paix dans le pays. La Stèle éléphantinienne de Sethnakht relate les signes par lesquels les dieux désignèrent Sethnakht au milieu de la foule. Peut-être les prêtres du temple de Pi-Ramsès utilisèrent-ils, comme cela s'était déjà fait en des époques antérieures, un artifice pour désigner l'élu, en manœuvrant une statue du dieu Seth.

Sethnakht s'installa au palais de Qantîr comme tous les pharaons depuis Séti Ier. Son premier objectif fut de rétablir le pouvoir du pharaon et de la monarchie. Il lutta contre les pouvoirs locaux jusqu'au 10 du deuxième mois de la saison *chémou* [1] de sa deuxième année de règne. A cette date, il fit ériger une stèle dans le temple de Khnoum à Éléphantine. Cette stèle commémorait sa victoire dans le sud du pays.

Après sa victoire, Sethnakht restaura le culte du Domaine d'Amon. Dès qu'il eut quarante ans, son fils Ramsès III assuma des fonctions essentielles. « J'étais commandant des contrées d'Égypte, dirigeant le pays entier, réuni en une seule entité », dira-t-il lui-même.

Ramsès III avait sous ses ordres de hauts fonctionnaires remarquables malgré le trouble qu'avait engendré la fin de la XIXe dynastie : Hori, vizir du Sud de Séti II, et Hori, fils de Kamâ, vice-roi de Koush, nommé en l'an 6 de Siptah, qui avait déjà servi Siptah, Taousert et Sethnakht, et dont le propre fils prendrait la suite jusque sous Ramsès IV. Le vizir Hori avait notamment administré le temple funéraire thébain de Siptah. Fils d'un grand prêtre de Ptah, petit-fils du

1. *Chémou* était la saison de la moisson, l'année égyptienne, de 365 jours, se divisant en trois saisons liées aux phases de l'agriculture : *akhet*, la saison de l'inondation des champs par la crue du Nil ; *péret*, la saison de la germination et *chémou*. Chaque saison était formée de quatre mois de trente jours complétés par cinq jours *épagomènes* entre *chémou* et le jour de l'an. Tous les quatre ans, le calendrier égyptien avait une journée de retard par rapport au début de la crue de juillet. Au cours des siècles ce retard s'accumula. Des graffiti d'ouvriers de Deir el-Médîneh signalent l'arrivée de la crue à l'époque ramesside à la fin du deuxième mois d'*akhet*. Le début de l'année n'était donc plus au mois de juillet mais au mois de mai.

prince Khâemouaset, il était sans doute un arrière-petit-fils de Ramsès II mais sa lignée semblait exclue de la succession.

Les monuments de Sethnakht attestent par leur nombre que son pouvoir fut reconnu dans toute l'Égypte. A Héliopolis, Sethnakht restaura le temple du dieu Horus-Khenty-Pérou. A Memphis, il fit décorer l'entrée du temple de Ptah de montants de portes en quartzite jaune et graver ses cartouches sur le soubassement du pylône. En Moyenne-Égypte, il fonda deux domaines agricoles. L'un permit l'approvisionnement du dieu Sobek-Rê d'Anasha; l'autre produisit les offrandes destinées au culte d'une statue du roi à Menânkh et permit l'entretien du temple de Mout à Karnak.

Ramsès III travaillerait plus tard pour le domaine approvisionnant le dieu Sobek-Rê. Dans la région de Karnak, l'existence d'un prêtre, Ouserkhâourênakht, dont le nom était formé sur celui de Sethnakht, atteste le souvenir du pharaon à l'époque de Ramsès V.

Sethnakht fit aussi ériger à Thèbes une chapelle donnant sur l'une des cours du temple de Mout. Ce petit édifice possédait un domaine agricole en Moyenne-Égypte. Des représentations du pharaon et de son fils, dans des scènes d'offrande, se trouvent également sur deux chapelles du sanctuaire de Ptah situé sur le chemin allant de Deir el-Médîneh à la Vallée des Reines. Sethnakht envoya enfin une expédition dans le Sinaï aux mines de turquoise du Sérâbît el-Khâdim. L'une de ses représentations fut réalisée sur une stèle d'Amara-Ouest. Il y était représenté avec le vice-roi de Koush, Hori, fils de Kamâ.

Sethnakht régna deux à trois ans. A sa mort, la tombe (n° 11) qu'il s'était choisie dans la Vallée des Rois n'était pas achevée. Il fut donc décidé que le pharaon serait enseveli dans la plus récente sépulture (n° 14), celle que l'on avait aménagée pour Taousert qui fut modifiée pendant les soixante-dix jours des rites d'Osiris, c'est-à-dire pendant la momification. On adapta cette tombe à sa personnalité ; on y creusa un tombeau sans toucher toutefois à celui de la reine. Ses cartouches et ses représentations furent placées au-dessus de celles de la reine dont elles ne furent séparées que par une couche de stuc. La tombe n° 11 devait devenir la tombe de Ramsès III.

Sethnakht se fit sans doute édifier aussi comme tout pharaon un temple funéraire. Celui-ci devait se trouver sur la rive ouest de Thèbes. Aucun vestige de ce temple n'a toutefois été retrouvé. Ramsès III fonda en Abydos une chapelle funéraire pour son père, qui fut confiée au prêtre Méresitef. Il en reste aujourd'hui des fragments de parois. Peut-être faut-il reconnaître dans les ruines de petits temples dégagés au nord de Médînet Habou, le temple funéraire de Sethnakht, mais rien n'est moins sûr.

L'Égypte sous Ramsès III

Comme dans les époques antérieures, le pays de Ramsès III était divisé entre la Haute et la Basse-Égypte, c'est-à-dire entre la Vallée et le Delta. Ces deux ensembles étaient eux-mêmes divisés en quarante-deux provinces appelées « nomes ». Vingt-deux provinces constituaient la Haute-Égypte et vingt la Basse-Égypte. Cependant, l'opposition entre Haute et Basse-Égypte tend alors à disparaître. A la fin du règne de Ramsès III, elles seront réunies et administrées par un vizir, un « Premier ministre » très puissant.

D'autres divisions apparaissent pourtant. Dans le Delta se trouvent une partie orientale très peuplée et très urbanisée et une partie plus rurale située à l'ouest. Là vivent des Égypto-Libyens dont les biens ou les récoltes sont souvent volés par les hommes du désert, des nomades qui vivent de rapines.

La Moyenne-Égypte à laquelle se rattache l'oasis du Fayoum, riche au point de vue économique et culturelle, ne possède pas de réelle structure administrative. Que trouve-t-on d'Amarna à Hérakléopolis, capitale politique des IXe et Xe dynasties ? En remontant du sud au nord, on arrive tout d'abord à Hermopolis, l'une des villes intellectuelles les plus importantes de l'Égypte. Des colonies s'étalent à gauche et à droite du Bahr Yoûssouf. Elles ont été fondées dès le début de l'époque des Ramsès pour prévenir une invastion libyenne au Fayoum. Ces régions, tentées par l'indépendance, sont cependant contenues par un pouvoir fort.

Pi-Ramsès, siège du pouvoir central

Depuis le début de la XIXe dynastie, le siège du pouvoir central ne se trouve plus en Haute-Égypte mais à Pi-Ramsès, la ville du dieu Seth, où se sont installés les nouveaux souverains, anciens militaires qui étaient là en garnison. Ce nouveau centre a été créé par Ramsès II qui a utilisé dans le Delta le siège familial d'Avaris où son père avait installé son palais d'été. Les souverains ne se rendent plus à Thèbes que pour des fêtes exceptionnelles, même s'ils y sont toujours ensevelis et s'ils tiennent à restaurer les monuments de Karnak. Thèbes demeure un lieu de recueillement, un centre religieux, tout en devenant peu à peu une province éloignée du pouvoir central. D'autres villes perdent de leur prestige. Ainsi en est-il d'Héliopolis, la ville du dieu Rê, dont la population s'est fixée plus près du Nil. Seuls y restent des prêtres et des temples.

Ramsès II avait tout mis en œuvre pour faire de Pi-Ramsès la ville la plus éblouissante de l'Égypte : les salles d'audience et de réception étaient recouvertes de carreaux vernissés aux couleurs variées. Les encadrements de portes, les murs et les salons portaient les titres de Ramsès en hiéroglyphes avec des scènes triomphales. Autour de la résidence royale s'élevaient les bâtiments publics, administratifs et religieux.

Pi-Ramsès possédait aussi un très beau port qui permettait de contrôler les bateaux circulant vers le sud. Les petites maisons du peuple côtoyaient les entrepôts servant à emmagasiner les impôts. Les Égyptiens vivaient là de pêche et de chasse.

Les sols des appartements de Ramsès III étaient recouverts de scènes gaies évoquant animaux, femmes du harem, oiseaux colorés tranchant avec la blancheur des murs et des plafonds. Quand Ramsès III revenait de voyage, le peuple le recevait avec des bouquets de fleurs et des paniers de nourriture, de pain, des biscuits, des miches de *tjet*, de la viande séchée, du lait, de la crème, des raisins, des grenades, des figues, des aromates, des oies, de l'encens et des légumes.

La religion ramesside se tourne alors vers une conception de la divinité qui aurait dû maintenir la puissance des trois villes principales de l'Égypte à égalité : Memphis, Thèbes [1] et Héliopolis. S'éloignant du

1. Au Nouvel Empire, l'habitude est de l'appeler Opet (« harem » ou « chateau »). Le village de Karnak était l'Opet d'Amon relié à Louxor, l'Opet méridional, par une allée de sphinx. Chaque Opet était entouré d'une enceinte de briques percée de portes immenses en pierre aux portails en sapin du Liban armé de bronze et incrusté d'or.

polythéisme, sans adopter tout à fait l'idée d'un dieu unique, les Égyptiens tendent en effet à croire en une religion à trois têtes formée des dieux Amon, Rê et Ptah représentant en fait trois aspects d'un dieu unique. Il eût été logique que la ville de chacune de ces divinités connût une égale évolution. Or, seule Memphis, la cité du dieu Ptah, demeure jusqu'à l'époque romaine la plus grande ville du pays.

Les princes du désert

Les pharaons ont également sous leur contrôle les oasis du désert : celles du sud (Khârga et Dâkhla) et celle du nord (Baharîya). Dans cette dernière qui a été ravagée sous Merenptah (1212-1202) se trouve en permanence une garnison chargée de surveiller les Libyens. Trop près d'elle, Sioua s'avère particulièrement dangereuse.

Les oasis jouent un rôle économique. Elles apportent des produits comme le sel, l'ocre, le natron ou le vin nécessaires lors des cérémonies religieuses. Ramsès III y développera de nombreux vignobles dont il confiera l'entretien à des prisonniers de guerre.

Les réseaux de communication vers les oasis sont extrêmement bien organisés. Des champs permettent de nourrir des ânes dans la région d'Oxyrhynque (Bahnasa). Ces ânes permettent à leur tour de former les caravanes qui sont envoyées dans les oasis par le trésorier royal. Partant donc de Bahnasa en Moyenne-Égypte, elles suivent une piste qui les conduit à Baharîya.

Plus facile d'accès car plus proche de la Vallée, l'oasis du Fayoum a un rôle agricole important et ce depuis la

XIIe dynastie. L'Égypte y trouve tout le blé dont elle a besoin. Quant au Sékhet-hémat (« campagne du sel »), appelée ensuite Ouâdî el-Natroûn ou « Vallée du natron », elle produit deux denrées indispensables à l'Égyptien, le sel et le natron, utilisés aussi bien dans la vie quotidienne que dans la momification. Autant de raisons pour les Libyens de souhaiter envahir la vallée du Nil.

Au sud de l'Égypte, les pharaons dominent enfin la Nubie, colonie égyptienne assez calme malgré de rares révoltes sans conséquence. Un vice-roi de Koush ou « chef des pays du sud » la dirige depuis la ville de Bouhen. Il possède des troupes importantes et sait se faire respecter. Deux de ses subordonnés gouvernent la Basse et la Haute-Nubie : le substitut de Ouaouat qui dirige de Aniba (aucun substitut n'est connu sous Ramsès III mais nombreux y ont leur tombeau avant son règne et auront le leur après sa mort) et le substitut de Koush qui gouverne plus au sud à Amara.

L'administration de la Nubie est également assurée par les chefs de garnison, les gouverneurs des grandes villes et les chefs du pays soumis aux pharaons.

DEUXIÈME PARTIE

LES PREMIÈRES CONQUÊTES

1

RAMSÈS III DEVIENT PHARAON

L'investiture

Ramsès III fut désigné comme le successeur de Sethnakht, son père, le 26 du premier mois de la saison *chémou* de la deuxième ou de la troisième année du règne de Sethnakht, probablement en janvier de 1184 avant J.-C.

« J'ai reçu la fonction de mon père au milieu des manifestations d'allégresse », affirmait-il.

Ramsès III était alors âgé d'une quarantaine d'années. Il succédait à un père qui avait été soi-disant désigné par les dieux pour être pharaon mais qui ne devait pas sa charge royale à la naissance. Aussi jugea-t-il opportun et nécessaire de mettre en avant la légalité de son règne et son hérédité. Il lui arrivait de rappeler qu'il n'avait point fait acte de tyrannie ni spolié quelqu'un d'autre de sa place et qu'il avait succédé à son père avec l'approbation du peuple égyptien et pour sa plus grande joie.

Chaque année, à Médînet Habou, une fête célébra l'anniversaire de son avènement, et ce jusqu'à la fin de la xxe dynastie. Dès l'an 22 du règne, cet anniversaire fut célébré par des réjouissances qui duraient vingt jours à Karnak et à Louxor.

Dès le décès de son père, Ramsès III assuma les fonctions de pharaon. Il attendit toutefois l'enterrement de Sethnakht pour pouvoir obtenir la dignité royale et assuma avant tout acte politique ses devoirs filiaux.

« Mon père alla se reposer dans son horizon comme les dieux de l'Ennéade. On fit pour lui ce qu'on avait fait pour Osiris ; puis on le transporta dans son bateau royal sur le fleuve, afin qu'il repose en son château du temps éternel, à l'ouest de Thèbes. »

Soixante-dix jours étaient nécessaires à la momification du mort auxquels succéda une cérémonie d'investiture. Pour placer le début du règne sous un augure favorable, il était préférable de faire coïncider la date de l'investiture avec celle du début d'un cycle de la nature : le début de l'année ou celui d'une saison... Ainsi Ramsès III jugea-t-il sage d'attendre encore deux cents jours pour faire coïncider cette date avec le premier jour de la saison de *péret* (germination), au lendemain de la fête de Sokar, symbole de la renaissance de la nature imagée par la mort et la résurrection du dieu.

Quatre scènes retracent le sacre de Ramsès III. Le Pharaon se trouvait probablement dans sa résidence de Louxor le jour de son investiture. Selon la coutume, dont les détails sont connus grâce au Papyrus Brooklyn (47.218.50), Ramsès III dut être réveillé à l'aube et tiré de son sommeil par un prêtre. Ce réveil symbolisait le passage de la mort à la vie et à la fonction royale. Puis le roi se rendit à Karnak en suivant l'allée bordée de statues de béliers qui reliait Louxor à Karnak. Il entra alors dans le domaine d'Amon par la porte du xe pylône. Il se purifia dans la cour qui séparait le viie et le viiie pylône : quatre prêtres endossant les rôles des dieux Horus, Thot, Seth et Dounâmouy, manipulèrent des aiguières en métal précieux et aspergèrent son corps d'eau lustrale en disant des formules sacrées. Ainsi, lavé de toute impureté, Ramsès put-il pénétrer dans le temple du dieu et recevoir la faculté de commander à la crue du Nil. Toutes les fois où il entrerait dans un temple, Ramsès III accomplirait ce rituel.

Ainsi que le rapportent les cérémonies gravées sur la face nord du môle du viiie pylône de Karnak, Ramsès III, oint d'huile sacrée, se vêtit de vêtements ornés de symboles et pénétra à l'intérieur du temple. Devant de nombreux dignitaires et membres du clergé, deux prêtres parés des attributs d'Atoum et de Rê-Horakhty placèrent sur sa tête la couronne *atef* en psalmodiant :

« Accepte les couronnes sur ta tête, ornement de ton père Rê, pour célébrer autant de jubilés que Taténen ! »

Ramsès III était désormais pharaon à part entière, le diadème symbolisant le transfert de la royauté du roi défunt assimilé au dieu Osiris, divinité des morts, au nouveau pharaon assimilé à Horus. Celui-ci était fils du dieu Rê pour un règne que les prêtres lui souhaitait d'une durée éternelle.

« Mon père Amon-Rê, le maître des dieux, Rê-Atoum et Ptah au beau visage me firent apparaître en Seigneur du Double-Pays, sur le trône de celui qui m'avait engendré. Je reçus, au milieu des acclamations, la charge de mon père ; le pays avait retrouvé la paix et se réjouissait, heureux de me voir roi du Double-Pays, comme Horus l'avait été sur le trône d'Osiris. J'apparus alors avec la couronne *atef*, je m'assis sur le trône de Horakhty, orné de parures comme Atoum. »

Ramsès III devait alors recueillir l'agrément d'Amon. Deux prêtres munis des attributs de Mout et de Khonsou, épouse et fils du dieu, agitèrent des sistres dans le temple et le conduisirent au centre du temple d'où montaient des odeurs d'encens. Il contempla la statue d'Amon recouverte d'or que seul le pharaon pouvait regarder au milieu des statuettes, des offrandes et des victuailles offertes au dieu. Le roi apparut coiffé de différentes couronnes. Il reçut, sur le seuil du temple, les saluts de la foule tandis qu'il portait le *pschent*, les couronnes réunies de Haute et de Basse-Égypte et qu'il était paré des attributs de la monarchie. « Dieux et déesses se réjouissent, est-il écrit dans les documents, car j'ai reçu les ornements des deux maîtres et des deux maîtresses ; j'ai dans les mains le flabellum, le sceptre *héqat* et le sceptre *amès*. »

Pour commémorer ce couronnement, Ramsès III fit construire un groupe statuaire à Médînet Habou le représentant tenant dans sa main droite le *mékes*, l'étui dans lequel se trouvait le soi-disant texte affirmant que les dieux Horus et Seth lui avaient donné le pouvoir en le coiffant de la couronne de Haute-Égypte.

Les titres officiels

Les Égyptiens distinguaient leurs pharaons par des épithètes. Aussi appelaient-il Ramsès II « Ramsès Méryimen », « Rê est celui qui l'a mis au monde » et Ramsès III « Ramsès Héqaiounou », « Rê, le souverain d'Héliopolis, est celui qui l'a mis au monde ». Mais ils portaient de nombreux autres noms : chaque pharaon était ainsi appelé « Horus », comme le fils d'Osiris et « Celui des Deux Maîtresses », c'est-à-dire « Celui qui est aidé de Nekhbet d'El-Kâb et d'Ouadjyt de Bouto », déesses de Basse et de Haute-Égypte le plus souvent représentées sur les bas-reliefs comme des oiseaux de proie tournant autour de sa tête. Ses autres titres pouvaient être « Horus d'or » ou « Faucon d'or, Roi de Haute et de Basse-Égypte » ou encore « Fils de Rê », c'est-à-dire fils du dieu Soleil. Le titre de Ity enfin désignait le Souverain. Ces titres étaient suivis d'un nom propre.

Quelques jours après le couronnement, les prêtres du temple de Ptah à Memphis révélèrent un matin la titulature de Ramsès III que le dieu Thot passait pour avoir écrit pendant la nuit.

Thot était en effet le dieu de l'écriture et celui qui était chargé de transmettre les messages des autres dieux. La titulature avait été formulée sur les fruits d'un arbre sacré, l'*ished*, le 6 du premier mois de *péret*, huit mois après l'avènement du roi en ces termes :

– L'Horus *Aa-nésyt* (= « Grand en Royauté »).

– Celui des Deux Maîtresses *Our-hébou-sed-mi-Taténen* (= « Riche en jubilés comme Taténen »).

– L'Horus d'or *Ouser-renpout-mi-Tem* (= « Riche d'années comme Atoum »).

– Le souverain *Mek-kémet, Ouâfkhasout* (= « Celui qui veille sur l'Égypte et subjugue les pays étrangers »).

– Roi de Haute et de Basse-Égypte, seigneur du Double-Pays *Ousermaâtrê Méryimen* (= « Rê est riche de Mâat »).

– Le fils de Rê, seigneur des Couronnes *Ramsès Héqaiounou* (= « Rê le souverain d'Héliopolis est celui qui l'a mis au monde ») [1].

Ramsès III possédait désormais tous les pouvoirs pour régner et toutes les occasions étaient bonnes pour

1. K. A. Kitchen, *Ramesside Inscriptions*, V, 330.

le rappeler. « Je fus roi dès mon enfance, telle une créature de Dieu, écrivait Ramsès III, et je m'assis en paix sur le trône. Amon-Rê m'a choisi. Il m'a trouvé au milieu de centaines de mille et m'a promu, de ses propres mains, seigneur du Sud et du Nord. Je n'ai rien pris par la violence ; je ne me suis pas emparé de ma charge frauduleusement, mais la couronne fut fixée sur ma tête d'un cœur aimant ; on m'avait annoncé que je serai roi sur l'Égypte. »

La personnalité du nouveau roi

Qu'a-t-on retrouvé de Ramsès III ? De nombreuses statues, sa dépouille qui avait été cachée par des prêtres d'Amon, vers l'an 1000 avant J.-C., dans une cachette de Deir el-Baharî avec d'autres corps de pharaons afin que les pilleurs de tombes ne la découvrissent jamais. Mais il est bien difficile de deviner l'apparence de Ramsès III à partir d'une momie ou de bustes que les sculpteurs ont réalisés à l'avantage du pharaon. Trois éléments paraissent fondamentaux pour mieux cerner l'apparence du roi : les statues porte-enseigne n° 42150 du musée du Caire et n° 15727 de Philadelphie, ainsi que le fragment de tête royale n° 75-10 de Boston.

Ramsès III porte perruque et barbe. Il a des joues rondes, des lèvres épaisses, un nez court, des yeux en amande et des sourcils parfaitement dessinés. Mi-souriant, Ramsès III a le visage lisse et rond de l'adolescence. Il prend pourtant le pouvoir à un âge avancé pour l'époque. Si l'on considère qu'il meurt vers soixante-dix ans, on peut en déduire qu'il était né vers l'an 57 du règne de Ramsès II.

Agé de dix-huit ans à la mort de Merenptah, il se

maria et eut cinq premiers fils sous les règnes d'Amenméssé et de Séti II. Selon les habitudes égyptiennes, sa femme ne devait guère avoir plus de quinze ans.

A l'avènement de son père, Ramsès III aurait donc été âgé d'une quarantaine d'années. Il pouvait en quelque sorte régner à ses côtés et assumer les fonctions de corégent, comme le rapporte le Papyrus Harris.

Ramsès III était probablement issu comme son père du milieu militaire ; il jugeait sans doute son règne comme tout à fait légitime, d'une part parce qu'il succédait à son père dans cette fonction, d'autre part parce que l'armée égyptienne avait souvent sauvé son pays. Cependant, il n'était pas roi par la naissance. Aussi ressentait-il la nécessité de consolider sa position. Pour ce faire, il souhaitait régner suffisamment longtemps pour construire une œuvre qui resterait dans l'histoire de l'Égypte. Il voulait incarner l'image d'un chef militaire et aller au combat pour étendre ou défendre son pays. Il souhaitait aussi laisser de lui le souvenir d'un roi sage, équitable, respectueux de la paix, prêt à apporter joie et prospérité à son pays et sur qui ses sujets pouvaient compter.

Le dieu Amon-Rê l'avait choisi pour être roi pour l'éternité et la pérennité, pour juger les gens et apaiser les dieux, pour faire exister *Mâat*, l'ordre de l'univers, et anéantir *Iséfet*, le chaos, pour donner des offrandes aux dieux et des offrandes funéraires aux défunts. Le roi existait pour remplir une tâche, pour réparer les injustices, restaurer les temples, agrandir le royaume, protéger son peuple, lutter contre le désordre, les révoltes sociales, les voleurs et les envahisseurs.

Ramsès III semblait avoir reçu une bonne éducation. Sans doute savait-il écrire. Aussi adopta-t-il, comme tous les rois ramessides, cette ligne de conduite qui consistait à agir selon *Mâat* et à combattre contre *Iséfet*. Mâat était le symbole de l'équilibre cosmique, de la justice, du bien-fondé de tout acte. Image de la pureté, sa statuette accroupie était portée au cou du vizir et du juge.

Ramsès III avait des modèles : les souverains qui l'avaient précédé, et surtout Ramsès II (son temple de Médînet Habou ressemblait au Ramesseum), Séti Ier auquel il emprunta des scènes de guerre contre les Libyens à Karnak et des épithètes honorifiques reproduites sur une stèle située devant le IVe pylône de Karnak, et Ramsès Ier, le père fondateur de la XIXe dynastie.

Il avait un dieu unique : Rê qui se retrouvait dans toutes les divinités du pays. Seul Rê était maître de l'univers et de l'histoire, créateur des humains et des autres divinités. Ramsès III était à la fois le fils de dieu et son serviteur. Appelé « Roi des dieux » depuis le début du Nouvel Empire, il pouvait être prêtre et prophète de son dieu. Si Rê était considéré comme un pharaon, le roi n'était plus que son second choisi par lui pour régner parmi les vivants. Et Ramsès III n'était pas sans le rappeler : « C'est toi qui m'as établi, toi-même sur le trône d'Égypte en tant qu'*idénou* de ton Double-Pays », disait-il volontiers, *idénou* représentant en égyptien le « second » des chefs militaires ou des administrateurs.

Le roi contrôlait ainsi le retour des crues du Nil qui fertilisaient le pays. C'est ainsi que, selon les inscriptions ramessides, le pharaon pourrait régner longtemps, armé du courage d'Horus et de Seth, d'un prestige qui le ferait honorer de ses sujets à condition qu'il se montre bienveillant envers ses fidèles et impitoyable envers ses ennemis. Il dominerait le monde, l'Égypte mais aussi les pays étrangers. Tous ses objectifs seraient favorisés et se réaliseraient grâce à l'appui de Rê qui protégerait sa loyauté. A sa mort, un temple funéraire rappellerait ainsi ses exploits et ses bienfaits pour de très nombreuses années. En échange de cette gloire posthume, le pharaon devait construire des temples et multiplier les fêtes en l'honneur du dieu Soleil.

2

LA FAMILLE DE RAMSÈS III

Les épouses et les enfants de Ramsès III

Ramsès III était donc fils de Sethnakht et de sa femme Tiy-Merenaset. Nous ne savons s'il eut des frères et sœurs. En revanche, nous savons qu'il eut de nombreux enfants à la disposition desquels existaient sans doute des domaines et peut-être, comme à l'époque de Merenptah, une « Maison d'éducation des enfants royaux » que dirigeait une « Supérieure ».

Il eut au moins dix fils auxquels il donna les noms des fils de Ramsès II et quelques filles. Au nombre de celles-ci figurait peut-être Tentopé, l'épouse de Ramsès IV et la mère de Ramsès V, qui fut représentée dans le temple de Khonsou de Karnak et enterrée dans la tombe 74 de la Vallée des Reines. Faut-il reconnaître dans une scène de Médînet Habou de véritables princesses en train de distraire Ramsès III ? Rien n'est moins sûr tant cette scène est conventionnelle. Il est donc impossible de savoir combien Ramsès III a eu de filles.

Son épouse fut Isis, appelée aussi Isista-Hemdjéret du nom de sa mère, c'est-à-dire « Isis, fille de Hemdjéret ». Hemdjéret semble d'origine étrangère. Ce n'est en effet que la transcription en égyptien du mot sémitique habassèlèt « la colchique ». La reine Isis fut représentée avec son époux sur les colosses ornant l'entrée du temple-reposoir édifié par le roi dans l'enceinte de Mout et aux côtés de son fils sur une statue de Karnak. Elle vécut plus longtemps que Ramsès III. Ce fut son fils Ramsès VI qui s'occupa de sa sépulture, la tombe 51 dans la Vallée des Reines. Elle devait alors être âgée de quatre-vingts ans. Cette tombe fut pillée en 17 de Ramsès IX par des ouvriers de Deir el-Médîneh puis sous Ramsès XI.

Comme la plupart des pharaons, Ramsès III eut sans doute une seconde épouse dont nous ne connaissons pas l'identité et plusieurs autres épouses. Certains historiens pensent que Tiy, dont le corps fut déposé dans la tombe 52 de la Vallée des Reines, était une épouse de Ramsès III. Si l'on s'en réfère au document sur la « conspiration du harem », il semble bien qu'une certaine Tiy conspira, en effet, contre lui à la fin de son règne pour faire monter sur le trône son fils Pentaour.

Toutes les reines possédaient une maison approvisionnée avec les revenus des domaines agricoles et parfois une terre que leur donnait le pharaon. Dans tout le pays se trouvaient des harems dans lesquels elles résidaient avec leur suite. L'un de ces harems se trouvait à Memphis. Il était dirigé par un dénommé Djéhoutyemheb. Un autre se trouvait à l'entrée du Fayoum. De vastes domaines permettaient de les entretenir. Le *harem d'escorte* organisait les déplacements de la famille et l'administration.

Les héritiers

Ramsès III eut donc cinq premiers fils de ses deux épouses : Amenherkhopshef I, Parâhérounemef, Khâemouaset, Séthyherkhopshef I et Ramsès. Isis lui donna Amenherkhopshef, Khâemouaset et Ramsès, la seconde épouse ses deux autres fils. Dans les tombes d'Amenherkhopshef I et de Ramsès, il est écrit que ces deux fils de roi ont été « mis au monde respectivement par l'épouse du dieu, mère du dieu, grande épouse du roi et maîtresse du Double-Pays » et par « la grande épouse du Roi ». Ces fils étaient tous nés avant que Ramsès III ne devînt pharaon. Kâemouaset lui survivra et Ramsès lui succédera. Kâemouaset survivra également à son frère. Il était grand prêtre de Memphis, ce qui l'excluait de la succession. Les trois autres fils de Ramsès III furent enterrés dans les tombes de la Vallée des Reines avant l'an 12. Leurs chapelles funéraires en brique crue furent réunies à l'ouest de Médînet Habou.

Pendant son règne, Ramsès III eut cinq autres fils. Des documents de Deir el-Médîneh prouvent que des ouvriers ont travaillé de l'an 24 à l'an 28 à des tombes d'enfants du Roi. Leur emplacement est méconnu. De sa seconde épouse, dont le nom est inconnu, Ramsès III eut Montouherkhopshef, Méryatoum et Séthyherkhopshef II ; d'Isis il eut Méryimen et Amenherkhopshef II. Amenherkhopshef II et Séthyherkhopshef II, qui reçurent le nom de leurs aînés, régnèrent plus tard sous le nom de Ramsès VI et Ramsès VIII.

Sur la porte donnant accès à la première salle hypostyle de Médînet Habou figuraient en procession les fils de Ramsès III. Ces représentations, appelées « Liste des princes », restèrent anonymes tant que Ramsès III

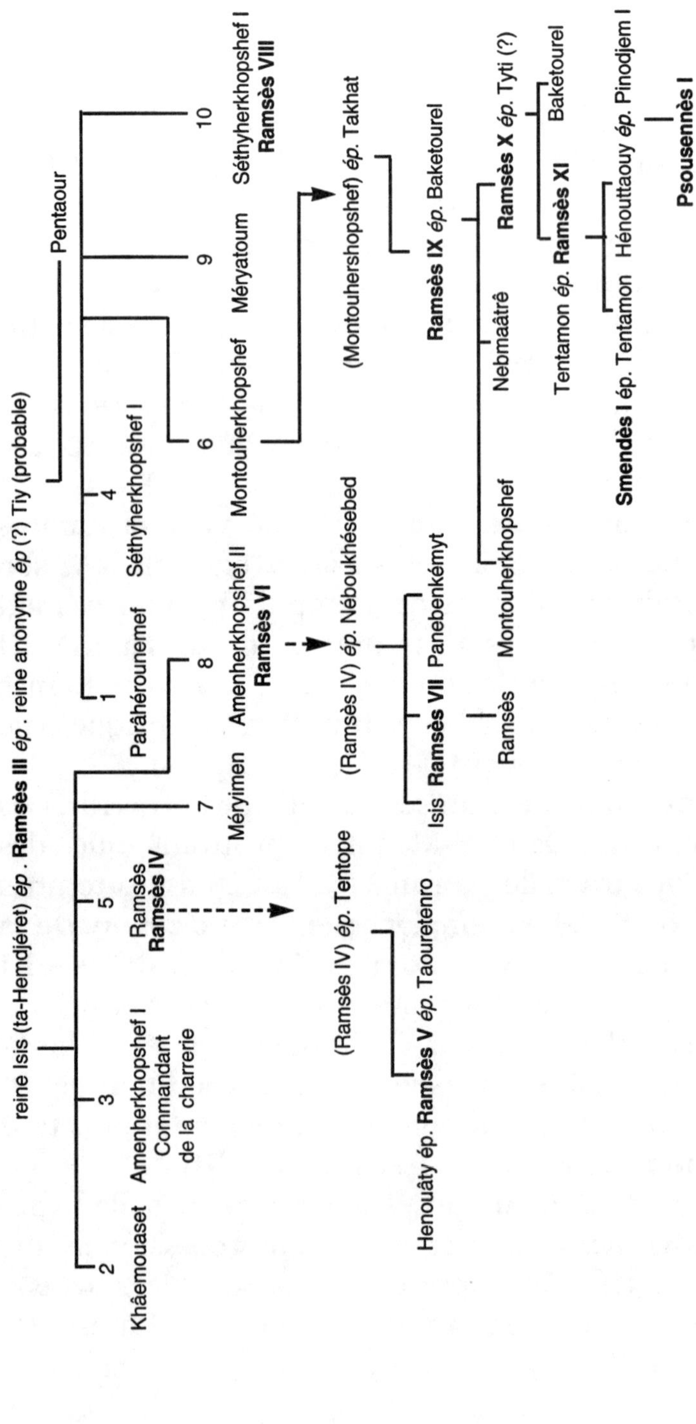

Tableau généalogique de la XXe dynastie

(Smendès I et Psousennès I régnèrent sous la XXe dynastie)

Les chiffres indiquent l'ordre de naissance des enfants de Ramsès III.

fut en vie. Elles étaient complétées, du côté sud, par le défilé des filles du roi. Ce fut Ramsès IV qui fit graver sa titulature sous le défilé.

Quand il devint Ramsès VI, Amenherkhopshef II grava lui aussi ses titres à côté des deuxième et troisième figures, ajouta à leur front l'uræus et fit également graver près des autres représentations les noms et les titres de Séthyherkhopshef II (Ramsès VIII) et de ses autres frères, en premier ceux de l'épouse inconnue de Ramsès III puis ceux des fils d'Isis. Il omit seulement Séthyherkhopshef I que Ramsès VIII fit ensuite orner de l'uræus.

Trois de ses fils succédèrent à Ramsès III et devinrent Ramsès IV, Ramsès VI et Ramsès VIII. Aux deux premiers succédèrent leurs fils Ramsès V et Ramsès VII qui moururent sans héritier. Le trône fut donc occupé par leurs oncles. Quand Ramsès VIII mourut, lui aussi sans héritier, son neveu prit le pouvoir. C'était le fils de son frère Montouherkhopshef qui devint Ramsès IX. Son fils et son petit-fils lui succédèrent. Ramsès III fut donc à l'origine de la XXIe dynastie, d'autant que deux filles de Ramsès XI, Tentamon et Hénouttaouy, épousèrent l'une Smendès, l'autre Pinodjem Ier.

Ramsès IV avait environ quinze ans quand son père prit le pouvoir. Il pouvait certes participer aux guerres du début du règne mais semblait trop jeune pour avoir de grandes responsabilités. En tant qu'héritier, il devint tout normalement général en chef. Si ses frères, morts trop jeunes, n'exercèrent pas cette fonction, lui l'assuma dès l'an 20. Il partit ainsi pour Soleb, en Nubie, où il mena une tournée d'inspection. Selon les inscriptions, il portait le titre de général sur les reliefs du temple-reposoir de Karnak vers l'an 22 et il honora, vers 27 avant J.-C., sur l'un des murs de la tombe n° 148 de Thèbes, « le troisième prophète d'Amon Amenemopé du titre de premier prophète de Mout ».

Ramsès IV avait environ quarante-cinq ans à la mort de son père. Il ne lui survécut que six ans.

Seules sont connues aujourd'hui les actions de Ramsès, Amenherkhopshef II, Séthyherkhopshef II et Méryatoum, grand prêtre de Ré d'Héliopolis. En l'an 24 fut probablement creusée la tombe de Montouherkhopshef dont l'emplacement est inconnu. En l'an 28, fut sans doute tracé le plan de la tombe du futur Ramsès IV. Cette même année, un document rappelle le halage des sarcophages de deux princes dans la Vallée des Reines. Peut-être était-ce là les sépultures de Amenherkhopshef II et de Séthyherkhopshef II dont parle un scribe de Deir el-Médîneh dans un rapport au vizir To.

3

RAMSÈS III ET LE POUVOIR

Les résidences de Ramsès III

Ramsès III n'était venu à Thèbes que pour son couronnement. Il repartit bien vite pour Pi-Ramsès, la résidence royale de tous les souverains ramessides qui l'avaient précédé.

Nous avons déjà vu que Pi-Ramsès, « la Maison de Ramsès », avait été fondée sur le site d'Avaris, l'ancienne demeure des rois Hyksos. Ramsès II lui avait donné son nom.

Ramsès III y gouverna ; il y édicta des décrets, y envoya en missions des représentants du gouvernement et y rassembla les troupes qui s'y trouvaient en garnison pour partir en Asie. C'est là qu'il reçut aussi des produits précieux et des statues pour sa fête jubilaire. C'est également là qu'arrivait tout ce qu'il rapportait de ses expéditions à l'étranger. Il y fit construire pour le dieu Seth, patron de Pi-Ramsès, un temple qu'il dota d'esclaves et de biens.

Où habitait Ramsès III ? Sans doute un palais

construit à Qantîr par la dynastie précédente. Il était délimité à l'ouest par les résidences des dignitaires et à l'est par les casernes des soldats, souvent étrangers, regroupés autour d'un temple dédié à Astarté.

Que trouvait-on dans cet ensemble de trente-cinq hectares ? Des habitations, des thermes, des salles de réception, des bureaux, une fabrique d'armes, des remises pour abriter les chars de guerre et une ménagerie d'animaux exotiques.

Ramsès III se fit cependant édifier un palais personnel qui forma le centre d'une agglomération appelée « Maison de Ramsès Héqaiounou, riche en victoires ». Le roi le donna au domaine d'Amon de Thèbes et y fit bâtir un temple. Ce centre était agrémenté de jardins, de promenades et d'arbres fruitiers. Ramsès III y installa environ seize mille hommes dont huit mille prisonniers. Pour nourrir cette population, il fit exploiter un domaine agricole du Delta appelé *Kenkêmé-Bahemtaouy,* « les provisions de l'Égypte submergent le Double-Pays ».

Ramsès III disposait aussi, comme tout pharaon, de résidences dans les grandes villes égyptiennes. En outre, il fit construire, à une date inconnue, une maison à environ soixante-dix kilomètres au sud de la capitale au lieu-dit Tell el-Yaoûdîyéh au bord du désert. Là se trouvait une forteresse hyksos et Ramsès y avait édifié un temple. Cet endroit aujourd'hui ravagé, appartenait au domaine de Rê d'Héliopolis. Les administrateurs de cette institution dirigèrent donc le palais sous les ordres d'un certain Djéhoutymosé. Deux mille personnes y travaillèrent [1].

Ramsès III venait régulièrement dans cette maison

1. De rares vestiges restent de ce palais, quelques bases de colonnes ou de piliers. Les palais égyptiens étaient en effet construits le plus souvent en briques crues. Quelques-unes se trouvent au Fitzwilliam Museum de Cambridge et reproduisent les éléments de la titulature de Ramsès III.

pour s'y reposer. Elle se trouvait au centre d'un village appelé « Ceux du Château de millions d'années de Ramsès Héqaiounou dans le Domaine de Rê, au nord d'Héliopolis ». Les Égyptiens avaient coutume de l'appeler simplement *Naytahout* « Ceux du château ». Hérodote le nommait « Nathô » [1]. Une garnison se trouvait là en permanence. Non loin de là était également installée, sur un domaine agricole, dont le nom était « la Terre neuve de Ramsès Héqaiounou qui fait vivre le Double-Pays », une colonie militaire importante qui était placée sous la direction d'un délégué.

Elle était composée de deux mille hommes, des soldats de la charrerie, d'enfants de princes étrangers qui recevaient une éducation égyptienne, et de nombreux mercenaires originaires du Proche-Orient. Ces soldats conservaient leurs noms et leurs titres tout en vivant en Égypte. « On pouvait ainsi y trouver des *maryannou*, des charriers qui avaient conservé leur nom asiatique, et des soldats *âpêrou* [2]. » La plupart de ces combattants appliquaient leurs coutumes. Selon les inscriptions, l'un d'entre eux fut ainsi « enseveli dans un sarcophage anthropoïde de poterie semblable à ceux de Palestine ».

Le roi gouverne

La principale tâche du roi fut d'organiser l'administration et l'armée. Il était plus que temps après vingt ans de laisser-aller. Aussi sut-il s'entourer d'hommes de confiance et d'expérience comme du vizir Hori et de quelques personnalités de Bubastis qui avaient peut-être aidé son père à prendre le pouvoir. Mais il sut éga-

1. Hérodote, II, 165.
2. Erichsen W., *Papyrus Harris I*, 31, 8.

lement choisir des hommes plus jeunes et moins expérimentés car il était impératif pour lui de réorganiser l'administration du pays et d'être entouré de fidèles ou d'hommes qui lui devaient leur fortune afin d'avoir une assise politique. En ce sens, Ramsès III se montra habile et fin politique. En outre, la situation égyptienne était plus stable. Le pharaon sut remarquablement en profiter. Il travailla de l'an I à l'an 5 pour réorganiser son État. A la fin de l'année, le roi décida une inspection générale des cultes et des institutions religieuses, ce qui fut réalisé dix ans plus tard.

Les Égyptiens admirèrent la manière dont le pharaon réorganisa l'administration de leur pays. Ils prirent l'habitude de lui consacrer dans le moindre village des statues où le roi était représenté à côté d'un dieu.

Ramsès III était très attaché à développer les cultes rendus aux dieux et il regrettait que son père Sethnakht n'eût pas eu l'occasion de les développer davantage. Aussi une stèle [1] atteste-t-elle que, dès l'an 2, le roi offrit cinquante *aroures* de terres (environ deux cents hectares) pour le culte d'une statue d'Amon-Rê, roi des dieux, et d'une statue de Ramsès Héqaiounou, fils d'Amon, « mis au monde par Mout, prince de la nourriture », dirigé par l'archiviste Khâemopé. Selon une stèle de Memphis, Ramsès III décida en l'an 24 de son règne de faire ériger une statue le représentant dans le temple de Merenptah à Memphis. Il s'agissait de la « Grande statue de Ramsès Héqaiounou, fils de Ptah, mise au monde par Sekhmeth ». Le pharaon contrôla en personne l'installation de cette statue en compagnie de personnalités locales le 25 du premier mois de chémou de l'an 24 et confia son culte à un prêtre du temple de Merenptah à Memphis, à Merenptah, fils d'Akhpet, qui

1. Stèle du temple de Montou à Médâmoûd.

devint « prophète » de la statue, au prêtre Shedimen et à deux chanteuses. Cet honneur lui fut décerné la veille du vingt-cinquième anniversaire de son règne.

La statue reçut également des approvisionnements en provenance du trésor du temple de Ptah de Memphis et du Trésor royal. Ces dons servaient ensuite à nourrir les desservants. Shedimen reçut ainsi quotidiennement « dix pains, une cruche de bière, cinq bottes de légumes, un rôti, une mesure de vin, dix grammes d'encens et des fruits ». Une fois par mois s'y ajoutaient trois gâteaux et trois mesures d'huile d'olive. Une fois par an, cette donation était accompagnée de vêtements.

Le desservant était donc très honoré et les notables locaux avaient tout intérêt à faire ériger des monuments pour en obtenir ensuite l'administration qui se transmettait de père en fils. A la fin du règne, Ramsès III aurait fait ériger deux mille sept cent cinquante-six statues rattachées au domaine d'Amon de Thèbes, ce qui aurait nécessité trois tonnes d'or, d'argent et de pierres semi-précieuses. Chaque statue faisait l'objet d'un culte. Elle possédait sa chapelle, ses esclaves, un champ et du bétail. Le noble qui offrait ces biens se voyait probablement confier l'administration de la chapelle. Ces statues servaient ainsi à imposer l'autorité du roi dans les campagnes les plus éloignées des villes principales mais elles tendaient aussi à faire considérer le pharaon comme un dieu honoré longtemps après sa mort. Ce fut le cas pour Ramsès III.

La menace de la Nubie

Les Égyptiens utilisaient la Nubie pour y envoyer leurs prisonniers dans une grande prison dirigée par le chef de troupe de Koush Bakensoutekh. Ils exploitaient ses mines d'or et s'enrichirent ainsi pendant de longues années. Hori, fils de Kamâ, administra cette région jusqu'en l'an 5 du règne de Ramsès III. Son fils, appelé également Hori, lui succéda. Hori était originaire de Bubastis. Il le clamait haut et fort, honorait ses divinités et se fit même préparer une sépulture en Nubie. Plusieurs personnages importants furent représentés aux côtés de Hori : Paser, fils de Penrê, et Binemouaset, chef de troupe de Koush.

La Nubie paraissait calme. Elle était sous un contrôle parfait malgré sa grandeur mais certaines de ses tribus ne demandaient qu'à se révolter. Celles-ci profitaient des malaises de l'Égypte ou des changements de règne, voire de dynastie, pour se révolter. Quelques années plus tôt, Merenptah avait dû réprimer une révolte en Basse-Nubie alors qu'il n'avait que quinze ans. S'il ne redoutait guère ces turbulentes tribus parce que l'Égypte possédait de nombreuses forteresses gardées par des soldats d'exception, Ramsès III souhaitait leur montrer qu'il détenait le pouvoir. Aussi mena-t-il en Nubie une campagne qui était moins un véritable conflit qu'une manière d'asseoir son autorité dans l'ensemble de son royaume.

Cette brève campagne est commémorée par différentes scènes de Médînet Habou et sembla alors si peu dangereuse que les Égyptiens y envoyèrent les princes y apprendre le métier de soldat comme Ramsès II l'avait autrefois fait sous le règne de son père ainsi qu'en témoignent les reliefs du temple nubien de Beît el-Walî. C'était là une manière de se procurer des esclaves et des mercenaires.

Cette campagne fut parfois contestée. Il semble, toutefois, qu'elle date de l'an 5 du règne de Ramsès III qui fut alors représenté sur une stèle d'Amara-Ouest dédiée par Hori, fils de Hori et vice-roi de Koush. Le papyrus Harris précise que Ramsès III fit don de prisonniers nubiens aux temples de Thèbes et de Memphis. En outre, il existait en Moyenne-Égypte, sous le règne de Ramsès V, une colonie militaire appelée *Pennanéhé-syou*, « le village des Nubiens » [1]. Peut-être fut-ce à cette occasion que Ramsès III ordonna de restaurer Amara-Ouest et de lui donner le nom de « La Maison de Ramsès Héqaiounou, riche en victoires », à la place de celui de *Pi-Ramsès Méryimen*, « la Maison de Ramsès II ».

Deux maisons portaient ainsi le même nom et marquaient les limites du royaume de Ramsès, du fin fond de la Nubie aux bords du Delta.

Au début de son règne, Ramsès III avait moins l'intention d'agrandir son empire que de le protéger et d'asseoir son autorité. Établir des bases solides et refaire de l'Égypte un pays florissant et prospère, tel était son but. Il n'en avait pas moins fait la démonstration qu'il détenait une solide armée prête à obéir à ses ordres et qu'il n'était pas pharaon à rester dans son palais si la nécessité se faisait sentir d'aller sur le terrain. Il avait également démontré qu'il savait conduire des hommes et mener une campagne avec rapidité et efficacité, que le courage et la ténacité représentaient deux éléments de son caractère et que son expérience et sa maturité lui permettaient de diriger au mieux son royaume.

1. A. H. Gardiner, *The Wilbour Papyrus I*, A 45, 24.

TROISIÈME PARTIE

RAMSÈS III
À LA CONQUÊTE DE SON PAYS

1

L'ORGANISATION DU PAYS

L'institution égyptienne

Les institutions égyptiennes étaient complexes. Ramsès III les respectait comme tout pharaon digne de ce nom. Au sommet se trouvait l'État. Mais des institutions autonomes possédaient des terres, du bétail et du personnel. C'était le cas des temples qui employaient un personnel chargé de l'entretien d'un sanctuaire et du service d'un culte, tout comme était autonome le domaine d'Amon de Karnak. Certaines institutions étaient à moitié autonomes. Tel était le cas de Médînet Habou et des temples funéraires royaux de Thèbes qui appartenaient au domaine d'Amon tout en ayant chacun un système institutionnel propre.

D'autres institutions s'avéraient entièrement dépendantes d'une autre institution comme celle de l'armée d'État et de l'administration ou, pour les temples, des domaines agricoles et de tout ce qui permettait leur entretien.

Toutes ces institutions, de la plus modeste à la plus prestigieuse, avaient la même organisation sociale et politique. Chaque fondation constituait un ensemble de biens et de personnes. Elle était établie par un fondateur; cet ensemble était inaliénable. Une institution disposait de ses biens et de ses personnes pour en assumer le fonctionnement : revenus, moyens de production de toute nature qui lui avaient été alloués au moment de sa création ou pendant son existence. Les administrateurs n'avaient pas le droit de céder ses hommes, ses bêtes, ses terres, ses matières premières, ses bateaux, ses magasins ou ses ateliers.

Le fondateur n'était pas nécessairement un homme dont l'existence était réelle. Ce pouvait être un dieu. La fondation portait un nom comme « le domaine du dieu Rê », « la fondation du temple un tel ». Quand le fondateur était un vivant, un acte juridique appelé *imyt-per*, « qui est dans le domaine », précisait pourquoi la fondation avait été créée, à quelles fins et avec quels biens. Il y était également spécifié la manière dont elle devait fonctionner. Deux exemplaires de cet acte juridique étaient placés dans le « bureau des archives de pharaon » et dans celui des institutions concernées. Des extraits en étaient parfois publiés sur des stèles ou sous forme d'inscriptions. A chaque fois qu'une augmentation des biens était apportée ou que l'administration était légèrement modifiée, un acte venait s'ajouter au document initial.

« J'ai établi ses biens par des documents enfermés dans ton poing et j'ai fait pour toi un acte de donation surpassant tous mes biens; ils seront pour l'éternité inscrits à ton nom », avait dit Ramsès III à Amon au sujet de la fondation de Médînet Habou.

Le fondateur ne créait sa fondation qu'avec ses biens

propres. Un roi ne pouvait créer une nouvelle institution qu'avec le butin qu'il ramenait de ses guerres ; sinon, il lui fallait créer une institution semi-autonome même pour son culte funéraire.

Les institutions, qui étaient éternelles, avaient des fins politiques, économiques ou idéologiques. Ces institutions pouvaient être exemptées de service militaire, de corvées, de réquisitions, de contrôles... Leurs champs étaient bornés. Leur bétail et leurs esclaves étaient marqués. Des stèles indiquaient les sanctions encourues par ceux qui ne respectaient pas le pacte. Chaque fondation possédait une autonomie administrative et judiciaire. Ses chefs se réunissaient en conseils et jugeaient les litiges.

Autant de détails qu'il est important de connaître pour comprendre l'action de Ramsès III et son engagement ultérieur dans les guerres contre les Peuples de la Mer.

Protéger son territoire et l'agrandir

L'Égypte ne possédait pas de monnaie. Nombreux étaient donc les habitants qui produisaient des produits alimentaires. Selon les croyances égyptiennes, l'Univers qui ne pouvait être que l'Égypte, était une fondation identique à celles dont nous avons parlé. Cette fondation avait été créée par un dieu qui l'avait peuplée en donnant à ses habitants des moyens de subsistance et une organisation sociale, et au pharaon le soin de l'administrer. Le pouvoir du roi avait donc une origine religieuse. L'économie était administrée par le roi et servait à entretenir l'Univers créé par le dieu. Toute décision politique devait également avoir un fondement religieux.

Le roi était responsable de ce qu'il avait reçu du dieu. Il devait donc le conserver au péril de sa vie par tous les moyens et, si possible, l'agrandir. Cette notion est primordiale pour comprendre la démarche de Ramsès III qui, à l'instar des autres pharaons, avait pour tâche de protéger ses terres et de les faire fructifier par des guerres de défense et de conquête. Tous les souverains avaient agi ainsi avant lui et lui devait se montrer digne de ses prédécesseurs. Les Nubiens menaçaient son territoire; il réagissait aussitôt comme s'il en recevait l'ordre formel du dieu. Ces guerres étaient complétées, toujours dans le même esprit et dans le même but, par des constructions et des dons aux temples.

Les parois des temples témoignent de cet état d'esprit des pharaons. On y trouve, en effet, des formules du genre : « Je donne comme tu me donnes » ; « Je donne parce que tu as donné »... Il s'agit bien d'échanges et de respect des dons. Ramsès III dira à Amon : « Je t'ai donné tout ce que j'ai fait pour m'acquitter de ma royauté sur ton trône [1]. »

Un pharaon devait donc prendre le pouvoir avec la conviction que le royaume qu'il administrait était un prêt et qu'il lui fallait le rendre en l'état. Son armée était donc nécessairement prête à la conquête et à la guerre.

Si l'économie égyptienne procédait de la redistribution et si l'ensemble de la production du pays appartenait au roi, celui-ci était tenu de la répartir à ceux qui la consommaient et non de se l'approprier. Son respect pour cette production, acquise de la divinité, était total. Les nombreuses institutions permettaient la répartition des biens selon les besoins de chacun, ce qui demeura utopique et engendra de multiples litiges. Le fait que

1. K.A. Kitchen, *Ramesside Inscriptions, Historical and Biographical*, Oxford, 1968-1969, V, 217, 12-13.

l'économie était soumise au pouvoir politique entraînait des crises et impliquait une hiérarchie sociale qui n'était pas acceptée par tous les Égyptiens.

Les serviteurs de Ramsès

Le pharaon avait à son service des serviteurs dont les charges ne se transmettaient pas nécessairement de père en fils. L'État se défiait des postes importants héréditaires qui auraient pu donner à ceux qui les détenaient un pouvoir pendant plusieurs générations. Les plus influents étaient appelés, entre autres, *scribes royaux*. « Sois un scribe et tu dirigeras l'humanité », trouve-t-on écrit sur plusieurs documents.

A contrario, les soldats qui ne savaient pas obligatoirement lire et écrire, étaient considérés comme des incultes dont la vie rude soulevait le mépris.

Les serviteurs de l'État ne recevaient pas d'argent mais ils profitaient, en échange de leur travail, du revenu ou de la jouissance des terres qu'ils géraient. Ils en recevaient parfois du pharaon lui-même et pouvaient se voir confier l'administration de domaines agricoles ou de diverses institutions comme le domaine d'Amon ou le temple funéraire du roi.

Comment était organisée la société ? Le roi et sa famille se trouvaient en haut de l'échelle sociale, à la tête de l'État. Venaient ensuite les épouses du roi. Une seule portait le titre de « Grande Épouse Royale », la reine. Ce pouvait être la mère du roi. Leur succédaient dans la hiérarchie les princes et les princesses. Le roi et les princes avaient seuls des fonctions militaires et administratives. Dès qu'ils purent le faire, le prince héritier et le deuxième fils du roi commandèrent l'armée et la charrerie. Les autres princes furent placés à la tête des domaines de Ptah de Memphis et de Rê d'Héliopolis. Tous les princes bénéficiaient, pour l'entretien de ces domaines, de terres, de harems, de résidences dans les villes importantes et d'un harem d'escorte chargé de répondre à leur besoin pendant leurs déplacements. Ils avaient également à leur disposition dans les villes de moindre importance des « débarcadères de pharaon ». Les terres, qui n'appartenaient plus à personne faute d'héritier, revenaient naturellement au pharaon qui y attachait quelques fonctionnaires chargés de leurs gestions.

Il était donc primordial que le roi et les princes pussent seuls prendre des décisions militaires et que les deux aînés du pharaon pussent commander l'armée.

Quelques dignitaires importants sont connus : Hori, qui était Vizir du Sud sous Sethnakht et qui le resta jusqu'à la dixième année du règne de Ramsès III (To lui succéda et fut remplacé, sous Ramsès IV, par Néferrenpet) ; Payiri dit Soutekhemheb, fils de Roumâ ; Khâemtir et Montouentaouy furent directeurs du trésor ; Paser, fils de Tjanéfer, et Ptahemheb furent tous deux gouverneurs de Thèbes sous Ramsès III ; Hori, fils de Kamâ, fut vice-roi de Koush dès le règne de Siptah. Hori, fils de Hori, lui succéda sous le règne de Ramsès III.

L'organisation de la maison du roi

L'une des premières tâches de Ramsès III fut également d'organiser sa résidence royale de Pi-Ramsès qui était peuplée de hauts dignitaires appelés « compagnons », « amis uniques », « connus du roi », « chanceliers du roi de Basse-Égypte » ou « porteurs de flabellum à la droite du roi ». Le vizir et le premier prophète d'Amon étaient si importants qu'ils portaient le titre de *répat* désignant le prince héritier, et de *gouverneur* attribué habituellement aux chefs des villes.

Ramsès prit sous ses ordres un grand intendant appelé « scribe des comptes du seigneur du Double-Pays ». Il s'agissait d'un certain Ptahmosé. Cet intendant fut chargé de gérer les domaines. Il était assisté d'un secrétaire, le scribe de la résidence, un certain Séner. Un scribe de la table du nom d'Horia s'occupait de l'approvisionnement.

Ramsès III conserva également au palais un prêtre ritualiste qui était chargé de vérifier si les actes du pharaon respectaient les traditions et un scribe de la maison de vie qui dirigeait le scriptorium royal où étaient conservés les écrits divins donnant toute explication sur la religion.

En plus de cette maison de vie existait un château de vie où travaillaient des médecins sous la direction d'un chef des médecins, Ben-Anath, « le fils de la déesse Anath », au nom sémitique.

Plusieurs serviteurs étaient attachés au service personnel de Ramsès III. Tous ces serviteurs étaient dirigés par un chef de la chambre. On a retrouvé les noms de l'échanson Ramsèsnakht, de « Paybakkamen » (le « serviteur aveugle ») et de Ashahebsed. Certains de ces serviteurs furent impliqués dans la conspiration du harem. Un chef des chambellans s'occupait de l'habillement du roi ; un directeur des appartements privés du protocole ; un chef des secrets des cérémonies religieuses du palais et un ritualiste de la couche royale de la conjuration du mauvais sort [1].

1. A.H. Gardiner, *Ancient Egyptian Onomastica*, Oxford, 1947, I, 83, 103, 116.

Plusieurs hommes étaient chargés du service personnel du roi. Ils assumaient parfois des fonctions redoutables. C'étaient les échansons du roi ou du palais. Ils dirigeaient ainsi, à l'époque des Ramsès, des expéditions au Ouâdî Hammâmât, aux gisements de cuivre de Timnac, aux mines de turquoise du Sérâbît el-Khâdim. Il leur arrivait aussi de contrôler les activités de Deir el-Médîneh en compagnie du vizir à l'occasion de l'installation d'une tombe. Certains d'entre eux participèrent à la conspiration du harem.

La plupart étaient d'origine asiatique et exercèrent sur Ramsès III comme sur les rois précédents une influence incontestable. Ils n'étaient pourtant pas fonctionnaires. En témoignent les nombreux présents ou honneurs qu'ils reçurent de leur maître ou du roi. Ainsi l'échanson Bay fut-il le favori de Siptah à la fin de la XIXe dynastie. Les honneurs dont ils étaient entourés pouvaient se transmettre de père en fils. L'échanson Ptahemouia eut un fils, Hori, qui fit carrière sous Ramsès III et Ramsès IV. En l'an 24 de Ramsès III, il participa à la réalisation d'un culte d'une statue du pharaon dans le temple de Merenptah à Memphis. On le retrouve, sous le règne suivant, quand des commissions dressent la liste des ouvriers de Deir el-Médîneh ou cherchent un emplacement pour la future tombe de Ramsès IV. Cet échanson fut enterré à Saqqâra.

Tous ces dignitaires ou ces favoris proches du pharaon avaient une influence, parfois déterminante, sur les décisions royales. Au moment de défendre son pays ou de combattre, Ramsès III consulta ceux en qui il avait confiance.

L'administration de Ramsès III

Hormis ces proches conseillers, Ramsès III avait à sa disposition des fonctionnaires répartis dans l'armée, dans la gestion économique du pays ou dans les relations avec les colonies. On trouvait aussi une administration religieuse et territoriale, cette dernière étant confiée aux vizirs. Le bureau du roi, dirigé par un directeur, contrôlait le travail de ces hauts fonctionnaires qui ressemblaient fort à des ministres ou à des secrétaires d'État.

Comment vivaient tous ces hauts fonctionnaires ? Les grands personnages étaient souvent tentés d'imiter le luxe des palais. Leurs résidences en ville ou à la campagne mesuraient parfois un hectare et étaient entourées d'une haute muraille. Du vestibule, le notable passait dans sa salle à manger dont les colonnes soutenaient le toit puis dans les vestiaires où se trouvaient des coffres de brique servant d'armoires pour le linge et les vêtements. Les appartements étaient spacieux et entourés de plusieurs cours renfermant des silos.

Le notable possédait des écuries et des chenils. La maisonnette de ses serviteurs, en brique, se trouvait à l'est du domaine. Ceux-ci rentraient dans les salles de réception par une porte de service.

Les jardins étaient traversés d'allées plantées d'arbres, de fleurs et de ceps de vigne, et divisés en carrés. Il n'était pas rare que les notables y prissent leurs repas sous un kiosque. Partout des baraques en bois contenaient des boissons qui se rafraîchissaient dans des récipients dissimulés sous les feuilles. La pièce d'eau était indispensable avec ses nénuphars et ses canards. Le maître s'y promenait en barque.

Parmi les plus hauts fonctionnaires figurait le grand intendant qui était responsable des fondations royales. Sous ses ordres se trouvait sans doute le directeur des travaux du roi. Sous Ramsès III, Ptahmosé fut grand intendant. Ce titre était porté par des dignitaires locaux, par ceux qui dirigeaient les agglomérations ou encore par ceux qui dirigeaient les domaines divins.

Ramsès III réorganisa aussi le bureau des dépêches du seigneur du Double-Pays, une sorte de secrétariat chargé de recevoir et d'expédier la correspondance royale. Sous Ramsès III, plusieurs directeurs se succédèrent : Amenmosé, fils de Paouia, constructeur de Médînet Habou ; Amenemopé qui participa en l'an 26 à une commission d'enquête à Deir el-Médîneh ; Mây et Parâemheb.

Ramsès III avait également décidé que ces messagers du roi contrôleraient à Deir el-Médîneh les travaux des tombes royales de Thèbes. Des porte-parole du roi travaillaient sous la direction d'un chef et annonçaient aux quatre coins du pays les ordonnances du pharaon. Ces porte-parole représentaient le roi en son absence.

Ramsès III avait placé quelques porte-parole dans l'administration des colonies. Des envoyés du roi assuraient les relations entre l'Égypte et les colonies. Ces envoyés du roi étaient le plus souvent des soldats de la charrerie qui étaient appelés maréchaux ou premiers conducteurs de chars. Sous Ramsès III, Nakhtamon inspecta la Palestine égyptienne. Lorsqu'ils étaient brillants, les maréchaux se retrouvaient parfois à la tête des possessions étrangères. Ce fut le cas du vice-roi de Koush, Hori, fils de Kamâ, dont le fils, Oubekhsénou, connut une carrière identique.

Ces envoyés correspondaient donc avec les chefs des terres extérieures à l'Égypte. Ils étaient appelés « chefs des pays étrangers ». Les vice-rois de Koush étaient chefs des pays étrangers du Sud ; les gouverneurs de Palestine, chefs des pays étrangers du Nord ; les chefs de la forteresse de Tjékou, chefs des pays étrangers du Pays du Dieu (à l'est) ; les commandants des forteresses à l'ouest du Delta, chefs des pays étrangers de l'Ouest.

Consulter les dieux fut toujours pour Ramsès III un soin indispensable, tout d'abord parce qu'il avait, comme nous l'avons dit, obtenu son pouvoir du dieu, ensuite parce que le pharaon tenait à restaurer les cultes divins. Aussi le directeur des prêtres de tous les dieux devait-il avoir un pouvoir important, même si celui-ci est mal connu. Un ritualiste du pays contrôlait cependant le bon fonctionnement du culte. Un chef des scribes des fondations d'offrandes divines de tous les dieux assuraient l'approvisionnement des autels. Ramsès veillait à ce que tout fût observé à la lettre.

A cette époque, les trois grands clergés (Thèbes, Memphis et Héliopolis) possédaient leur propre flotte entretenue à leurs frais. Ces bateaux rapportaient en Égypte les cèdres des forêts du Liban pour la construction des temples et des navires.

Respect des institutions, de la divinité, du peuple, caractérisait Ramsès III. Le pharaon n'hésitait pas à consulter éventuellement ses vizirs qui dirigeaient le pays et dont le gouvernement était appelé « grand conseil » ou « conseil des auditeurs ». Les scribes de la natte leur servaient de secrétaires.

Le gouvernement intérieur du pays était ainsi assuré par de nombreux fonctionnaires comme les directeurs du trésor, du grenier ou du bétail, un directeur de la taxation chargé de collecter les récoltes, un directeur de la clôture de la mer et un directeur des archives de la mer administrant un équivalent des douanes.

Partout se trouvaient des scribes, c'est-à-dire des administrateurs ou *roudjou* qui étaient parfois envoyés par le roi pour assumer une tâche, diriger des expéditions à l'étranger ou administrer des institutions.

Les vizirs

Sous Ramsès III, l'Égypte eut deux vizirs : celui de Basse-Égypte qui résidait à Memphis ou à Pi-Ramsès et celui de Haute-Égypte qui habitait à Thèbes. Hori servit sous Ramsès III. Les membres de sa famille assumèrent diverses fonctions au domaine de Ptah. Il était chargé d'organiser les processions locales et de diriger Deir el-Médîneh. On sait qu'il régla notamment les suites d'un scandale judiciaire.

To lui succéda en l'an 14 de Ramsès III, peut-être même dès l'an 12. To fut souvent représenté en compagnie d'autres notables comme Amennakhté, fils d'Ipouy, qu'il nomma en l'an 16 « scribe de la tombe ». To administra le troupeau d'un temple thébain [1] et dirigea des travaux à Karnak-Nord en l'an 22. Il fut nommé vizir de l'ensemble de l'Égypte le 23 du deuxième mois d'akhet de l'an 29 et put ainsi organiser comme il se devait le jubilé du roi. Il rassembla les statues des divinités de Haute-Égypte qui pouvaient figurer à la cérémonie. To laissa une statue à Memphis et n'exerça pas de fonction sous Ramsès IV. Néferrenpet lui succéda sans qu'on sût s'il fut licencié ou s'il mourut à la même époque que Ramsès III qu'il servit le mieux possible. On le voit cependant manquer de fermeté à plusieurs reprises, notamment, lorsque les ouvriers de Deir el-Médîneh se mettent en grève.

1. Papyrus Harris.

Si nous connaissons les attributions exactes des vizirs sous Thoutmosis III, attributions qui sont reproduites dans la tombe thébaine de Rekhmirê, celles des vizirs sous Ramsès III sont plus obscures. Le pharaon semble toutefois avoir diminué leurs pouvoirs. Les vizirs n'assurent plus sous son règne que la direction de l'administration territoriale. Dorénavant, les échansons et les porte-parole représentent le roi, tâche autrefois uniquement assurée par les vizirs, et le grand intendant du roi, la garde royale ou le harem d'escorte assurent l'administration du palais, son approvisionnement et sa sécurité.

Ramsès III sut travailler de concert avec les vizirs qui nommaient leurs fonctionnaires et leur attribuaient un domaine rétribuant leur tâche. Eux seuls décidaient de les garder s'ils étaient compétents ou de les licencier si la nécessité se faisait sentir.

Le pharaon veillait à ce que les vizirs fussent eux-mêmes possesseurs d'une terre et de personnel, des secrétaires, des chambellans, des messagers. Les vizirs avaient coutume d'écouter les rapports de leurs fonctionnaires et d'éventuels plaignants dans de vastes locaux. Dans leurs archives étaient conservés les rapports sur les activités des fonctionnaires et sur leur vie privée. Chaque projet était écrit puis enregistré et authentifié par le sceau du vizir.

Le vizir dirigeait ses fonctionnaires responsables de l'ordre, de la sécurité et de la culture du pays grâce à ses messagers. Chaque province était administrée par des gouverneurs aidés d'un conseil de scribes. Des directeurs des champs contrôlaient le travail des agriculteurs. Hiérarchiquement inférieurs, les chefs des villes, de châteaux ou de villages commandaient les bourgades ; les scribes et les chefs de district, les zones rurales et les administrateurs d'oasis les oasis. Chacun devait faire au vizir des comptes rendus de ses activités et répondre immédiatement à ses convocations. Tout litige, tout différent, tout délit ou faute était jugé par le vizir.

Ramsès III fit en sorte que les vizirs respectassent ses volontés, ses lois et ses décrets. Le vizir ne devait être qu'un messager entre le pharaon et ses fonctionnaires. En revanche, Ramsès III leur laissa toute liberté pour juger les vols, pour délimiter les propriétés de chacun et pour répartir, en cas de guerre, le butin entre les différents propriétaires. Le pharaon leur donna un corps de gendarmes *madjoy* tandis que des policiers contrôlaient le trafic fluvial à l'exception des navires du temple. Quand une tâche particulière leur était confiée par le roi, les vizirs regroupaient biens ou personnes nécessaires à l'exécution parfaite de cette mission.

Le directeur du Trésor

Le vizir était tenu de s'entretenir chaque jour avec le directeur du Trésor royal qui possédait sans doute la fonction la plus importante de l'administration intérieure du pays. Lui seul gérait de grands magasins renfermant des produits précieux et des vêtements. Les produits précieux étaient destinés aux temples et aux desservants ; les vêtements devaient être répartis entre les mercenaires étrangers et les ouvriers de Deir el-Médîneh. Lui seul possédait une grande partie de la production de la Nubie et des Oasis ainsi que de vastes domaines agricoles en Moyenne-Égypte. Ces domaines servaient au fourrage des ânes qui constituaient les caravanes partant vers l'oasis du Nord [1].

1. A. H. Gardiner, *The Wilbour Papyrus I,* 72, 6.

Ramsès III choisit à ce poste clé un ancien chef de la clôture de la mer, Payiry, fils de Roumâ, de la ville de Bubastis, plus connu sous le nom de Soutekhemheb. Payiry fit une remarquable carrière sous Ramsès III, ce qui ne l'empêcha pas de comploter contre le pharaon à la fin de son règne. Il fut remplacé en l'an 26 du règne par Khâemtir qui sera directeur du Trésor sous deux autres pharaons.

A la fin du règne, Ramsès III semble également avoir choisi un dénommé Montouemtaouy assisté de Payefraouy qui figurèrent parmi les juges de la conspiration du harem (sixième partie). Moutouemtaouy était encore au service de Ramsès IV. On peut donc en conclure que Ramsès III le jugea compétent et le garda ainsi que Khâemtir.

Toutefois, à la fin du règne, les directeurs du Trésor devinrent si nombreux qu'il est plus logique de penser que ce titre se généralisa et fut porté par des notables locaux.

Qui assistait le directeur du Trésor ? Un substitut du Trésor sous Ramsès III, Khonsou ; un chef des archivistes du Trésor (sous Ramsès III, Penpato, un ancien scribe à qui succéda Ousermaâtrênakht) et plusieurs scribes du Trésor. Le bureau des archivistes de la maison du roi gardait trace des donations et des créations d'institutions.

Le directeur du grenier

Le directeur du grenier fut chargé par Ramsès III d'approvisionner les institutions et les mercenaires étrangers. Pennestytaouy remplit cette fonction en l'an 6 de Ramsès III. Ce directeur et ses services possédaient un bureau et des archives à Memphis et à Thèbes. Il devait impérativement veiller à l'entretien de Deir el-Médîneh avec un chef des approvisionnements royaux qui était à son service.

A ces fonctionnaires du pharaon s'ajoutait un directeur du bétail, titre qui était également donné avec de moindres responsabilités aux chefs des troupeaux des différentes institutions.

Avant de devenir un chef militaire, Ramsès III sut tout d'abord conquérir son peuple en se faisant reconnaître comme le digne successeur de Ramsès II. Il sut ensuite conquérir son pays et l'administrer sous tous points de vue, ce qui représenta une tâche considérable eu égard à l'état dans lequel il l'avait trouvé.

En quelques années, il en fit un pays solide, admirablement géré. Lui-même était respecté et aimé plus que redouté. Ce respect était également lié à la facilité avec laquelle il avait pacifié la Nubie en menant une campagne rapide et efficace. Pharaon, Ramsès III l'était à coup sûr ; conquérant, il l'était dans l'âme sur le plan social, économique, politique et militaire avec en tête cette idée omniprésente que le dieu lui avait donné une terre qu'il devait améliorer et agrandir au mieux de ses possibilités. Bâtisseur, organisateur, respectueux de sa mission, Ramsès III se révélait déjà comme l'un des plus grands pharaons. La gloire remportée sur le terrain allait l'auréoler de nombreux honneurs et le faire entrer dans la postérité.

2

LES PREMIÈRES DÉCISIONS POLITIQUES

Médînet Habou

La sépulture était pour les Égyptiens un lieu extrêmement important. Aussi y consacraient-ils l'essentiel de leurs ressources et y songeaient-ils pendant toute leur vie. Les pharaons n'échappaient pas à la règle.

Ramsès III commença à préparer la sienne dès son avènement. Il fit jeter les plans d'un temple funéraire à Médînet Habou en ordonnant que ce temple fût en tous points identique au Ramesseum, le temple funéraire de Ramsès II, et il ordonna sans doute au même moment de prévoir et de préparer une tombe pour lui dans la Vallée des Rois après en avoir choisi l'emplacement. Le travail de ces deux monuments fut très probablement programmé en même temps car ils sont manifestement indissociables l'un de l'autre.

Dans le caveau des Égyptiens se trouvait en effet le corps momifié. Dans une chapelle semblable à une maison habitait le *ka*, une partie du caractère du défunt qui continuerait à vivre là comme lorsqu'il était en vie. Quant à l'âme, le *ba*, représentée par un oiseau à tête d'homme, elle quittait le mort le matin jusqu'au soir afin d'aller habiter les effigies de la chapelle. Elle y entrait par une fausse porte dessinée sur un mur et se nourrissait d'aliments déposés là par la famille du mort ou par les prêtres.

Ces détails sont connus grâce aux dessins figurant sur les tombes tant privées que royales.

Les tombes et les chapelles pouvaient être construites au même endroit comme elles pouvaient être séparées. Ce fut précisément le cas au moment de la construction des monuments de la rive gauche de Thèbes.

Sur les parois de son temple, Ramsès III fit graver des scènes de sa vie quotidienne mais surtout les grands événements de son règne. Les portes étaient décorées d'électrum et de cuivre poli ; les autels étaient garnis d'innombrables vases en or, en argent et en cuivre ; dans le temple se trouvaient des monuments semblables à des montagnes d'albâtre et des statues recouvertes d'or ; aux alentours des jardins, des lacs, des bosquets et des vergers entourés de grands parterres de fleurs.

La première décision de Ramsès III fut donc d'ordonner la construction du temple de Médînet Habou. Un décret, soi-disant écrit par le roi lui-même, fut établi et reproduit sur des stèles en métal précieux déposées dans le sanctuaire d'Amon de Karnak. Son culte appartenait en effet au domaine d'Amon et s'adressait à « Amon qui s'unit à l'éternité », forme sous laquelle le pharaon serait divinisé après sa mort.

Le temple de Médînet Habou fut construit au sud du temple des rois Ay et Horemheb, au lieu-dit, dans les textes anciens, « colline de Neb-ânkh » (= Seigneur de la vie) ou « lutte de Tjamé » où se trouvait déjà un petit temple d'Amon. Datant peut-être du Moyen Empire, ce sanctuaire fit ensuite partie du temple de Ramsès III. Il fut suffisamment célèbre pour être remanié jusqu'à l'époque romaine. Les Égyptiens pensaient en effet que le monde avait été créé à cet endroit et que de nombreux dieux y avaient été inhumés, comme Kematef, le serpent, ou Kémato, son fils, assimilé à Amon d'Opet qui avait lui-même engendré d'autres dieux responsables de la création du monde. Amon pouvait être identifié à ces différents dieux.

Au début de chaque décade, Amon d'Opet (ou Kémato) était conduit sur le fleuve de Louxor au « petit temple » de Médînet Habou pour l'accomplissement d'un culte honorant son père. Il était censé visiter aussi les divers temples royaux de la rive gauche de Thèbes.

Nul doute que Ramsès III choisit l'emplacement de son temple pour ces diverses raisons [1]. Il est considéré sur les inscriptions comme le « lieu de la création », l'endroit où « sont nés les dieux primordiaux » et où se situeraient leurs tombes et leurs chapelles.

Ramsès III fit donc restaurer le « petit temple » de Médînet Habou et construire à Louxor un reposoir en vue de la procession d'Amon d'Opet sur le fleuve. Peut-être fut-ce lui qui organisa ce culte.

La construction du temple de Médînet Habou fut une entreprise considérable. Il fallut cultiver les terres, apporter du bétail, embaucher des hommes. Dix ans furent nécessaires à sa construction qui fut dirigée par un chef des travaux et du Trésor du domaine d'Amon, Amenmosé, fils de Paouia et de Nébetit.

Le directeur devait tout contrôler : la fabrication des

1. Telle est l'hypothèse de P. Grandet, *Ramsès III, histoire d'un règne*, p. 100.

statues de dieux destinées aux chapelles, des barques qui les transporteraient et des meubles.

Amenmosé n'était pas le premier venu. Il avait déjà conçu de multiples réalisations dans le temple de Karnak : un naos en l'honneur d'Amon, des placages d'or et d'argent pour des colonnes et des plates-formes pour le dieu mené en procession. Il avait également contrôlé la fondation d'une colonie agricole au nord de l'Égypte, y avait fait pousser des vignobles et bâtir des temples.

Amenmosé avait également été scribe des dépêches du seigneur du Double-Pays avant de devenir intendant sous Siptah.

Ramsès III apprécia très vite les facultés de cet homme qui avait déjà prouvé ses qualités d'architecte. Ses réussites lui permirent de faire installer dans le temple de Karnak une statue à son image [1] et d'amasser une grosse fortune qu'il légua au dieu Amon, sans doute parce qu'il n'avait pas d'héritier. Ainsi fut donc constituée une fondation pour son culte funéraire dont l'administration fut confiée aux desservants du temple d'Ahmès-Néfertari.

Le temple de Médînet Habou fut érigé à partir de l'an 5 car, à cette époque, une expédition part pour Khényt (Gébel el-Silsiléh), à cent cinquante kilomètres environ au sud de Thèbes. Le roi l'y a envoyée pour ramener du grès. L'expédition arriva au premier jour du premier mois de chémou de l'an 5 sous la direction de Payiry appelé Soutekhemheb. Elle était constituée de trois mille hommes dont cinq cents marins et cinq cents carriers.

L'expédition fut relatée sur les parois du spéos

1. Cette statue fut sans doute déposée ensuite dans la « cour de la cachette ». Elle y fut retrouvée en 1904.

d'Horemheb où le roi fait une offrande aux dieux. Une stèle gravée sur le montant sud de la porte du spéos représente le pharaon en train d'offrir un bouquet à Path, dieu des artisans, et sur le montant nord en train d'honorer Sobek-Ré de Khényt et Hathor[1].

Des charriers et des soldats aidaient au transport des blocs de grès sous le commandement du général Pahemnétjer.

Le temple de Médînet Habou n'était pas entièrement en grès mais également en granit, en albâtre et en pin du Liban. Il est possible d'en conclure que des expéditions furent organisées pour l'albâtre ou pour le granit qui servit probablement aux encadrements de portes.

Le Gébel el-Silsiléh fournit en grande partie les matériaux nécessaires à la construction du temple. En l'an 6, Ramsès III ordonna de graver une stèle au sud du spéos d'Horemheb commémorant la célébration d'une cérémonie en l'honneur d'Hâpy, image du Nil inondant et fertilisant les champs égyptiens. Cette cérémonie devait avoir lieu deux fois par an sur le modèle des pharaons qui l'avaient précédé.

Ainsi donc, au 15 du premier mois d'akhet et au 15 du troisième mois de chémou, au début et à la fin de la crue du Nil, des offrandes furent consacrées au fleuve afin de l'inciter à être chaque année le bienfaiteur du pays. Le domaine d'Amon apportait du grain. Les adorateurs du dieu prenaient place dans une tribune taillée dans le roc.

1. Plusieurs dignitaires se trouvent nommés avec Ramsès III. Le nom de certains d'entre eux comme celui de Payiry semble avoir été volontairement effacé pour rayer du souvenir tous ceux qui participèrent à la conspiration du harem.

Ramsès III en son palais

Le temple de Médînet Habou était particulièrement imposant. Il faisait face à Karnak où le soleil, croyaient les Égyptiens, se levait pour se coucher là où avaient été construits les temples royaux. Sur les dédicaces de Médînet Habou, il est clairement spécifié que le temple était « à l'horizon du ciel ». Son pylône passé, l'Égyptien entrait dans le ciel, passant du monde des hommes à celui des dieux, des vivants aux morts. Le temple de Ramsès III n'était que la représentation du « palais qui se trouve à l'horizon », demeure du Soleil dans le ciel.

Le temple de Médînet Habou était également la maison du dieu Amon et le « château de millions d'années » du roi qui l'avait fait construire. C'était un sanctuaire qui rappelait ses victoires, ses fêtes...

L'intitulé exact de ce temple était : « Le château de millions d'années du roi de Haute et Basse-Égypte Ousermaâtré Méryimen destiné à l'éternité, dans le domaine d'Amon, à l'occident de Thèbes. » Une déesse portait sur sa tête le nom du temple.

Cet édifice était fait pour être éternel et comparable en cela à la pérennité du Soleil, à la lune ou aux étoiles.

Hormis ces fonctions liées à la religion et aux croyances égyptiennes, ce temple était une ville. Autour du sanctuaire se trouvaient des habitations, des magasins, des bureaux, des ateliers et des jardins entourés d'une enceinte. Les maisons étaient en brique crue. Un canal artificiel creusé par Ramsès III menait du fleuve au temple. Le long des rives du canal, le pharaon avait fait planter des arbres et de très hautes plantes. Ce canal se terminait en un lac devant le sanctuaire où se trouvait une tribune occupée, au moment de la crue du

Nil, par des prêtres rendant hommage aux dieux et accueillant les processions venant de Thèbes.

Le temple était entouré d'une enceinte en brique crue elle-même entourée d'une seconde enceinte. Entre les deux enceintes se trouvaient des habitations de prêtres le long de ruelles et deux bâtiments administratifs. A droite de l'entrée se trouvaient un abattoir, des étables et des remises pour les chars royaux. Entre l'entrée et ces remises, un étang était entouré de jardins près du « petit temple » entouré d'un mur et du lac sacré qui permettait d'approvisionner en eau ceux qui étaient chargés du culte du temple de Ramsès III.

Comme il a été dit plus haut, Ramsès III restaura le « petit temple » qui avait probablement été fondé au Moyen Empire. Il orna les corniches de cartouches à son nom et les murs extérieurs de scènes le représentant en train de faire des offrandes à Amon. Il fit également graver – et ceci à plusieurs reprises – sa titulature.

Plusieurs inscriptions témoignent du fait que Ramsès avait trouvé l'édifice « en ruine » et qu'il l'avait restauré, faisant « construire les temples et approvisionner les offrandes de tous les dieux de Haute-Égypte », allusion à l'inspection des temples de l'an 15 du règne.

Un palais paré au combat

Les enceintes de Médînet Habou avaient une fonction militaire et stratégique évidente. Pour pénétrer à l'intérieur du temple, une autorisation était nécessaire. Ramsès III fit graver sur l'enceinte extérieure l'histoire de ses faits militaires. Un chemin de ronde courait sur ce mur haut de vingt mètres, aménagé de tourelles de conception asiatique. Deux accès se trouvaient à l'est et à l'ouest. Deux portes fortifiées les fermaient.

Ramsès III, qui était un pharaon prudent, prit soin de faire construire des murs d'enceinte identiques aux temples de This, Hermopolis, Abydos, Assioût et autour d'un point d'eau important situé dans la région d'El-'Arîsh sur la route militaire menant en Asie.

Les portes fortifiées ou *migdol* étaient aussi résistantes que les enceintes. Entrer de force dans le temple de Médînet Habou constituait un exploit. Il fallait en effet passer une porte protégée par des gardiens pour franchir le mur de contrescarpe qui entourait l'enceinte. Là se trouvait un passage étroit dominé par deux tours dont la façade se terminait par un glacis de quarante-cinq degrés. Venaient ensuite une cour puis le sanctuaire lui aussi protégé par une porte. Si un ennemi arrivait jusque-là, des tireurs postés à trois endroits, en hauteur, étaient chargés de le tuer sur-le-champ. Le passage devenait de nouveau plus étroit et il était enfin possible de pénétrer dans l'enceinte.

Tout le long, des reliefs évoquaient les exploits de Ramsès III sur ceux qui menaçaient l'Égypte. Selon les croyances égyptiennes, ces adversaires étaient assimilés au chaos détruisant l'ordre divin de la création. Ces reliefs représentaient en quelque sorte une force divine interdisant l'entrée du temple au cas où les portes n'auraient pas suffi.

Quels étaient ces ennemis contre lesquels Ramsès III lutta avec courage ? Ils se trouvent représentés sur les tours. On y voit le pharaon tuer des prisonniers devant le dieu Amon. Des captifs sont représentés en file et enchaînés. Ce sont des chefs qui combattirent contre l'Égypte. Certains d'entre eux sont sans doute des chefs des Peuples de la Mer. De semblables fresques ornent encore un passage qui conduisait vers un bâtiment dominant la cour intérieure. Par des sortes de fenêtres, le pharaon récompensait ses soldats et assistait au défilé des prisonniers de guerre. Dominant ainsi ses sujets, le roi était alors considéré comme le dieu Soleil. Ces manifestations devaient être très semblables aux triomphes romains par leur importance. Aussi la famille du roi et le pharaon lui-même devaient-ils pouvoir se restaurer tout en y assistant. Il est donc facile d'imaginer que des pièces y étaient aménagées à cet effet aux premier et deuxième étages.

Le pharaon ne faisait d'ailleurs pas que s'y restaurer. Sur les nombreux reliefs gravés sur les murs de ces pièces, le roi est représenté en compagnie de ses filles. Il est assis dans des fauteuils en osier, au milieu des fleurs, et joue avec elle au jeu de sénet, une sorte de jacquet. Celles-ci lui offrent des fruits qu'il mange en disant : « A ta santé ! »

Pour accéder au premier étage de la cour, il fallait suivre une rampe ; seuls de petits escaliers intérieurs permettaient d'accéder au second étage et au toit.

Seuls pouvaient entrer dans le temple le roi, les prêtres et les desservants car là se renouvelait chaque matin la création du monde. Toutefois, les fidèles du dieu pouvaient adresser leurs prières dans des chapelles accolées au mur du temple où se trouvaient aussi des statues divines ou dans de simples portiques en bois où avait été disposée l'effigie du dieu. Un petit bâtiment fut ainsi élevé dans la cour de Médînet Habou. Sur l'un de ses murs fut représenté le dieu Ptah, « le grand dieu qui écoute les prières dans le temple de Ramsès III ».

Il fallait encore passer cinq portes pour atteindre le temple et ses dépendances, quartiers d'habitation des prêtres, magasins, ateliers, bureaux fort semblables à ceux du Ramesseum. S'y trouvaient aussi des enclos à céréales, des étables et des volières contenant des animaux prêts à être sacrifiés. Un enclos possédait son puits.

Le palais de Ramsès III était accolé au mur du temple. Il était bordé d'un jardin privé.

Certaines portes n'étaient ouvertes, semble-t-il, que lors de fêtes importantes. Car les prêtres avaient l'habitude de passer par des portes de service. Ainsi en était-il de la gigantesque porte du premier pylône ornée de fresques représentant le roi tuant des prisonniers. La tradition voulait que Rê se reposât sur ces pylônes pendant sa course. A leur sommet se perchaient des déesses comme Nakhbet ou Isis.

Le palais

Grâce aux scènes de la cour du palais, il est encore possible d'imaginer le pharaon arrivant en char avec ses gardes du corps, les princes et les dignitaires de la cour. La cravache à la main, il inspectait les attelages de la « grande écurie de Ramsès III ». D'une fenêtre surélevée, le roi annonçait ses décisions politiques aux prêtres, aux chefs d'armée ou aux notables. Il présidait la livraison au dieu Amon de prisonniers de guerre, la distribution de récompenses aux soldats émérites.

S'avançant sur une estrade à baldaquin en bois de construction récente, le roi assistait aussi à des spectacles de luttes à mains nues et de duels au bâton entre soldats égyptiens et prisonniers étrangers. Les enfants du pharaon encourageaient leurs champions tandis que les ambassadeurs étrangers étaient contraints, eux aussi, à assister à cette démonstration de la force et de la supériorité égyptiennes.

Le temple et le palais communiquaient entre eux par trois portes. Le pharaon empruntait deux d'entre elles pour se mêler aux processions des fêtes d'Opet et de la Vallée. Les courtisans passaient par la troisième porte pour rejoindre la salle d'audience du palais. Le roi l'empruntait aussi lorsque la cour se présentait devant lui. Ramsès III était assis sur son trône entouré de ses échansons. Ses fils lui donnaient des bouquets.

Ramsès III fit plusieurs fois remanier son palais de Médînet Habou au cours de son règne. Il en fit ainsi une magnifique résidence. Le pharaon y vivait entouré d'une pléiade de serviteurs.

On y pénétrait par une porte située au sud. La salle de réception était à six colonnes. Au sud de cette salle se trouvaient les appartements de Ramsès III : une salle de séjour avec une estrade et un trône ; tout près, sa chambre avec une alcôve et un lit disposé sur une sorte de plate-forme. Un vestibule communiquait avec la salle de réception. On y trouvait un vestiaire et une salle de bains.

Ramsès III passait dans cette petite pièce quelques minutes par jour. Un bassin en grès était placé dans le dallage. Le roi s'y tenait debout tandis que les serviteurs inondaient son corps.

Ramsès III allait ensuite écouter des audiences intimes où il lui arrivait de remettre des récompenses à des dignitaires dans une suite dotée d'une salle de bains où il s'absentait de rares instants pour se rafraîchir. Là encore se trouvait une salle du trône communiquant avec un vestibule et trois appartements où résidaient les membres de la famille royale et les dignitaires. Ceux-ci étaient bien logés dans deux grandes pièces et une chambre dotée de salle de bains. Le soir, chacun montait les degrés qui permettaient d'accéder à la terrasse du toit ou allait flâner dans le jardin qui possédait un puits, un étang et des vérandas.

Le temple de Médînet Habou était fait d'une succession de pièces dont le sol allait en s'élevant tandis que le plafond se faisait plus bas, à l'image de la terre et du ciel qui se rejoignent. Le pharaon accédait ainsi au ciel et au séjour des dieux. Il est vrai que le temple de Médînet Habou était le plus souvent ouvert à l'occasion des fêtes religieuses. La deuxième cour était précisément une cour de fêtes. On y honorait Sokar, le dieu des morts, et Min-Amon. Les dates des cérémonies, figurant sur une paroi extérieure de la cour, étaient nombreuses.

Le roi venait directement de son palais dans la cour pour participer aux fêtes. Deux immenses statues « hautes comme des montagnes » le représentaient.

Le sanctuaire

L'entrée du sanctuaire était fermée par une porte monumentale. Là se trouvait le « grand trône d'électrum au sol d'argent, aux portes d'or, de granit noir et rouge, de calcaire et de grès, aux vantaux de cuivre repoussé, orné de figurines, d'électrum et de pierres précieuses ». Pour y pénétrer, il fallait d'abord être purifié. Dans la salle de réunion des dieux, un culte était rendu à tous les dieux du ciel.

Le sanctuaire était formé d'un ensemble de chapelles occupées par des statues et des reposoirs de barques. A gauche de la première salle, la plus grande, était déposé le trésor du temple à l'abri de tout acte de vandalisme. Y étaient en effet placés des objets de grand prix : des lingots enfermés dans des coffres recouverts d'un couvercle ornés d'un sphinx, des pierres précieuses et des bijoux en or d'Ombos, d'Edfou, de Coptos, d'Asie et de Nubie, en argent, en cuivre, en plomb, en turquoise ou en lapis-lazuli.

Le trésor était également riche en étoffes. La myrrhe et la gomme du pays de Pount côtoyaient la vaisselle du culte en or, en argent et en cuivre, des coffres et des harpes dont s'accompagnaient les récitants lors des offices.

Certains métaux précieux avaient été moulés sous forme d'obélisques ou d'animaux. Dans le trésor étaient enfin conservées des statues et des statuettes du roi en train d'honorer la divinité comme « la statue d'apparition d'Ousermaâtrê Méryimen » utilisée lors de chaque anniversaire de l'avènement de Ramsès III, « Ousermaâtrê Méryimen qui conduit la fête en faisant l'encensement », statue tenant un spectre, et un encensoir, représentant le pharaon. Cette dernière statue devait être employée lorsque les Égyptiens célébraient des fêtes en l'absence du roi.

Sur les murs de la pièce au Trésor figure une scène de pesée d'or, signe de la minutie avec laquelle était effectuée la comptabilité de tant de richesses. Derrière le Trésor, une pièce abritait la barque de Ramsès III divinisé. Deux autres pièces servaient à honorer le dieu Montou, patron de Thèbes et dieu des guerriers.

Suivaient plusieurs sanctuaires : l'un pour le culte du pharaon et de son épouse rendu par leurs enfants ; un autre pour le culte de Ptah de Memphis ; un troisième pour le culte des principales divinités égyptiennes, Osiris, Isis, Horus, Thot, Oupouaout ; un autre encore pour le culte de Sokar et du dieu Néfertoum. Non loin de là, une cour et une chambre de service permettaient de débiter la viande des animaux sacrifiés qui venait d'un abattoir. La barque d'Amon à qui le roi s'assimilait après la mort était également honorée dans le sanctuaire.

En fait, aucun dieu n'était oublié et Médînet Habou honorait l'ensemble du panthéon égyptien. Chaque jour étaient déposés dans le sanctuaire d'Osiris des plantes et des animaux que le soleil créait pour donner vie aux humains. Ramsès III y était représenté en train d'adorer le dieu Rê avec des babouins qui le saluaient à son lever. Le roi disait des hymnes comme tous les autres Égyptiens à chaque étape de la course du Soleil.

La salle située au milieu du sanctuaire était la plus sacrée. Ramsès III s'y fit représenter avec Maât et Thot. Là viendrait un jour le *ba* du roi défunt pour s'alimenter avant de rejoindre son corps dans la Vallée des Rois.

Médînet Habou fut édifié de l'an 5 à l'an 12 de Ramsès III. Sans doute les représentations religieuses furent-elles les premières à y être sculptées. Puis vinrent, après l'an 8, les fresques retraçant les campagnes du roi contre les Peuples de la Mer qui furent réalisées en même temps que celles évoquant sa campagne en Nubie et sa première campagne libyque. Les offrandes consacrées aux dieux qui ont accordé la victoire au roi et les scènes de chasse témoignent du fait que Ramsès III était bien respecté alors comme le « taureau vainqueur en Nubie ». Certains reliefs sont sans doute inspirés de ceux de Karnak qui célébraient les guerres de Séti Ier.

3

LES OUVRIERS DU ROI

La population de Médînet Habou

Ramsès III avait placé dans les bâtiments de Médînet Habou de nombreux prêtres et ouvriers. Soixante-deux mille six cent vingt-six personnes assuraient le bon fonctionnement de l'institution. Sept cent soixante-dix employés entretenaient le temple. Mille quatre vingt-quatre gardiens surveillaient les deux troupeaux du Delta. Les paysans cultivaient les champs du temple.

Avec leurs femmes et leurs enfants, cette population constituait un ensemble impressionnant compte tenu du fait que vingt-deux mille six cents personnes seulement avaient été engagées au domaine d'Amon et environ quinze mille personnes au domaine de Rê d'Héliopolis et de Ptah de Memphis. Ces chiffres montrent l'importance que le pharaon accordait à Médînet Habou sans commune mesure avec les autres institutions des divers temples.

Comme dans tous les temples, le clergé de Médînet Habou était constitué d'une cinquantaine de prêtres, « esclaves du dieu », chargés du culte, les *hem-nétjer*, et d'une centaine de prêtres *ouâb* (« purs »), chargés des aspects matériels du culte. Les prêtres étaient bien entendu logés sur place dans soixante-dix habitations qui correspondaient à des logements de fonction, des équipes étant probablement chargées à tour de rôle de la célébration du culte.

Deux prêtres ritualistes surveillaient encore le déroulement du culte. Les filles et les épouses des notables et des prêtres chantaient des hymnes en l'honneur du dieu sous la direction d'une Supérieure du harem d'Amon à Médînet Habou.

Un chef religieux se trouvait en haut de la hiérarchie; il représentait le pharaon lui-même rendant un culte à son père, sous le nom de « prêtre sem ». Son culte rappelait le culte de Ptah-Sokar-Osiris. Une fois par an, à la fin de la saison d'akhet, pendant dix jours, étaient mimées la mort et la résurrection du dieu. Cette fête réunissait tout le clergé. Le prêtre sem assumait donc une fonction essentielle. Peut-être Bakenkhonsou, fils d'Amenemopé, fut-il, sous Ramsès III, « grand prêtre sem » comme Ousermaâtrênakht, son successeur, ou Djéhoutymosé, grand prêtre sem sous Ramsès IV.

Le grand prêtre d'Amon de Thèbes et le prêtre sem (que l'on a parfois confondus) dirigeaient le temple de Médînet Habou. Sous leur autorité existait un conseil dirigé par un grand intendant. D'autres intendants dépendaient de ce grand intendant : entre autres personnages connus, Piay qui dirigeait l'un des troupeaux du Delta et Pennestytaouy qui terminera sa carrière au domaine de Ptah de Memphis.

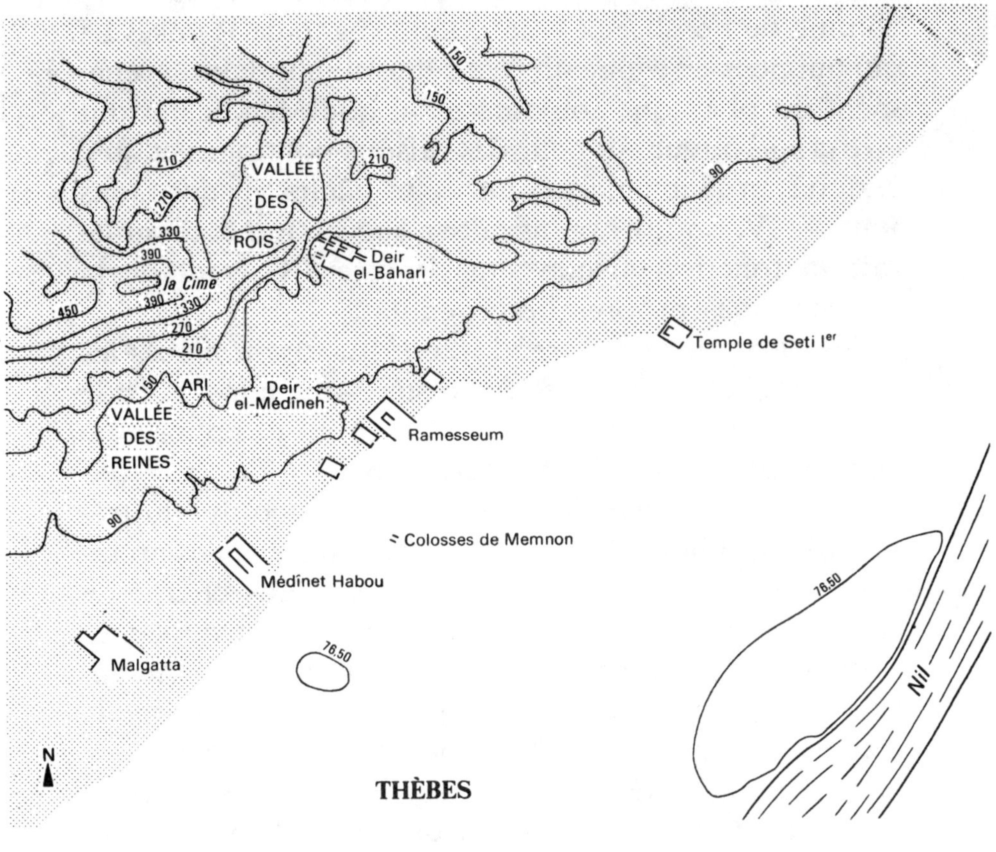
VALLÉE
DES
ROIS
Deir
el-Bahari
la Cime
Temple de Seti Ier
ARI
Deir
el-Médîneh
VALLÉE
DES
REINES
Ramesseum
Colosses de Memnon
Médînet Habou
Malgatta
Nil
N
150
210
270
330
390
450
90
76.50

THÈBES

Ramsès III tenait à tout contrôler à Médînet Habou. Aussi confia-t-il la charge de grand intendant à un certain Mérybastet, par ailleurs grand intendant du seigneur du Double-Pays et responsable des taxes. Mérybastet avait été chef de tous les prêtres d'Ounet à Hermopolis, mais peut-être était-il lui aussi originaire de Bubastis (son nom signifiait « aimé de Bastet ») comme de nombreux notables du règne de Ramsès III qui ont peut-être joué un rôle déterminant dans l'avènement du pharaon. Toujours est-il que Mérybastet dut être grand intendant pour des raisons politiques et qu'il assuma probablement seul cette tâche jusque sous Ramsès IV. Son fils prendrait sa succession et assumerait sa fonction jusque sous Ramsès IX avant de la confier à ses propres descendants.

Sous les ordres du grand intendant furent placés les directeurs des travaux et du trésor : Amenmosé, fils de Paouia, qui dirigeait de son côté une importante équipe, et Payiry dit Soutekhemheb. Aidés par des scribes, ceux-ci veillaient sur tous les produits du trésor. Ils travaillaient avec le chef des gardiens des archives du temple et un directeur des artisans chargé de superviser la fabrication de tous les objets du culte.

Ramsès III se montra si satisfait du directeur Amenkhâou qu'il donna à son fils Djéhoutyemheb le poste de responsable des orfèvres du domaine d'Amon.

Il nomma Bakenkhonsou responsable des taxes et du bétail. Celui-ci eut la lourde tâche d'approvisionner le temple et d'administrer l'immense domaine d'Amon. En échange de ses services, Bakenkhonsou bénéficia d'une partie de la production des terres de plusieurs sanctuaires, de vergers, de jardins, de vignobles, de troupeaux que Ramsès III avait pris aux Libyens pendant les guerres du tout début de son règne. Plus de mille prisonniers libyens gardaient précisément ce troupeau qui fut donc scindé en deux : le « Troupeau d'Ousermaâtré Méryimen dans le domaine d'Amon » qui paissait près du village de « Ousermaâtrê Méryimen qui fait prisonnier les ennemis » (sur la branche centrale du Nil) et le « Troupeau d'Ousermaâtrê Méryimen qui bat les Mashouash » sur « les eaux du Nil ».

Les produits de ces terres et le bétail arrivaient aux magasins du temple sur des bateaux appropriés. Là, un chef de la resserre veillait aux produits rares comme le sel et le natron. Les animaux étaient dirigés à l'abattoir ou dans les volières. Un enclos à céréales abritait le grain indispensable au culte.

Le peuple de Médînet Habou pouvait se mettre au travail. Meuniers, boulangers, brasseurs, bouchers, surveillés par les prêtres ritualistes, transformaient ces denrées en mets ou en offrandes. Des artisans fabriquaient le mobilier sacré.

Les scribes géraient toute cette production, son acheminement, sa transformation et sa consommation, son stockage et sa répartition dans des bureaux appropriés. Un scribe de l'offrande divine supervisait tout ce qui concernait les aliments du culte. Un scribe des enfants administrait le personnel pendant que des soldats ou des policiers, dirigés par un chef, veillaient à la sécurité du temple.

Deir el-Médîneh

S'il se soucia très vite de l'élaboration de sa tombe dans la Vallée des Rois, Ramsès III songea aussi à celles de son épouse et de ses enfants dans la Vallée des

Reines. La communauté d'un village, « le village de la tombe », s'en occupa. Elle était en quelque sorte au service du roi. L'institution dont s'occupait ce village au nom moderne de Deir el-Médîneh était la « Grande et Auguste Tombe de millions d'années de Pharaon à l'occident de Thèbes » qui englobait le village à proprement parler et les deux vallées gardées par des soldats. L'ensemble avait été fondé par Aménophis Ier.

Afin que les secrets de l'emplacement des tombes fussent bien gardés, les villageois devaient obtenir une permission pour sortir, leurs allées et venues étant limitées au strict nécessaire.

Une enceinte entourait le village. Seule une porte qui était sans doute fermée la nuit permettait d'en sortir. Au nord, à la « Bouche du Ouâdi », des gardes surveillaient la route vers le Ramesseum ; au sud, des *atou* (inspecteurs) contrôlaient le respect du règlement ; des gendarmes patrouillaient. En outre, tout ouvrier, quand il était embauché, prêtait serment de dénoncer ceux qui révélaient impudemment des secrets sur les tombes pharaoniques.

La Vallée des Rois était encore plus contrôlée. On y accédait par un sentier. Un poste de garde, la « station du col », contrôlait toute approche. Les artisans n'avaient pas le droit de circuler dans la Vallée sauf lorsqu'ils y travaillaient. Ils le faisaient alors en groupe et sous surveillance. Leur famille n'avait pas le droit de les accompagner.

Le village était coupé en deux quartiers abritant deux équipes travaillant en alternance. Les maisons étaient couvertes pour protéger leurs habitants du soleil. Leurs murs étaient peints en blanc. Sur les portes rouges étaient marqués les noms des occupants. Elles étaient construites en pierres brutes et en briques crues. Les terrasses étaient en torchis. Les animaux de trait étaient parqués à l'extrémité du village.

La première pièce servait au culte domestique; la seconde, la plus décorée, éclairée par une fenêtre à claustra, servait de salle de séjour. Ensuite venaient la chambre et la cuisine comprenant le nécessaire pour cuire les aliments : meules, pétrins, jarres, fours. La cuisine était protégée du soleil par un treillis de branchages. De petites niches étaient aménagées dans les murs pour recevoir l'image des dieux locaux. Une chambre spéciale était dédiée aux divinités féminines. Peut-être était-ce une pièce réservée aux accouchements. Le mobilier était simple : tabourets bas, tapis de paille, poteries, lits bas en bois, fauteuil.

Les artisans possédaient certains outils ; d'autres leur étaient fournis par l'État. Ils possédaient également plusieurs vêtements en toile de lin, un récipient en cuivre ou en bronze et des bijoux en verre. Des domestiques allaient puiser l'eau aux chadoufs du Ramesseum ou de Médînet Habou dans un va-et-vient surveillé par les gardes nubiens. Les lieux de culte se trouvaient au nord du site. La nécropole mêlait des tombes variant selon le rang social de l'artisan faites de cours et de chapelles surmontées de petites pyramides sous lesquelles se trouvaient de multiples galeries et chambres mortuaires.

Cette petite société réunissait tous les corps de métier. Bien que toutes les ethnies fussent représentées, les Égyptiens étaient cependant majoritaires. Chaque équipe était contrôlée par un architecte et un entrepreneur. Elle était formée de peintres, de sculpteurs, de scribes, de stuqueurs, de plâtriers, de maçons, de carriers, de mineurs, d'aides et d'apprentis.

Le travail était organisé par décades. Les ouvriers

devaient rester sur leur lieu de travail pendant toute une décade [1] au terme de laquelle deux jours de congé leur étaient accordés.

L'approvisionnement du village était assuré par l'administration à partir des magasins des temples voisins. La polygamie et la consanguinité des mariages favorisèrent peu à peu la création de véritables dynasties. Dans cette communauté se multipliaient les vols, les adultères, les crimes. Les artisans se distrayaient notamment lors de la Fête de la Vallée. Ils assumaient à tour de rôle la fonction de prêtre *ouâb* (prêtre purifié) pour les processions. Ils s'y préparaient en faisant une retraite dans le désert et en jeûnant.

Tandis que leurs congénères labouraient leur champ tant bien que mal, ce petit groupe d'hommes vivaient avec leurs familles dans un village derrière une colline sablonneuse et à plus d'un kilomètre de toute culture. Ils travaillaient dans une vallée stérile, dans une communauté presque sacrée créée par Aménophis au XVIe siècle avant J.-C. et dans le « village » construit par Thoutmosis Ier. A l'extrémité nord du village, non loin d'une citerne d'eau, étaient ressemblés des petits temples en briques séchées et des chapelles pour les dieux. Ces temples avaient des avant-cours, des sanctuaires, des bancs, des objets votifs sur lesquels étaient gravés des remerciements.

Aujourd'hui, une douzaine de maisons sont connues pour avoir appartenu à tel ou tel personne comme la demeure du chef des ouvriers, Qaha, celle du peintre Maainakhtef, celle de Khawy, le gardien de la tombe royale, la grande résidence du sculpteur Néferronpet, la modeste maison des ouvriers Harnufer et Neb-amentet,

1. La décade avait été réduite, sous Ramsès III, à huit jours.

celle du dessinateur Préhotep qui habitait à côté des ouvriers Kha-Beknet et Khons.

Les créateurs des magnifiques et gigantesques sépultures royales furent pour l'équipe « de droite » les contremaîtres Neferhotep, Nebnufer et Neferhotep junior, et pour l'équipe « de gauche » Qaha et son fils Onhur-Khaw.

Les ordres et les outils étaient distribués au début de chaque décade. Les outils étaient pesés afin que le métal ne disparût pas, ainsi que les mèches de lampes faites avec de la graisse comestible. Les hommes partaient vers l'ouest du village. Ils grimpaient par un chemin étroit qui devenait peu à peu rocailleux. D'en haut, ils pouvaient voir les temples funéraires et au loin les montagnes du désert arabique. Sous la Cime sacrée se trouvait une halte avec des huttes en pierre et de petits sanctuaires dédiés à la déesse Méretseger et aux dieux. Le chemin descendait ensuite vers la Vallée des Rois. Durant huit jours les ouvriers ne regagnaient pas leurs maisons. Ils dormaient dans les petites huttes.

Sous l'ordre de leurs chefs, les ouvriers creusaient la roche argileuse avec des pics. Les pierres étaient recueillies dans des paniers. Bientôt les galeries exigèrent de la lumière artificielle. Il fallut faire brûler de longues mèches constituées avec de vieux vêtements qui brûlaient dans des bols avec de l'huile. L'utilisation des graisses et des mèches faisait l'objet d'une comptabilité précise.

Quand le premier couloir était taillé, la pièce était ciselée, les murs enduits de chaux sulfatés et égalisés. Les dessinateurs travaillaient sur ces surfaces. Le maître dessinateur retouchait leur travail. Les sculpteurs pouvaient graver tableaux et inscriptions colorés par les peintres. Puis l'on passait à la salle suivante. Le même travail était effectué dans la Vallée des Reines. Des milliers de notes ont été retrouvées sur des fragments de calcaire et de vaisselle. Grâce à ces *ostracons*, nous connaissons la vie de ces villageois, leurs lettres, leurs recettes, leurs travaux, leurs oracles, leurs hymnes, leurs œuvres littéraires, leurs pièces de théâtre.

Pendant les huit jours où ils travaillaient, les ouvriers adressaient des messages à leur famille pour leur réclamer de la nourriture [1].

Les équipes

Le roi dirigeait le vizir du Sud qui dirigeait à son tour l'institution. Le vizir contrôlait ou faisait contrôler le travail par des inspecteurs. L'administration de Deir el-Médîneh était donc divisée en deux sections de vingt membres. Trois supérieurs de la tombe et deux chefs aidés de substituts exécutaient les ordres du vizir ; des scribes de la tombe assuraient le secrétariat. Selon les désirs de Ramsès III, les chefs rendaient compte au vizir de l'avancée du travail, des doléances des ouvriers, tenaient la comptabilité, notaient les absents, mentionnaient chaque événement par écrit.

L'hérédité des fonctions se justifiait par l'expérience.

Les équipes constituées par Ramsès III sont assez connues. Jusqu'en 20 du règne, Hay commandait une section comme l'avaient fait ses ascendants. Il confia sa tâche à ses descendants. L'autre section aurait dû être dirigée par Amennakhté, frère d'un chef de section assassiné par un ouvrier. Mais, si Ramsès III, soucieux de justice, condamna l'ouvrier assassin, Amennakhté

1. La communauté de Deir el-Médîneh disparut quand tous les travaux de Thèbes-Ouest furent achevés vers 95 avant J.-C.

mourut avant de devenir chef. Ramsès III confia donc la charge à un simple ouvrier, Nekhemmout, qui la transmit à son fils Khonsou. Le frère de Khonsou et ses descendants en héritèrent.

Les scribes qui se succédèrent sous Ramsès III furent Bay, Tjay et Amennakhté, fils d'Ipouy, un dessinateur nommé par le vizir To à qui il fut naturellement dévoué. Ses descendants lui succédèrent et laissèrent de nombreux documents fondamentaux sur l'époque. Boutéhamon participa même en l'an 13 de Smendès (1057 avant J.-C.) à la restauration de la momie de Ramsès III avant qu'elle ne fût dissimulée dans la cachette de Deir el-Baharî.

Comme à l'intérieur, à l'extérieur exerçaient également quatre administrateurs de la plaine : deux scribes et les chefs des gendarmes de Thèbes-Ouest, Bakenourel puis Khonsouemheb et Montoumosé qui se réunissaient en conseils (*qenbet*).

En quoi consistait ce conseil ? A cumuler les fonctions d'un conseil de discipline et d'un tribunal. Le vizir y assistait pour les cas graves. Un bâtiment, situé entre la tombe et l'extérieur, abritait ce conseil. C'était également là que les chefs accueillaient le vizir, que les ouvriers recevaient leurs amis et s'y réunissaient pour festoyer, que se concluaient des contrats entre particuliers, que le grain était stocké avant d'être distribué.

Une équipe (ou *sémédet*) apportait chaque jour à Deir el-Médîneh de l'eau, des légumes, du poisson, du bois, du plâtre, de la peinture, des mèches de lampes et des outils. Cette équipe était constituée de quarante à quatre-vingt-dix personnes et était divisée en deux sections que dirigeaient des scribes comme Ounnéfer, Hori, Amennakhté et Akhpet, fort connus sous Ramsès III.

La sémédet était composée d'hommes libres mais astreints à l'entretien des tombes : jardiniers, pêcheurs, porteurs d'eau, bûcherons, lavandiers, potiers, forgerons, médecins, cueilleurs de dattes, gardes. Les temples voisins et le service des approvisionnements royaux de Thèbes fournissaient l'équipe en bière, en pain et en gâteaux.

Le trésor des pharaons du temple de Montou à Karnak livrait parfois des vêtements. D'autres biens ou denrées pouvaient être donnés à l'équipe à titre exceptionnel quand Ramsès III voulait la féliciter de l'avancée des travaux ou lors de certaines fêtes.

Le salaire des ouvriers

Ramsès III tenait à ce que les ouvriers reçussent à la fin de chaque mois un salaire en nature grâce auquel ils se nourrissaient eux et leurs familles. Ce salaire consistait en blé et en orge qui permettait de faire le pain et la bière. Le « montant » de ce salaire est mal connu ; il devait être d'environ quatre sacs de soixante-dix-sept litres de grain pour chaque chef, de deux sacs pour le scribe et d'un sac pour chaque ouvrier. En l'an 29 du règne de Ramsès III, il semble que le versement de ce salaire ait été oublié, ce qui provoqua une grève. Les grains provenaient du grenier du pharaon de Montou. Le boisseau permettant d'établir les mesures ne semblait pas avoir la capacité voulue, si bien que les chefs de Deir el-Médîneh exigèrent son changement.

Les ouvriers ne consommaient pas l'intégralité de leur « salaire ». Une partie des denrées qu'ils recevaient leur permettait de faire du troc et d'acquérir des produits qu'ils revendaient parfois pour dégager un bénéfice. Au bout de quelques années, certains de ces ouvriers devenaient aisés : ils acquéraient une petite terre, achetaient des ânes qu'ils louaient, se faisaient construire des tombes et des caveaux de grand prix, prenaient des cours pour parfaire leur culture.

Les ouvriers travaillaient donc huit jours et huit heures par jour avant d'avoir deux jours de repos. Ils fabriquaient et entretenaient les outils, réalisaient les tombes à l'exception du mobilier commandé à l'extérieur et fabriqué dans les ateliers royaux.

Sous Ramsès III, cette équipe travailla sur huit sépultures : la modification de la tombe de Taousert (n° 14) pour Sethnakht ; l'achèvement de la tombe de Ramsès III commencée sous Sethnakht (n° 11) ; l'hypogée pour un fils de Ramsès III (n° 3) ; cinq tombes de la Vallée des Reines (n°s 42, 43, 44, 53 et 55).

Ramsès III dut également ordonner sous son règne la réalisation de caveaux pour les reines et les enfants.

La vie à Deir el-Médîneh était ponctuée de fêtes et de jours chômés. Toutes n'avaient cependant pas la même importance. Parmi les principales se trouvaient la procession de Sokar au premier mois d'akhet, celle d'Hathor, au quatrième mois de péret et celle d'Aménophis Ier. De nombreux sanctuaires en l'honneur de Ptah, de la déesse Méretséger témoignent de la dévotion des ouvriers qui honoraient aussi des divinités asiatiques comme Anath ou Qadesh.

L'emplacement de la tombe

Dès qu'un pharaon était consacré, une commission était chargée de trouver un emplacement pour sa future tombe. Ramsès III reprit celle qui était prévue pour son père, la tombe n° 11 de la Vallée des Rois. Cette tombe se trouvait au centre de la Vallée. Avec ses cent vingt-cinq mètres de longueur, elle était l'une des plus importantes du site. Elle fut longtemps appelée « La tombe du harpiste » ou la « tombe de Bruce », du nom de l'archéologue écossais qui la visita en 1768.

Un escalier se trouvait à l'entrée de la tombe. De chaque côté, une tête de vache symbolisait la déesse Hathor. Après la porte défilait un corridor jusqu'à un emplacement orné de génies et de démons. Près de l'entrée, deux pièces reproduisaient des boulangers, des bouchers, des cuisiniers et des marins. Dans le corridor, les images d'Isis et de Nephtys devaient accueillir Ramsès III. De chaque côté, quatre pièces étaient ornées de représentations, de génies, d'armes, de peaux de léopard, de pots de style mycénien et de harpistes. Suivaient une salle, un corridor, une nouvelle salle ornée de dieux et d'extraits du *Livre de l'Amdouat* puis une salle à quatre piliers. Un escalier permettait l'accès à un vestibule, puis à deux salles et enfin au caveau. Les représentations de ce caveau sont aujourd'hui connues grâce aux copies qu'en fit Champollion en 1829. S'y trouvent des scènes de « l'ouverture de la bouche » (ou réanimation des momies) et des extraits du *Livre des morts*.

La salle du caveau était taillée dans le roc sur le modèle du tombeau d'Osiris. Le plafond était voûté. Huit piliers carrés entouraient le sarcophage en granit rose de Ramsès III. La cuve était ornée de textes et de scènes religieuses. Aux deux extrémités se trouvaient des figures d'Isis et de Nephtys.

Cette cuve fut extraite de la tombe par l'aventurier Belzoni pour Henry Salt qui la vendit au Louvre au début du XIXe siècle. Le couvercle, qui fut trouvé un peu plus tard, fut envoyé au Fitzwilliam Museum de Cambridge.

La pièce mesurait près de quatre mètres de long. Elle représentait le roi coiffé d'une double-plume et d'un disque solaire. Comme tous les pharaons, Ramsès III tenait, croisés sur sa poitrine, les insignes du pouvoir. Le roi était alors assimilé à Ptah-Sokar-Osiris. On retrouvait sur les parois du caveau la course du soleil dans l'Au-delà, le réveil d'Osiris à son passage et son apparition à l'aube. En face des étoiles et des disques représentant les heures de la nuit, un disque solaire contenait le nom de Ramsès III, « Rê, le souverain d'Héliopolis, est celui qui l'a mis au monde ». Une pièce toute proche abritait le texte et les représentations du *Livre de la Vache du ciel.*

Ainsi Ramsès III s'était-il d'abord inquiété de conquérir son peuple et son pays, de l'organiser et de se faire aimer. Bâtir son palais et sa tombe furent également deux de ses premières préoccupations politiques.

Ramsès III avait montré son courage dans une brève campagne contre des adversaires menaçants. Il lui fallait maintenant s'engager dans une guerre inévitable pour honorer le serment qu'il avait fait au dieu de protéger et d'agrandir la terre que celui-ci lui avait confiée.

QUATRIÈME PARTIE

RAMSÈS CONQUÉRANT

1

L'ARMÉE DE RAMSÈS III

Protéger l'Égypte et subjuguer l'adversaire

Ramsès III n'avait qu'une obligation envers la divinité : protéger l'Égypte et subjuguer les pays étrangers, un devoir que Ramsès II avait déjà pris à son compte.

Les événements allaient permettre à Ramsès de respecter son engagement, notamment dans le premier tiers de son règne qui vit une succession de campagnes. Les textes des temples de Thèbes évoquent ses victoires.

En l'an 5 et en l'an 11, Ramsès III mena donc deux campagnes contre des tribus libyennes. Entre ces deux dates, vers l'an 8, il combattit contre les Peuples de la Mer. Ces peuples indo-européens venaient de l'emporter en Asie Mineure quand Ramsès III dut les affronter. A l'issue de cette campagne, il combattit en Syrie. Puis, vers l'an 20 du règne, il envoya des troupes contre les Bédouins du pays de Sé'îr dans le sud du Néguev pour reprendre l'exploitation des mines de cuivre de Timna'.

Ramsès III mena donc tout d'abord des guerres

défensives. Il n'en fut pas moins un conquérant avec pour modèles Séti Ier et Ramsès II qui avait mené une politique d'expansion en Syrie.

Merenptah, comme Ramsès III, avait déjà dû penser à défendre son pays contre des peuples agressifs et inconnus, nomades et dépourvus de structure, avec lesquels il était inconcevable de traiter. Le danger était aux portes de l'Égypte. Ce danger était impossible à circonscrire par des négociations. Ce danger, il fallait immédiatement l'éloigner, car les attaques de l'ennemi étaient imprévisibles, cruelles, brutales. Très vite, les campagnes devinrent si peu sûres que les paysans tentèrent de se réfugier dans les villes. Les cités furent toutes entourées de murs fortifiés.

Effrayé, le peuple égyptien se mit à redouter l'ennemi, le comparant à un troupeau de bêtes sauvages ou à une catastrophe naturelle. Cet adversaire désorganisé n'était que le chaos venant bouleverser l'ordre rationnel de la Création. Il fallait donc le renverser, l'anéantir. Ramsès III n'avait à l'esprit que les exploits de Ramsès II. Il devint alors un conquérant efficace.

Qu'est-ce qui déclencha les guerres de Ramsès III contre les Libyens et les peuples de la mer Égée ? Sans doute un accroissement de la population du second millénaire avant J.-C. dû aux progrès techniques.

Cet accroissement de la population sans commune mesure avec les richesses et les ressources des régions qu'elle habitait entraîna une volonté d'invasion et de conquêtes. Les peuples libyens et égéens parvenaient à survivre grâce aux razzias qu'ils avaient coutume de faire, mais une longue période d'aridité les poussa, vers l'an 1200 avant J.-C., à abandonner leur patrie et à partir à l'aventure à la recherche de nouveaux foyers et de nouvelles ressources. Ils s'armèrent et se lancèrent sur les routes. Les progrès techniques d'Égypte et de Mésopotamie dans le domaine de l'agriculture, de la médecine et de l'armement avaient entraîné chez eux un surcroît de population. Le seul moyen pour eux de survivre et de se stabiliser de nouveau était de retrouver des villes prêtes à les accueillir. Le seul moyen pour des peuples barbares d'y parvenir était la conquête.

Les Peuples de la Mer allaient toutefois se heurter à un roi non seulement prêt à protéger son royaume, mais aussi déterminé à l'agrandir.

Les effectifs de Ramsès III

Ramsès III possédait une armée efficace qui avait été organisée sous la XVIIIe dynastie, trois cents ans auparavant, à l'époque où les pharaons montraient des appétits de conquêtes. Cette armée était importante en effectifs et expérimentée. Ramsès III savait qu'il pouvait compter sur elle.

L'armée était cantonnée dans des garnisons, des forteresses, des colonies militaires et aux postes frontières à l'intérieur et à l'extérieur de l'Égypte. Des garnisons étaient regroupées en Asie et des forces autonomes en Nubie sous la direction d'un vice-roi de Koush et d'un chef des troupes de Koush. Deux corps d'armée se trouvaient pour la Haute et la Basse-Égypte, à Memphis et à Thèbes à la fin de la XVIIIe dynastie. Ces corps d'armée étaient probablement encore stationnés là sous Ramsès III.

A Memphis se trouvaient des arsenaux, un chantier naval, des casernes et la résidence de Merenptah. A Thèbes se trouvait aussi une garnison dont les hommes avaient pour fonction d'escorter les hauts fonctionnaires en mission et de garder les prévenus dans des affaires criminelles jusqu'à leur jugement. D'autres garnisons importantes comme à Pi-Ramsès et à Tell el-Yahoûdîyeh étaient encore à la disposition du pharaon.

En plus de ces garnisons, des postes fortifiés protégeaient les frontières égyptiennes et contrôlaient les va-et-vient des populations : à Senmout au sud, à Coptos au Fayoûm où de nombreuses forteresses comme celles d'Ânayna, de Tentnê, de Ouadjmosé ou de Merméshaef avaient pour mission de s'opposer aux invasions libyennes. Là, la population n'était constituée que de soldats comme à Tjarou, d'où l'on partait pour la Palestine.

Au nord, les « chefs des embouchures » contrôlaient l'accès au Nil. La « clôture de la mer », une institution, surveillait, quant à elle, la côte du Delta. Au tout début, elle eut probablement un rôle essentiellement économique. Son directeur était, avant Ramsès III, le directeur du Trésor royal Payiri qui contrôlait le trafic maritime. La « clôture de la mer » servait en quelque sorte de douane et possédait des archives. Elle eut ensuite un rôle militaire.

A l'est et à l'ouest du Delta, des forts permettaient aussi un contrôle des pistes menant en Palestine et en Cyrénaïque. Au sud, des postes étaient positionnés dans la région du Ouâdî el-Natroûn surveillant en permanence les monuments des peuples libyens.

Ramsès III utilisait les garnisons les plus proches du champ de bataille : les troupes de Pi-Ramsès pour ses campagnes en Asie, ses troupes de Memphis pour les campagnes libyques, ses troupes de Koush pour repousser les Nubiens.

Des navires venaient compléter ces forces terrestres.

L'armée de terre était constituée d'une infanterie et

de la charrerie. On comptait trois ou quatre divisions d'environ cinq mille soldats commandés par un état-major. Le pharaon possédait sa propre armée composée de soldats d'élite étrangers, le plus souvent shardanes ou nubiens, et d'une charrerie exceptionnelle. Le pharaon avait coutume de donner aux porte-enseigne et aux soldats de la Résidence des missions délicates.

Ramsès III donna à ces armées le nom des principaux dieux égyptiens : Amon, Rê et Seth, comme l'avaient fait ses ancêtres. Il était préparé au genre de combats que les soldats du Nouvel Empire avaient livrés en Asie contre les Hittites ou les Mitanniens. Sa force était le combat en rase campagne. Les chars permettaient de percer la ligne ennemie et de la désorganiser. L'infanterie arrivait sur ces entrefaites pour achever le travail et mettre en fuite un front déjà disloqué.

Ramsès III était méthodique dans le combat et fidèle à l'enseignement qu'il avait reçu de ses aînés. Il employait des enseignes pour identifier ses armées même de loin et tenait à l'utilisation des clairons, signes d'encouragement, de ralliement et de reconnaissance des Égyptiens entre eux.

Ramsès III ne déléguait pas. Il commandait lui-même son armée et donnait ses ordres à un général en chef assisté d'un général en chef des chevaux. A ces postes, se trouvaient les fils du roi. Venait en premier l'aîné quand son père ne commandait pas lui-même l'armée. Si le pharaon était présent, son fils aîné prenait la seconde place.

Ramsès III avait structuré son armée. Ses fils et lui-même possédaient des seconds, des lieutenants généraux de l'armée et de la charrerie, qui avaient pour tâche de former les princes souvent trop jeunes et inexpérimentés. Ces lieutenants étaient, en effet, de vrais soldats de métier. Le futur Ramsès IV et le futur Ramsès VI furent tous deux généraux en chef à la fin du règne de Ramsès III.

Les divisions

Ramsès III désignait les généraux qui dirigeaient les divisions. Il envoya le général Pahemnétjer au Gébel el-Silsiléh en l'an 5 pour aller chercher les matériaux nécessaires à la construction de Médînet Habou. Le général Mây combattit probablement aux côtés de Ramsès III pendant les campagnes libyques. Le pharaon lui fit édifier en l'an 15 et 16 une tombe à Memphis. Peut-être combattit-il avec un autre général : Hori, fils de Bakenimen.

Le nom des autres généraux de Ramsès III reste inconnu, à l'exception peut-être de deux d'entre eux mentionnés dans le papyrus Harris qui se virent confier (sans doute pour services rendus) l'administration des temples d'Akhmîm et d'Assioût.

Toujours scrupuleux, Ramsès III s'organisait avant le combat. Chaque division devait comporter cinq régiments d'infanterie de mille hommes commandés par un chef de troupe aidé de « serre-files [1] ».

Ramsès III avait lui-même subdivisé ses régiments d'infanterie en cinq compagnies de deux cents hommes commandés par des porte-enseigne. Il nomma un certain Panéhésy, porte-enseigne de la troupe Héqa Iounou, « souverain d'Héliopolis ». Il existait également une compagnie « Ousermaâtré Méryimen, souverain du Double-Pays ». Ces compagnies étaient dirigées par des

1. Ce titre était également donné aux commandants des postes frontières qui commandaient parfois des expéditions et à ceux des forteresses. Ousermaâtrênacht avait ainsi commandé la forteresse de Tjékou.

chefs. En dessous venaient les décurions puis les soldats appelés « hommes de l'armée » d'une manière anonyme.

Les chars de Ramsès

L'autre point fort de l'armée de Ramsès III était les chars. Malgré le peu de renseignements que nous possédons sur l'organisation de la charrerie égyptienne sous Ramsès III, nous pouvons supposer que celle-ci égalait la belle ordonnance de l'infanterie. Les Égyptiens avaient emprunté l'utilisation du char aux Syriens. Les ornements figurés sur les caisses du char étaient d'origine asiatique : animaux, spirales, palmettes. Le char de Ramsès III et ceux de ses fils étaient d'un grand luxe. Les harnais étaient ornés de disques d'or et armés de métal. La tête des chevaux était coiffée de plumes d'autruche. Le harnais était constitué d'une large bande couvrant le garrot, d'une bande plus mince passant sous le corps et d'une bande plus serrée appuyée contre le poitrail. Des banderoles flottaient au vent. Des disques d'or illuminaient le cuir. Le nom de Soutekh, le dieu des chevaux, était gravé sur les œillères.

La charrerie était placée sous le commandement d'un général des chevaux. Elle était formée de cinq cents chars répartis en cinq régiments de cent chars dirigés par des chefs de troupe de la charrerie et en vingt-cinq escadrons de vingt chars menés par des porte-enseigne de la charrerie.

Ces chars étaient tirés par deux chevaux et équipés de deux soldats, d'un écuyer qui possédait un fouet et d'un combattant qui disposait d'un arc, de flèches et de javelines. Des coureurs et des porteurs de tékémou [1] les accompagnaient à pied. Les coureurs s'engouffraient dans les brèches des ennemis et préparaient le terrain avant l'arrivée des fantassins. Des chefs d'écurie (héry-ihou) s'activaient autour des attelages dans les écuries de garnisons et vérifiaient le travail avec des garçons d'écurie. Pahemnétjer, fils de Âaemiatef, s'occupa des attelages sous Ramsès III comme en témoigne l'une de ses représentations à l'entrée de la tombe d'El-Hilla où on le voit avec deux attelages. D'autres chefs d'écurie appartenaient, sous Ramsès III, à la famille du gouverneur de Thèbes Paser. Un certain Nakhtamon porta également ce titre et fut envoyé par le roi à Mégiddo en Palestine égyptienne pour inspecter les terres et les institutions [2].

Ramsès III tenait à ce que les attelages royaux fussent parfaitement entretenus. Avant les campagnes, il en faisait préparer six. Ces attelages possédaient des noms religieux ou militaires. Il les appelait « celui qui éloigne les Neuf Arcs », c'est-à-dire les ennemis de l'Égypte (Derpédjoutpésédjou), « les victorieux dans Thèbes » (Nakhtemouaset), « Aimé d'Amon » (Méryimen), « Bâal est sur son glaive » (Baâlherthopshef) ou encore « Amon donne le glaive » (Imendiefpakhépesh), « Amon est brave » (Qenimen).

Le pharaon choisissait les combattants et le personnel en fonction de leur rang social : conducteurs, écuyers, gardes, convoyeurs exploitaient souvent des

1. Terme dont on ne connaît pas la signification.
2. Les Shardanes combattaient dans leur habit traditionnel, en pagne, avec un bouclier rond, une épée à lame triangulaire et un casque surmonté d'un cimier orné d'un disque et d'un croissant. Les Philistins étaient reconnaissables à leur diadème de plumes, les Noirs à leur arc à double courbure.

terres en Moyenne-Égypte et possédaient parfois des scribes.

Ramsès III inspectait lui-même ses chevaux, une cravache à la main, dans la Grande Écurie du palais avec, à sa suite, des porte-éventail et des notables. Il connaissait en effet les bêtes mieux que quiconque pour les avoir dressées lui-même. Les princes se joignaient parfois à ces visites protocolaires. Ils portaient alors parfois les titres de conducteur de char de la résidence ou de premier conducteur de char de Sa Majesté.

Dès ses premières campagnes, Ramsès III avait pris l'habitude d'honorer ses meilleurs écuyers de présents. Il donna ainsi à l'un d'entre eux, Ousermaâtrênakht, un champ de seize aroures (environ cinq hectares).

L'état-major

Les Peuples de la Mer se faisant plus menaçants, Ramsès III décida de réunir son état-major. Celui-ci se composait des princes, des vizirs, des ministres et des courtisans qui s'apprêtèrent à suivre le pharaon à la guerre si telle était la destinée que leur réservait la divinité.

Ramsès transcrivit ses ordres au scribe de la concentration de l'armée chargé d'assurer le rassemblement des troupes pendant les campagnes et il confia au scribe des rations la garde des archives produites par les institutions. Puis il réunit les officiers d'état-major qui étaient au moins un par compagnie et qui portaient le titre de « scribe de l'armée », et leur donna des directives précises : transmettre et écrire les ordres, inscrire chaque jour dans un journal comment se déroulaient les campagnes, établir des statistiques sur les morts, les blessés, les prisonniers et le butin amassé. Ils seraient payés grâce à la colonie agricole de mercenaires shardanes qu'il avait établie en Moyenne-Égypte et dont l'administration relevait du domaine d'Amon. L'état-major devrait agir de concert avec un chef des inspecteurs de l'armée nommé dans chaque division et un inspecteur de l'armée nommé dans chaque compagnie.

L'équipement des troupes était assuré : toutes les garnisons possédaient arsenaux et armureries avec un personnel qualifié. A Pi-Ramsès, les chars de combat avaient été tirés de la remise, une cour à ciel ouvert, où ils étaient soigneusement rangés. Des fonderies et des ateliers spécialisés dans le travail du bois, des métaux, du cuir étaient sorties de nombreuses armes flambant neuves. Toutes les armes disponibles en magasins avaient été réquisitionnées.

Ramsès III donna enfin l'ordre de distribuer à ses troupes rassemblées les armes disponibles. Des armuriers se chargèrent de la besogne pendant que des scribes vérifiaient le décompte.

Les soldats vêtus d'un pagne à devanteau se placèrent en colonnes par un, prêts à recevoir les armes. Des navires fluviaux furent également équipés.

Les soldats

L'entraînement des hommes était extrêmement suivi. Il consistait en marches d'ensemble et en combats au corps à corps. Le roi aimait assister aux concours institués parmi les soldats les meilleurs et y inviter la cour. Les princes se mêlaient aux princes étrangers, Syriens à la grande écharpe nouée autour du corps, aux cheveux longs et à la barbe fournie, Hittites en habit d'apparat.

Les combattants se plaçaient dans l'arène. Deux hommes luttaient entre eux avec un seul bâton. L'avant-bras gauche était garni d'une brassière ; la main droite était protégée par un gant de cuir ; le menton et les deux joues par un bandeau épais. Le prince les encourageait : « A ton cœur, à ton cœur, ô combattant. » Les combattants levaient alors les bras au ciel puis la lutte commençait. Les deux adversaires se frappaient à grands coups de bâton avant que les escrimeurs ne leur succédassent.

Ramsès III préférait recruter des Égyptiens plutôt que des étrangers dans son armée. Il en confia la tâche aux chefs des recrues qui entraînèrent les futurs soldats le plus rapidement possible car le danger était imminent. Malgré les souhaits du pharaon, les chefs des recrues se virent toutefois dans l'obligation de recruter aussi de nombreux étrangers. D'Asie accouraient des mercenaires et des charriers prêts au combat. Il fallut également enrôler des prisonniers de guerre : Nubiens, Libyens, Égéens et Hittites. Ces hommes se révélaient particulièrement efficaces quand ils avaient subi un entraînement assidu et ils perdaient cette espèce de sauvagerie qui les caractérisait lorsqu'ils s'élançaient en hordes contre les Égyptiens.

Ramsès III accepta l'enrôlement de ces ennemis qui étaient devenus ses soldats, marqués au fer rouge à son propre nom. Après tout, il ne les entretenait pas pour rien dans les colonies militaires ou les forteresses ! Les plus robustes avaient été entraînés au combat grâce au Trésor et au grenier royal. Le temps était venu de les utiliser, d'autant que ces anciens ennemis de l'Égypte s'étaient bien intégrés et qu'ils en avaient oublié jusqu'à leur propre langue ! Qu'on les fît venir du Fayoûm et de Moyenne-Égypte, surtout ces Shardanes si efficaces que Ramsès II considérait déjà comme les meilleurs combattants et que le roi choisissait comme gardes du corps.

Ces Shardanes bien implantés semblaient en effet vivre en Égypte avec leur famille et posséder des terres. Entre Akhmîm et Qâou el-Kébîr, certains d'entre eux cultivaient le domaine agricole que Ramsès III faisait entretenir pour nourrir les scribes de l'armée. Leur existence paraît des plus paisibles.

Dans les mêmes endroits vivaient les Téhérou qui étaient sans doute d'anciens pirates devenus des gardes du roi. Ramsès III appréciait particulièrement l'un d'entre eux, Ramsès, qui se fit représenter sur une stèle tandis qu'il accompagnait le roi lors d'une visite à Thèbes.

Le pharaon distribua également ses ordres aux « grands des Téhérou » qui les commandaient et qui étaient d'un rang semblable aux chefs de troupe. Pendant son règne, il sembla apprécier les services d'un certain Amenkhâou qui commandait la forteresse de « Ramsès Héqaiounou qui aime son armée » (Merméshaef) puisqu'il fit élever une statue le représentant.

Ramsès III approuva aussi l'enrôlement de soldats étrangers comme les Tjékou, des Libyens des oasis servant déjà dans l'armée égyptienne ; les Libyens d'une ethnie Qéhéq qui étaient des mercenaires en Égypte depuis le règne de Merenptah ; des Nubiens vivant dans le village de Pennanéhésyou (« celui des Nubiens ») et des Shasou d'Asie, sortes de nomades qui s'étaient installés dans le village de Penshasou [1].

1. A ces peuples peu connus s'ajouteront des habitants du pays de Sé'îr à la fin du règne de Ramsès III.

La flotte

Dès qu'il se fut occupé de l'infanterie, le pharaon veilla à ce que sa flotte fût équipée. Il comptait bien la faire participer activement à sa campagne contre les Peuples de la Mer [1]. Aussi engagea-t-il au plus tôt la flotte de Memphis et celle de Pi-Ramsès à s'équiper. A Memphis, le port de Pérou-néfer (signifiant « bon voyage ») existait depuis la XVIIIe dynastie. Pi-Ramsès représentait le « port d'attache des troupes des navires de guerre ». Sans doute Ramsès III avait-il aussi à sa disposition une base vers Suez ainsi qu'un port à Saouou.

Bien que l'organisation de cette flotte fût mal connue, il semble que le pharaon ne la réunissait entièrement que lors d'occasions exceptionnelles. Il fut convenu que les navires seraient escortés. Ces bateaux servaient en temps de paix au commerce et étaient dirigés par un capitaine. Cependant, en plus de l'équipage non armé, existait une équipe de combattants commandés par des chefs de troupes assistés de sous-officiers *houtyou* et de porte-enseigne. Le pharaon récompensait volontiers les bons soldats de sa marine en leur donnant des terres comme il le faisait pour les fantassins.

1. La flotte servira aussi lors des expéditions en mer Rouge à la fin du règne.

2

LA LUTTE ENTRE ÉGYPTIENS ET LIBYENS

Un danger permanent

Les Égyptiens avaient toujours lutté jusque-là contre les nomades du désert de Libye. Ils leur avaient montré combien ils leur étaient supérieurs par la force, l'organisation et la ruse. Ils avaient même organisé parfois des expéditions pour leur démontrer combien il était inutile de tenter quoi que ce fût contre eux. D'autres fois, ils avaient fait des razzias pour ramener en Égypte travailleurs et bétail.

Malgré ces guerres dissuasives, les Libyens vinrent peu à peu s'installer en Égypte parfois seuls, parfois en groupes. Comme leurs conditions de vie étaient difficiles, ils s'établissaient dans des endroits plus favorables, vers le Delta dont ils pillaient les champs. Ils profitaient alors d'un changement de dynastie ou de règne, d'une période de troubles qui entraînait une désorganisation de l'Égypte surtout lorsque la famine menaçait leur peuple.

Les Égyptiens durent bientôt faire face à de nouvelles

formes d'agression de deux nouvelles peuplades : les Libou de Cyrénaïque (qui donnèrent leur nom à la Libye) et les Mashouash. Les Libou attaquèrent l'Égypte avec l'aide de pirates égéens sous Merenptah puis sous Ramsès III en l'an 5 de son règne. Ramsès sut remarquablement repousser cette attaque. Les Mashouash réunirent alors plusieurs tribus et s'apprêtèrent à attaquer l'Égypte en l'an 11 de Ramsès III.

Comme ses prédécesseurs, Ramsès III était conscient qu'il devait protéger au mieux la frontière occidentale de l'Égypte.

Les Libyens avaient coutume d'employer deux routes pour accéder en Égypte. Ces deux parcours devaient être particulièrement protégés. Il s'agissait de la voie allant d'El-'Alameîn donnant sur la Méditerranée à Mersa Matroûh, séparant la mer des sables mouvants de Qattâra et de la piste partant de Sioua, qui menait à l'oasis de Baharîya puis au Fayoûm.

Comment les Ramsès avaient-ils réussi à se protéger de la menace permanente de tels envahisseurs ? Memphis avait été fortifiée. L'entrée du Fayoûm était protégée par une importante zone militaire. Des forteresses se succédaient sur les points stratégiques du Delta : celles d'Oupta et de Hout-Shây, par exemple, qui protégeaient l'entrée à l'ouest du Delta. Ramsès II avait déjà fait construire plusieurs postes sur la côte de Marmarique, du bras ouest du Nil à Zâouiet Oumm el-Rakham. Ces postes allaient jusqu'en Cyrénaïque. Celui de Zâouiet Oumm el-Rakham avait un mur de quatre-vingt-dix mètres sur cent cinquante mètres à l'intérieur duquel se trouvaient casernes et temple [1].

Ces dispositifs n'avaient pourtant guère effrayé les

1. Des stèles ont été retrouvées à l'intérieur de cette enceinte, la seule véritablement connue de la région. Elles représentaient le pharaon capturant des Libyens.

Libou qui tentaient de s'installer dans le Delta et aux portes de Bubastis. Ramsès III savait qu'en l'an 5 de Merenptah, ces hordes conduites par un certain Meryouy s'étaient allié de nombreux Égéens dans le but d'envahir l'Égypte et de s'y installer avec leurs familles et leurs biens. Ils étaient venus de Cyrénaïque, avaient contourné le Qattâra par le sud et ravagé les oasis de Baharîya et Farâfra pendant que le plus gros de leur contingent dévastait le pays de Tjéhénou et rejoignait la Vallée du Nil. Ils avaient alors établi leur camp au bord du désert en face de la cité de Périrer (Létopolis). Merenptah était parti de Memphis avec son armée et l'avait emporté facilement sur les Libyens. Merenptah avait voulu aussi faire un exemple. Il ne s'agissait pas seulement de battre les Libyens ; il s'agissait de leur ôter l'envie de recommencer. Aussi les avaient-ils poursuivis sans relâche en faisant dans leurs rangs un véritable carnage.

Pendant six heures, les soldats égyptiens les avaient assaillis de flèches et les avaient tués plutôt que de les faire prisonniers. Huit mille cinq cents Libyens étaient morts. Neuf cents étaient prisonniers. Leur chef s'était enfui. De retour dans son pays, il avait été déchu de ses droits et méprisé par son peuple. Les Égyptiens avaient brûlé le camp libyen et fait empaler de nombreux prisonniers près de Memphis.

Une telle violence et un tel massacre auraient dû donner une leçon définitive à ces peuples rebelles. Merenptah n'avait-il pas le soir même de son triomphe prononcé un magnifique discours dans les salons de son palais devant l'ensemble des dignitaires, affirmant haut et fort : « La menace libyenne est à jamais anéantie » ? Autant de leçons que Ramsès III avait su retenir : les Libyens ne s'avouaient jamais vaincus, sans doute aussi parce que leurs conditions de vie devenaient parfois tellement précaires que le seul moyen pour eux de survivre était de s'installer dans la vallée fertile du Nil.

Ramsès III avait également observé combien ces ennemis savaient exploiter les faiblesses du pouvoir égyptien. « Les Libou et les Mashouash s'étaient établis en Égypte, disait-il, après s'être emparés des cités de la bordure occidentale du Delta de Memphis à Qerben et avoir atteint le Grand Fleuve [1] sur toute la longueur de ses côtes. Ils avaient ravagé les villes du nome de Xoïs pendant de nombreuses et innombrables années quand ils étaient en Égypte » [2] mais le pharaon assurait qu'avec l'avènement de son père et de lui-même la paix et l'ordre étaient revenus, un ordre consolidé par la réorganisation du pays. « Les ennemis asiatiques et de Tjéhénou ont été capturés, eux qui abîmaient autrefois l'apparence de l'Égypte en dévastant complètement le pays et en persécutant les dieux car il n'y avait pas de héros pour les recevoir quand ils se révoltaient. » Mais cette paix qui avait duré cinq ans s'apprêtait à laisser sa place à de nouveaux conflits.

La campagne libyque

En l'an 5, Ramsès III en fut tout à fait convaincu lorsqu'on vint lui dire :

« Les gens de Tjéhénou se sont mis en route, ayant fait une conspiration, et se sont réunis sans limites, Libou, Séped et Mashouash. »

1. Le Grand Fleuve était le bras central du Nil allant de Letopolis à la mer en passant par Athribis et Sébennytos. Les Libyens s'étaient donc installés sous la XIXe dynastie au cœur de l'Égypte tandis que les Asiatiques envahissaient la partie occidentale.

2. Papyrus Harris.

Le pharaon se trouvait alors à Médînet Habou [1]. Il avait récemment reçu des Libou, des Mashouash et des représentants de la peuplade des Séped [2] venus le prier de leur trouver un chef.

Ramsès III avait alors été comblé de constater que les Libyens acceptaient enfin leur rôle de vassaux. Il leur avait donné comme chef et prince un jeune Libyen qui avait reçu une éducation en Égypte. Toutefois, après avoir consulté les dieux, Ramsès III s'était interrogé sur cette visite d'hospitalité et il s'était heureusement méfié. Dans le doute, il avait même préféré mobiliser ses troupes. L'histoire lui donnait raison en ce jour : les Libyens avaient encore rusé aux dépens des Égyptiens.

Avant de partir pour la guerre, Ramsès III se rendit peut-être à Karnak où il honora le dieu Amon. L'histoire rapporte qu'en présence de Khonsou et de Thot, le dieu Amon lui aurait remis son glaive recourbé, le harpé, avec l'ordre de détruire les Libyens. Il semble que devant l'urgence du départ, Ramsès III ait plutôt rêvé cette investiture rappelant que le pharaon agissait à la place du dieu, comme Merenptah avait autrefois rêvé la sienne.

Que cette scène ait eu lieu en rêve ou en réalité, le roi sortit ensuite du temple, précédé des enseignes d'Oupouaout et de la triade thébaine en tenant à la main son arc, et le glaive qu'il avait reçu d'Amon Montou, le dieu de la guerre.

1. Le récit de la campagne est commémoré par deux séries de reliefs. Sur la première série, six scènes ornent l'extérieur du temple. Sur la deuxième série, quatre scènes ornent les murs est et sud de la seconde cour. Un texte, « La Grande inscription de l'an 5 », relate les combats et les événements en faisant l'éloge du pharaon et en utilisant des modèles célèbres qui dénaturent la réalité des faits.

2. Ces peuples sont peut-être les Asébétou de la seconde campagne libyque qui seraient selon certains historiens les Asbystai établis au sud de la Cyrénaïque dont parlent les géographes grecs.

Ramsès III monta alors sur son char au son du clairon devant l'armée au garde-à-vous qui inclinait le buste devant lui. Les princes et les gardes du corps le suivaient. Autour de lui se trouvaient les soldats chargés de son attelage et son état-major. A côté de son char, tournait son lion apprivoisé prêt au départ. A la tête des troupes avaient été placés des contingents étrangers : des Bédouins d'Asie, des Nubiens, des Shardanes et des Egéens.

La colonne se mit bientôt en marche, le lion marchant aux côtés du char royal. Le pharaon se dirigeait vers la frontière libyenne. Devant son char, un véhicule portant l'enseigne du dieu Amon lui ouvrait la voie. Le pharaon avait conscience d'accomplir son devoir.

« Sa majesté s'avance, le cœur puissant, en force et en triomphe, contre ce vil pays des Timhiou, qui est au pouvoir de Sa Majesté. C'est son père Amon qui l'envoie en paix depuis son palais de Thèbes, et qui lui remet son glaive, pour repouser les rebelles et détruire ceux qui n'étaient plus sur son eau, ouvrant pour lui des chemins qui auparavant n'avaient jamais été foulés [1]. »

Ramsès III rencontra l'ennemi au nord-ouest de Memphis. Il se mit à la tête de sa charrerie qu'il lança au galop après avoir noué les rênes de ses chevaux autour de sa taille pour tirer de l'arc avec plus d'aisance. Il poussa alors un cri de guerre si effrayant que les « montagnes elles-mêmes avortèrent de peur ». Puis il chargea les Libou. « Il pénétra au milieu de centaines de milliers, étendit le bras et plaça sa flèche à l'endroit où il le souhaitait, taureau combattant, au cœur ferme, aux cornes acérées, terrassant chaque pays... Sa Majesté sortit semblable à la flamme rugissante dans les buissons. Ses ennemis furent comme des

1. Papyrus Harris.

oiseaux piégés à l'intérieur d'un filet; ils furent frappés dans des nasses et réduits en cendres, terrassés et jetés au sol, tête-bêche, dans leur sang... Le malheur pour eux était aussi haut que le ciel; leur masse épaisse gisait sur le lieu même de leur massacre, leurs cadavres formaient des pyramides sur le sol [1]. » La barbe courte, les cheveux mi-longs avec deux mèches tombant jusqu'aux épaules à hauteur des oreilles, la tunique courte enveloppée d'un manteau long coloré, les Libou reculèrent en désordre dans un mouvement général de panique. La plupart d'entre eux périrent, transpercés par les flèches des Égyptiens. Les fantassins égyptiens massacrèrent les rares survivants en les égorgeant ou en leur fracassant la tête avec des massues.

Le combat dura jusqu'au soir. Ramsès III regagna alors sa forteresse « la ville d'Ousermaâtrê Méryimen qui réprime le pays de Tjéméhou », un lieu chargé d'histoire où les Libyens avaient été exterminés par Merenptah. Le pharaon voulait célébrer cette victoire. Aussi fit-il aménager une estrade pour assister au défilé des prisonniers qu'il avait capturés pendant le combat. Ceux-ci avançaient sous la conduite d'officiers égyptiens qui les giflaient ou leur frappaient la nuque.

Quatre mille Libyens défilèrent ainsi, les bras liés dans le dos, attachés les uns aux autres par le cou avec de longues cordes, les poignets dans des menottes de bois. Les scribes de l'armée égyptienne comptaient au passage ces prisonniers et les mains ou les membres coupés qui avaient été sectionnés sur les cadavres des Libyens tombés au combat. Près de treize mille Libyens étaient morts.

Les dignitaires félicitèrent le pharaon pour cette vic-

1. Papyrus Harris.

toire et l'acclamèrent. Ramsès III leur rappela que cette victoire n'avait été possible qu'avec l'aide d'Amon.

« Voyez ces choses belles et courageuses que j'ai faites. Amon-Rê, le seigneur des dieux, qui appartient à pharaon – son petit – l'a emporté sur le pays des Timhiou, les Séped et les Mashouash, des voleurs qui auraient fait le malheur quotidien de l'Égypte ; ils sont désormais des monceaux sous mes sandales, et leurs racines sont arrachées ; grâce à une seule action, ils ont cessé de piétiner le sol de l'Égypte, cela est dû au plan heureux, que Ma Majesté avait établi contre eux, afin que le Pays bien-aimé redevienne joyeux. Que les réjouissances et le bonheur s'élèvent pour vous jusqu'à la hauteur du ciel. Moi, je suis apparu, glorieux, tel Amon, pour agrandir les frontières de l'Égypte. »

« Tu es Rê qui brille sur l'Égypte, lui répondirent les dignitaires. Quand tu apparais, le peuple revit car ton cœur dispense des conseils bénéfiques. La crainte de toi a repoussé les Neuf Arcs ; les Timhiou sont faibles, car leurs cœurs sont arrachés ; ils ont cessé de marcher sur le Pays bien-aimé. Les terres égyptiennes et les pays étrangers ont le cœur broyé car la peur que tu inspires est devant leurs yeux chaque jour. Mais le cœur de l'Égypte est apaisé pour le temps infini, car elle possède un vaillant protecteur, taureau puissant, seigneur des deux rives, lion furieux, qui étend sa puissance en s'emparant de ceux qui ont violé ses frontières, les renversant et les écrasant grâce à la force de son père Amon qui lui a donné le pays tout entier [1]. »

Ramsès III pouvait rentrer triomphalement en Égypte à la tête de son armée. Le peuple égyptien acclama son pharaon.

1. Les pays étrangers désignent depuis la XVIIIe dynastie la Nubie, le Soudan et les pays d'Asie.

Des files de prisonniers précédaient son état-major. Certains avaient même été attachés vivants sous son propre char. Ils furent tous offerts au dieu Amon et devinrent des esclaves de la divinité. La plupart travaillèrent pour le temple comme ouvriers.

Les chefs Libyens rendirent hommage à Ramsès III dans l'espoir d'obtenir la vie sauve. Quant aux poètes, ils taillèrent leur calame et préparèrent leur chant en vantant les prouesses du pharaon.

Ramsès III prenait plaisir à entendre leurs vers flatteurs. Les honneurs ne le rendaient pas insensible. Aussi se laissa-t-il bercer toute la nuit par les paroles élogieuses des artistes :

« Les Tjéméhou sont brisés jusqu'à la fin des temps ; leurs pieds ont cessé de fouler la frontière de l'Égypte. Ceux qui ont fui sont misérables et tremblants... Les gens de Tjéméhou ont fui en courant, les Mashouash se sont cachés dans leur pays. Les dieux ont ordonné de les tuer car ils ont attaqué volontairement les nomes égyptiens et ils connaissent maintenant la grande force de l'Égypte. »

Au terme de cette victoire, Ramsès III, comme Merenptah des années auparavant, croyait avoir définitivement anéanti les Libyens. Six ans plus tard, le pharaon se verrait contraint de les combattre une nouvelle fois.

3

LES PEUPLES DE LA MER

L'Asie en paix

Depuis le règne de Ramsès II, l'Asie n'avait guère causé de soucis à l'Égypte. Quand la Palestine s'était soulevée à la mort de son père, Merenptah avait été contraint d'assiéger et de prendre Ascalon, Géser et Yanouammou. Cette campagne est connue par les « Stèles d'Israël » et par des reliefs du mur sud de la salle hypostyle de Karnak.

Ces révoltes avaient été réprimées sans peine et sans l'aide des Hittites. L'armée de Merenptah avait même battu un peuple en Samarie que les Égyptiens ne connaissaient pas jusqu'à cette date.

Après cette guerre, la Palestine avait respecté la « paix égyptienne ». S'il en avait été autrement, les messagers qui faisaient la liaison entre Pi-Ramsès et la Palestine l'auraient rapporté, de même que les gardes qui, à Silé, contrôlaient la frontière. Merenptah ajouta des postes comme les « Puits de Merenptah qui sont dans les collines », ou celui de Liftâ à l'ouest de Jérusalem.

Sous Séti II, l'armée égyptienne se trouvait aussi au fort des « chemins d'Horus », une piste du Nord-Sinaï. Le roi allait chercher du cuivre à Timna'. Taousert le fera aussi quelques années plus tard.

L'Asie était si calme qu'aucune menace ne paraissait venir de ce côté. C'était pourtant là que Ramsès III devrait se montrer plus conquérant que jamais.

Les Peuples de la Mer

En l'an 8 de Ramsès III, des réfugiés fuyaient sur des bateaux le pays d'Amourrou. Ramsès III reçut alors de terribles nouvelles, aussi effrayantes qu'inattendues :

« Les pays étrangers ont fait alliance dans leurs îles. Ils sont partis et se sont répandus partout d'un seul coup, avides de razzias. Aucun pays n'a pu résister : le Hatti, Qodé, Qarqémish, Arzawa (la Cilicie) et Alashiya (Chypre) ont été coupés comme des arbres. »

Ramsès III apprit peu après que les envahisseurs avaient établi leur camp en Amourrou, qu'ils avaient anéanti peuples et terre, qu'ils avaient pris la direction de l'Égypte et que leur confédération se composait de Poulasti, de Sikala, de Shakalousha, de Danouna et de Ouashasha [1].

Qui étaient ces peuples qui sont connus par de nombreux textes ? Si les Shakalousha et les Ouashasha demeurent inconnus, les autres peuples sont plus faciles à situer. Certains historiens ont néanmoins rapproché sans conviction le nom des Shakalousha de

1. On les trouve fréquemment cités sous les formes Tjéker, Shékélesh, Dénen et Oushesh.

celui de Sagalassos, une ville d'Asie Mineure. Les Poulasti devaient donner leur nom à la Palestine. Ce sont les Philistins de la Bible. Les Sikala (ou Sicules) devaient donner leur nom à la Sicile. Quant aux Danouna, il s'agissait des fameux Danaoi ou Danéens.

A cette époque, ces peuples qui allaient entraîner des changements fondamentaux dans l'histoire des civilisations et des langues n'étaient encore que des hordes qui effectuaient une importante migration à partir de l'Égée. Au XIe siècle avant J.-C., ces peuples ne s'étaient pas encore regroupés. Ils étaient divers et étaient appelés, depuis Merenptah, semble-t-il, « les étrangers de la mer ».

Les Égyptiens connaissaient la plupart de ces peuples. Sous Thoutmosis III (XVIIIe dynastie), ils avaient déjà rencontré des habitants des « îles qui sont au milieu de la mer » à Thèbes. Ces peuples sont plus connus sous le nom de « Mycéniens ».

Ces Mycéniens étaient déjà venus en Égypte offrir au pharaon des produits de leur pays, la Grèce. Mais le roi les redoutait. Aussi avait-il décidé de faire surveiller la côte du Delta par un « chef des bouches de la mer » que tous les pharaons conserveraient au moins jusqu'à la fin de la XXe dynastie. Les Mycéniens avaient en effet une flotte organisée et puissante qui leur permettait de dominer le Bassin oriental de la Méditerranée sur le plan commercial. Mais ces activités commerciales étaient également liées à des actes de piraterie comme l'écrit Thucydide dans son *Histoire de la guerre du Péloponnèse* : « La Grèce ne semble pas avoir été habitée dès l'origine d'une manière stable; il se produisit d'abord des migrations... Les Grecs pensaient qu'ils trouveraient n'importe où leur nourriture et ne firent aucune difficulté pour émigrer... Les Grecs d'autrefois, qui habitaient le bord de la mer et ceux qui habitaient les îles, se mirent à avoir des échanges entre eux sur mer et se livrèrent à la piraterie. Car la piraterie ne comportait aucun déshonneur ; au contraire, elle n'allait pas sans rapporter quelque gloire... Sur le continent aussi, on se razziait mutuellement [1]. »

Un peu plus tard, Virgile écrira, lui aussi, dans l'*Énéide* [2] combien les Grecs étaient redoutés, même lorsqu'ils étaient porteurs de présents.

Les premiers Grecs

C'est vers 1580 avant J.-C. que s'épanouit en Grèce la civilisation mycénienne. Contrairement à l'Égypte, la Grèce n'a connu jusque-là qu'un lent réveil. A un premier âge néolithique (4500-4000 avant J.-C.) a succédé le néolithique II (environ 3000 avant J.-C.) marqué par l'arrivée d'envahisseurs qui se sont surtout installés en Béotie et en Thessalie, et qui se sont révélés horticulteurs.

De nouveaux envahisseurs sont arrivés d'Anatolie entre 3100 et 2400 marquant le début de l'âge du bronze que l'on a appelé « helladique ». D'autres envahisseurs, les Grecs, ont alors submergé vers 1590 cette civilisation anatolienne après avoir traversé la mer Égée, assurant à la Grèce une civilisation originaire d'Asie Mineure. Grâce à leurs contacts avec le Moyen-Orient, les Anatoliens avaient apporté un net progrès par rapport au néolithique.

Grâce à l'introduction du bronze, à l'extension des cultures, au développement du commerce, à l'invention

1. Chapitre I, 2 et 5. Traduction de l'auteur.
2. L'*Énéide*, II, 49.

de l'araire, le Grec était devenu laboureur. Les villages s'étaient multipliés sous une organisation de type monarchique.

L'influence crétoise

Les premiers Grecs que les Anciens appelaient les « Pélasges » étaient arrivés en Grèce par les Balkans. En fait, nous ne connaissons pas leur nom. Ils ne portaient pas le nom d'Hellènes, encore moins celui de Grecs. Sans doute était-ce des Ioniens qui furent à leur tour chassés par les Achéens (vers 1580 avant J.-C.) et les Éoliens. Les Ioniens avaient envahi la Grèce avec violence, réduisant les Anatoliens en servitude. Ils n'avaient rien apporté, sinon le cheval pour l'élevage et la poterie « minoenne » connue en Crète. Dès lors, la Crète s'était coupée de la Grèce occidentale où les villes s'étaient fortifiées autour de la puissance d'un roi.

La Crète avait eu la chance de bénéficier plus longtemps des bienfaits de la civilisation anatolienne sans souffrir des invasions du début du deuxième millénaire. Ainsi s'était développée la civilisation minoenne. Des hommes venus d'Égypte et d'Asie Mineure s'y étaient déjà fixés plus de dix mille ans avant notre ère. Vers l'an 3000, les Crétois naviguaient déjà jusqu'à Chypre ou en Égypte. La Crète fabriquait alors des armes en bronze et imposait sa supériorité politique. Elle avait à sa disposition des gisements d'obsidienne et d'argile.

Vers l'an 2000 étaient apparus en Crète les « premiers palais », signe d'un pouvoir fort. Cette époque avait livré des objets égyptiens : scarabées, statuettes, céramique polychrome dite de Camarès, les vases « coquilles d'œuf », des sceaux en ivoire, agate, cornaline, jaspe, calcédoine, des faïences. Des vases en argent de fabrication crétoise figuraient dans des trésors de Haute-Égypte.

Vers 1700, ces palais avaient été détruits. Les « seconds palais » reconstruits sur les premiers étaient plus vastes et plus beaux. Knossos s'imposait avec à sa tête le roi Minos. Les échanges commerciaux se multiplièrent. Les Crétois exportaient du vin, de l'huile, des bijoux, des armes, des métaux, de la céramique ; ils importaient de l'or et de l'argent en provenance d'Égypte. Les marins crétois utilisaient le système de poids et mesures égyptien et mésopotamien. Ils possédaient une flotte puissante et monopolisèrent bientôt le commerce. Les relations avec l'Égypte se renforcèrent. On sait qu'à cette époque les Égyptiens appelaient les Crétois les Keftiou. Les Crétois élargirent même leurs relations avec les Mycéniens des Cyclades, du Péloponnèse et de l'Argolide.

La domination de Knossos s'affirma jusqu'à la XVIIIe dynastie égyptienne. Mais le courant égyptien devint vite le plus fort. En 1450 avant J.-C., une dynastie à tendance militariste prit le pouvoir à Knossos. Le palais de Minos fut détruit en 1370, soit par la plèbe, soit par les Mycéniens, soit par l'éruption volcanique de Santorin.

De nombreux noms de futurs Peuples de la Mer sont mentionnés sous les règnes d'Aménophis III et d'Akhénaton (1387-1330). Les Égyptiens connaissaient ainsi, en Cilicie orientale, un royaume de Danouna et l'emploi de mercenaires shirdanou dans la garde du prince de Byblos. Des documents évoquent des actes de piraterie commis contre Chypre et le Levant par des marins du pays de Loukki (la future Lycie) [1].

La documentation hittite mentionne un royaume

1. W.L. Moran, *Les Lettres d'El-'Amârna*, 151, 81, 122, 38.

appelé Ahhiyawa (l'Achaïe) dont les mouvements migratoires inquiétaient les Anciens.

A cette époque, les Égyptiens subissaient le pillage des pirates de la mer Égée. Ramsès II dit s'opposer lui aussi au début de son règne à des « Shirdana au cœur courageux venus de la pleine mer sur leurs navires ». Ces Shirdana [1] avaient été capturés en grand nombre. Comme ils s'étaient avérés d'excellents militaires, Ramsès II en avait pris dans sa garde lors de la bataille de Qadesh en l'an 5 de son règne. A partir de cette date, nombre d'entre eux figurèrent dans l'armée égyptienne et constituèrent une sorte de troupe d'élite. Les Égyptiens les nommaient sous Merenptah « les Shardanes de la Mer ». Des allusions à ces peuples sont encore faites bien après Ramsès V.

Ces Shardanes portaient l'armement traditionnel des Mycéniens : la cuirasse articulée, une longue épée triangulaire et un bouclier rond. Leurs casques à cornes étaient surmontés d'un disque fixé sur une tige.

A Qadesh, ces Shardanes côtoyaient des hommes du Louka (sans doute les Loukki des années précédentes, « les Lyciens ») et du pays de Dardanya, les Dardaniens [2] qui étaient alliés des Hittites et, selon Homère, hostiles à des Grecs appelés Achéens [3] : « ... Les Troyens tenaient conseil à la porte de Priam épiant le moment où de leurs navires s'élanceraient les Achéens... La déesse Isis parla : " Hector agit ainsi : nombreux sont dans la vaste ville de Priam, les alliés qui parlent des langues différentes étant de diverses races. Que chaque chef commande ses propres soldats et mène au combat ses sujets... " Aux Dardaniens commandait le courageux fils d'Anchise, Énée. Sarpédon commandait les Lyciens. »

1. Les Shirdana devaient donner leur nom à la Sardaigne.
2. Dardanya se retrouve dans le terme dardanelles.
3. *Iliade*, 11, 770-877.

La période mycénienne

La période mycénienne est aussi appelée helladique récent (1550-1100 avant J.-C.). Cette période fut donc marquée par l'influence de la Crète sur le continent, dans tous les domaines. De nouveaux Grecs venus des Balkans, ces fameux Achéens, n'étaient sans doute pas étrangers à une transformation qui orienta soudain les Grecs vers l'Orient et l'Occident. D'autres Grecs, les Éoliens, apparurent aussi sur le continent. Achéens et Éoliens chassèrent ainsi les Ioniens.

A l'époque du rayonnement de Mycènes, la Grèce semblait donc morcelée en principautés. Parmi ces principautés se trouvait le Péloponnèse avec deux royaumes argiens de Diomède et d'Agamemnon. Le Péloponnèse regroupait les forces navales, Mycènes possédant à elle seule cent soixante navires commandés par le « puissant Agamemnon, l'Atride. C'était lui que les troupes de beaucoup les plus nombreuses et les meilleures suivaient [1] ». Si les autres citadelles n'étaient pas vassales de Mycènes, la supériorité mycénienne reste cependant incontestable. Chaque décision dépendait de la volonté d'un seul homme : Agamemnon, le roi de Mycènes. Unis face à l'ennemi, les différents royaumes achéens admettaient l'autorité d'un seul homme tout en gardant leur indépendance.

Les châteaux forts de ces royaumes prouvent leur puissance. Les palais fortifiés datent tous des années 1425-1100 avant J.-C.

Les palais mycéniens étaient inégalement répartis en Grèce. Pylos était sans rivale en Messénie. Dans *L'Iliade*, Homère rapporte que Diomède régnait sur

1. Homère, *L'Iliade*, II.

Tirynthe aux fortifications impressionnantes. L'Argolide comptait cinq forteresses, mais il est bien difficile d'imaginer les relations que les rois de Midéa, d'Asiné, d'Argos, de Mycènes, de Tirynthe, de Berbati ou d'Athènes entretenaient entre eux.

Les Mycéniens arrivèrent sans doute en Égypte avec leurs rois, le *wanax*, entourés de leurs *epetai* qui constituaient la troupe d'élite de l'armée royale et disposaient de chars. Des *télestai*, dignitaires locaux et nobles, possédaient une terre et, aidant les gouverneurs qui administrent les provinces, devaient les accompagner. Les Mycéniens connaissaient un système fort semblable à celui des Crétois et des Égyptiens. Ainsi des scribes contrôlaient-ils la distribution des rations de vivres, l'enregistrement de l'entrée et de la sortie des denrées et la production des ateliers.

Les échanges entre Mycéniens et Égyptiens restaient limités malgré le trafic que faisaient les Mycéniens à une grande échelle. Seule Amarna, la capitale d'Aménophis IV, a livré des vases et des tessons mycéniens. Comme on l'a vu, les échanges se limitaient donc à des dons royaux. En revanche, les Mycéniens avaient inondé le marché chypriote de leurs poteries. Chypre a sans doute joué le rôle d'un port, redistribuant en Orient des produits de l'Égée, procurant aux marins mycéniens des produits africains et asiatiques, des métaux, du cuivre du Proche-Orient, de l'étain venu du Caucase et d'Asie centrale, de la pourpre extraite du coquillage appelé murex, les Mycéniens étant eux-mêmes grands producteurs de textiles. Peut-être existait-il aussi une colonie mycénienne à Rhodes.

Les Mycéniens élargirent vite leur commerce dans la partie orientale de la Méditerranée. Ils furent attirés par les minerais d'Europe, par l'obsidienne des îles

Lipari, l'or d'Europe centrale et l'ambre nordique. A partir des îles Éoliennes, ils rayonnèrent vers la Sicile et le golfe de Tarente. Ils poussèrent jusqu'à la Sardaigne et la plaine du Pô.

En voyant leurs navires, les Égyptiens ne purent avoir de doutes. Il s'agissait bien de leurs bateaux à un mât, de forme allongée. Leurs coques étaient ornées de dessins. Les hommes de barre maniaient debout de longues rames de gouverne comme des pagaies. Leurs voiles carguées étaient propulsées par des rameurs. C'était avec ces bateaux que les Mycéniens avaient rapporté chez eux les métaux de l'Est et de l'Ouest, l'ivoire et l'ébène d'Afrique, l'ambre du Nord, l'or, le lapis-lazuli, les parfums et les épices.

Les ennemis des Égyptiens

Les Mycéniens étaient surtout des paysans si l'on considère les cinq mille tablettes qui ont été retrouvées, les scellés découverts à Thèbes et les vases à inscriptions.

A leur écriture « hiéroglyphique » formée sous l'influence de l'Égypte et utilisée entre 2000 et 1650 avant J.-C. avaient succédé le linéaire A entre 1700 et 1450 puis le linéaire B. Le système foncier se devine à travers un vocabulaire agricole.

Hormis le groupe du palais existait un groupe campagnard, le *dam-no* auquel se rattachaient les artisans, les soldats, les rameurs et les fonctionnaires. Le dam-no servait au palais de main-d'œuvre et de ressources, le peuple versant un tribut annuel. Les effectifs de l'armée étaient recrutés au sein du dam-no : cinquante officiers étaient répartis dans dix unités, onze

Tombe d'Amenkhopshef,
fils de Ramsès III.
Ramsès III place son fils
sous la protection
de la déesse Hathor.
DOCUMENTATION TALLANDIER

Temple de Ramsès III
à Thèbes. Au fond,
la Vallée des Rois. KEYSTONE

Façade du temple
de Médînet Habou. KEYSTONE

Médînet Habou. KEYSTONE

L'accès aux salles
de Médînet Habou. KEYSTONE

Cour du temple
de Médînet Habou. KEYSTONE

Le Ramesseum,
temple de Ramsès II, qui
inspira la construction
de Médînet Habou. KEYSTONE

Constructions récentes sur
les vestiges de la nécropole
des Nobles de Karnak.
DOCUMENTATION TALLANDIER

Fresque de Médînet Habou.
Ramsès III à la chasse.
DOCUMENTATION TALLANDIER

Fresque de Médînet Habou.
Archers de Ramsès III. GIRAUDON

Fresque de Médînet Habou.
Archers de Ramsès III en campagne.
DOCUMENTATION TALLANDIER

Fresque
de Médînet Habou.
Les prisonniers
philistins. GIRAUDON

Prisonniers de Ramsès III,
chefs des peuples de la Mer.
Plaque de faïence
sur la porte de Médînet Habou.

DOCUMENTATION TALLANDIER

Fonctionnaire de l'époque Ramesside.

DOCUMENTATION TALLANDIER

Les ouvriers au travail à Thèbes.

DOCUMENTATION TALLANDIER

Ramsès III présentant des offrandes. DOCUMENTATION TALLANDIER

La villa d'un noble. DOCUMENTATION TALLANDIER

Scène de chasse dans les marais. DOCUMENTATION TALLANDIER

Sacrifice en l'honneur d'un mort.
DOCUMENTATION TALLANDIER

Procession funéraire sur la tombe d'un haut fonctionnaire, inspecteur du cheptel et des travaux de Karnak. XXe dynastie.
DOCUMENTATION TALLANDIER

Détail de la tombe de Ramsès III.
DOCUMENTATION TALLANDIER

La barque du Soleil sur le sarcophage de Ramsès III. GIRAUDON

La déesse Nephtys sur le sarcophage de Ramsès III.
GIRAUDON

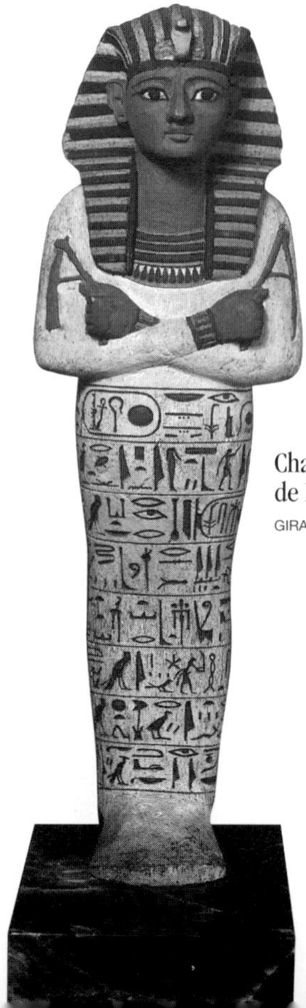

Chaouabti de Ramsès IV.
GIRAUDON

Reproduction d'une peinture à fresque représentant un harpiste dans les sépulcres de Thèbes.
GIRAUDON

eqeta assurant la liaison avec le palais. Les soldats et les rameurs étaient réquisitionnés pour une durée limitée.

L'habitat mycénien était groupé. Les Mycéniens avaient un goût prononcé pour l'art et les objets raffinés. Avec l'ivoire qui venait d'Égypte, ils fabriquaient des objets de toilette : peignes, miroirs, coffrets, et des éléments décoratifs du mobilier.

Si élaborée fût-elle, la civilisation mycénienne disparut subitement entre la fin du XIIIe siècle avant J.-C. et le XIe siècle. Plusieurs hypothèses expliquent cette extinction : une invasion des Doriens, un tremblement de terre, des luttes intestines ou une révolte de la population contre le système palatial, mais aucune de ces hypothèses n'est totalement satisfaisante.

Vers la fin du IIe millénaire, la Grèce se trouva de nouveau envahie par les Doriens venus de la vallée du Danube. Les Doriens étaient parfaitement organisés et bien armés. Ils rasèrent tout sur leur passage. Pylos fut détruite vers 1200. Mycènes fut incendiée vers 1100 avant J.-C. Les Achéens cherchèrent refuge en Asie. Dès lors, le commerce disparut. L'empire hittite fut renversé. La Grèce se morcela. Les Doriens se firent menaçants sur tous les rivages méditerranéens. Ce raz de marée ne prit fin qu'au XIe-Xe siècle. Ces envahisseurs doriens avaient des chefs militaires qui mettaient en avant le courage, la bravoure, la fidélité. Leur société était une société masculine et égalitaire. Ils avaient la réputation d'être intraitables avec les vaincus, les soumettant généralement à l'esclavage :

« Des Doriens, quatre-vingts ans après la chute de Troie, occupèrent le Péloponnèse ; la Grèce ne parvint que longtemps après et difficilement à un état de paix et de stabilité [1]. »

1. Thucydide, *La Guerre du Péloponnèse*, I, 12.

Répercussion des événements grecs en Égypte

Sous le règne de Merenptah (1212-1202 avant J.-C.), l'Égée et le Proche-Orient connurent probablement une longue période de sécheresse. Le pharaon envoya du grain aux Hittites qui en exigèrent du prince d'Ougarit, leur vassal. La disette entraîna probablement l'invasion libyenne en Égypte qui échoua en l'an 5. Il semble qu'à cette époque, les Libyens étaient aux côtés de trois mille habitants des pays de la mer, des Achéens (Aqayouasha), des Tourousha (futurs Étrusques), des Shakalousha, des Shirdana et des Louka.

Les Libyens entretenaient donc des relations étroites avec ces Peuples de la Mer qui mouillaient sans doute près de leurs côtes lorsqu'ils venaient en Crète. C'était sans doute pour prévenir un danger et les surveiller, ainsi que leurs amis les Libyens, que Ramsès II avait fait construire ses forteresses de Marmarique.

Quelques années avant que Ramsès III ne prît le pouvoir, nous savons grâce à la correspondance diplomatique d'Hammourabi, le dernier roi d'Ougarit, que Chypre et le Hatti redoutaient « les Chikalayou qui habitent sur des bateaux ». Ces Sikala apparurent brusquement en grand nombre, razzièrent les côtes et disparurent en emportant un énorme butin. Ils étaient alors capables de ressurgir et de tout anéantir dans une autre cité ou sur un autre rivage, déclenchant la terreur.

Le roi du Hatti, Souppilouliouma II, demanda à Hammourabi de le renseigner sur ces peuples étranges et meurtriers. L'un de ses officiers avait en effet été capturé par eux puis relaché après le versement d'une rançon.

Les événements se bousculèrent. Le roi hittite dut rassembler ses troupes et résister à une invasion sur le rivage de Loukka. De l'ouest arrivait en masse l'ennemi aussi bien par voie de terre que par la mer. Le roi était aidé de ses vassaux. Le roi d'Ougarit dut à son tour demander de l'aide au roi de Chypre mais celui-ci avoua son impuissance face à un ennemi s'apprêtant à débarquer. Le roi d'Ougarit devait fortifier ses villes au plus vite. Les habitants laissèrent alors leur maison et se réfugièrent en montagne.

Un chef chypriote avertit Hammourabi qu'une escadre de vingt navires était en train de passer entre Chypre et la Cilicie. Mais rien n'empêcha la destruction d'Ougarit. Des tablettes d'argile attestant l'existence de cette correspondance se trouvaient encore dans le four où elles étaient en train de cuire lorsqu'on les a découvertes [1].

A la même époque, Chypre connut également bien des destructions. Le Hatti résista plus longtemps mais dut céder face aux marins Shikala qui débarquèrent en Cilicie. Les historiens ne connaissent pas le déroulement précis des événements. Toujours est-il que le Hatti lui aussi fut battu.

En l'air 8 du règne de Ramsès III, les Peuples de la Mer n'ont donc connu aucune défaite. Certains d'entre eux se sont installés dans l'Amourrou après avoir détruit Qarqémish. Des réfugiés arrivent en Égypte sous la conduite de leur chef et annoncent au pharaon le danger qui menace l'Égypte.

Pendant que le pharaon se prépare, ainsi que nous l'avons rapporté, les Peuples de la Mer quittent l'Amourrou et franchissent la frontière des terres Égyptiennes d'Asie fixée par le traité de l'an 21 de Ramsès II.

1. Lehmann, Ugarit-Forschurger, 11, p. 481 n° 3 et p. 482.

Les bateaux des envahisseurs rôdent déjà dans le Delta et débarquent leurs hommes sur la côte palestinienne. Les garnisons égyptiennes se révèlent efficaces jusqu'à ce que les Peuples de la Mer réussissent enfin à détruire Ascalon, Ashdod et d'autres villes à l'intérieur où ils parviennent à établir une tête de pont.

4

RAMSÈS III CONTRE LES PEUPLES DE LA MER

Les préparatifs

Dès qu'il reçut ces terribles nouvelles, Ramsès III, on l'a vu, se prépara à la hâte et harangua ses troupes. « Sa Majesté s'approcha de l'horizon du maître de l'univers pour requérir de lui la force, la vaillance et la puissance. Son père Amon, maître des dieux, lui donna une énergie nouvelle et sa force s'allia à la sienne pour détruire le pays des Timhiou qui avaient violé sa frontière. Cependant Montou et Seth assuraient sa protection magique à sa droite et à sa gauche. Oup-Ouaout était devant lui pour fendre les chemins, et ils le rendirent puissant pour abattre les pays vantards. »

Il organisa sa frontière en Palestine qui fut pourvue de troupes aux ordres de princes, de chefs de garnison et de charriers maryanou puis, précise-t-il lui-même, « je fis préparer l'embouchure du Nil (celle qui conduisait à Pi-Ramsès), comme une muraille fortifiée, avec des bateaux de guerre, des galères et des escorteurs tous protégés par des soldats courageux et armés de la proue à la poupe et des troupes d'assaut choisies parmi les meilleures d'Égypte qui étaient semblables à des lionnes rugissant sur les monts. J'y ajoutai une charrerie composée de soldats d'élite expérimentés aux chevaux en excellente forme prêts à piétiner sous leurs pattes les soldats étrangers. Moi je suis Montou le vaillant fermement établi à leur tête de sorte qu'ils puissent voir ce que capturent mes deux mains, le Roi de Haute et Basse-Égypte... Moi, je suis celui qui agit, l'intrépide, conscient de sa force, le héros qui sauve son armée le jour du combat. »

La campagne de Ramsès III contre les Peuples de la Mer est rapportée à Médînet Habou par une inscription appelée « Grande Inscription de l'an 8 » située dans la première cour. Six scènes commémorent aussi cette bataille. Selon ces documents historiques, voilà comment la guerre commença : Ramsès convoqua les dignitaires de l'État et les chefs de l'armée égyptienne comme il avait coutume de le faire en pareil cas. Les dignitaires se réunirent aussitôt en tenant l'enseigne de leurs unités dans une cour du palais de Pi-Ramsès. Là le pharaon se fit attendre si bien que les chefs purent se livrer à maintes discussions sur les événements et sur le danger qui menaçait. Certains rapportaient ce qu'ils savaient; d'autres disaient ce qu'ils pensaient des rumeurs arrivées jusqu'à eux.

Soudain, un clairon annonça l'arrivée du pharaon qui se plaça à l'une des fenêtres d'où il avait coutume de haranguer les dignitaires et les chefs militaires. Ceux-ci se jetèrent à ses genoux et écoutèrent avec stupéfaction les nouvelles qu'il leur apprit.

« Les étrangers arrivent de leurs pays dans les îles du milieu de la mer et se dirigent vers l'Égypte, forts de leur puissance. »

Le pharaon leur ordonna alors de mobiliser les troupes.

« Sortez vos armes ! Envoyez des troupes pour détruire les pays étrangers rebelles, qui ne connaissent pas encore l'Égypte ni la puissance de mon père Amon. »

Chacun applaudit cette décision indispensable. Le prince, général en chef de l'armée, suivi de son état-major et de ses gardes, transmit aussitôt l'ordre royal à ses officiers. Un scribe, assis en tailleur à ses pieds, prit bonne note de cette décision.

« Qu'on sorte les armes et qu'on les expose pour mater par la bravoure de mon père Amon les pays révoltés qui ne connaissent pas l'Égypte ! »

Les armes furent rangées en plusieurs catégories : les casques couvrant la tête et la nuque, munis d'une visière et de deux cordons terminés par des glands ; les arcs, les carquois, les cottes de mailles à manches courtes qui avaient été inventées par les Syriens, les glaives en forme de faux (khopech).

Les soldats vêtus d'un pagne à devanteau se placèrent en colonnes par un, prêts à recevoir les armes. Ils furent aussitôt équipés et placés sous les ordres de sous-officiers. Des fantassins et des charriers auxquels se mêlaient des mercenaires shardanes et nubiens attendaient les ordres les concernant. Sous l'attention des scribes qui tenaient les comptes avec minutie, ils reçurent des armures, des arcs, des carquois, des flèches, des épées, des javelots, des casques, des cuirasses et des boucliers qu'ils rangèrent en tas derrière eux. Tout cela se passait à l'intérieur du palais.

Pendant ce temps, les troupes qui étaient au front avaient bien du mal à contenir l'ennemi. Aussi les soldats de Ramsès III devaient-ils partir sans tarder. Le roi monta donc sur son char et ordonna au trompette de sonner le départ.

Le long cortège s'ébranla en direction de la Palestine en colonnes par un, avançant parallèlement par sept ou huit. Il emprunta la route où se trouvaient de nombreux points d'eau fortifiés protégés par des soldats égyptiens. Cette route partait du pont de Silè en direction de l'est suivant les « chemins d'Horus ». Venaient derrière le régiment d'infanterie, un groupe d'officiers affecté au pharaon, puis un char sur lequel était plantée l'enseigne du bélier coiffé du disque assurant à toute l'armée la protection du dieu. Ce char était suivi d'un autre groupe d'officiers. Précédé d'un porte-parasol à pied s'avançait le char du roi. Son lion marchait près des chevaux. Toute l'armée suivait, y compris les hommes chargés du ravitaillement qui poussaient leurs ânes devant eux ou conduisaient des chars pleins de ballots et de jarres attelés de six bœufs.

Les files de soldats et de chars suivirent les pistes et atteignirent un premier point d'eau dit « Houpana ». De point d'eau en point d'eau, elles parvinrent près de Gaza.

Les exploits de Ramsès

Ramsès III livra une importante bataille terrestre contre les Peuples de la Mer. « Un grand et puissant seigneur, son prestige et la terreur qu'il inspire ont mis à terre les Neufs Arcs. Il est comme un lion rugissant sur les montagnes. Tout le monde le craint à cause de sa gloire. Il ressemble à un griffon maître de ses deux ailes qui parcourt d'une seule enjambée les fleuves et les terres. Il est une panthère connaissant bien sa proie, se saisissant de qui l'a attaqué, tandis que ses deux mains déchirent la poitrine de celui qui a osé violer sa frontière. Il se déchaîne en s'engageant dans le combat. Alors il tue des centaines de milliers d'hommes piétinés par ses chevaux. Pour lui, les multitudes sont comme des sauterelles réduites en poudre comme de la farine [1]. »

Puis il repoussa une tentative de débarquement dans la région de Gaza où les Peuples de la Mer avaient déjà commis de nombreux dommages. Mais avant de combattre cet ennemi arrivé par mer, Ramsès III parvint dans un endroit entouré de collines, sans doute les collines de la Shiphéla bien défendue par les Égyptiens entre Sharouhen et Géser. Là se trouvaient déjà des soldats ennemis partis d'Amourrou par la terre qui devaient probablement faire leur jonction avec les soldats qui étaient sur le point de débarquer par la mer. Les ennemis avaient donc avancé très vite pour être déjà si loin d'Amourrou, mais la vraisemblance exclut le fait que cette rencontre ait eu lieu plus au nord.

La plupart des soldats ennemis étaient montés sur des chars et possédaient un équipement mycénien : boucliers ronds, longues épées, javelots, cuirasses articulées. Derrière les chars de guerre avançaient des chars à roues pleines tirés par des buffles sur lesquels avaient été entassés leurs biens et leurs nourritures. Les femmes et les enfants avaient également pris place dans ces lourds chars qui se mouvaient lentement.

Qu'il ait été prévenu ou qu'un éclaireur l'ait averti de l'arrivée du convoi ennemi, le pharaon jugea plus prudent de jouer d'astuce face à un ennemi confiant dans sa force. Il donna l'ordre à ses chars de se dissimu-

1. N.K. Sanders, *The Sea People*, Londres, Thames and Hudson, 1978, 161.

ler. Lui-même se cacha dans un repli de terrain quand il surgit subitement avec eux derrière la colonne ennemie. Les adversaires surpris n'eurent pas le temps de se ranger en ordre de bataille. Les fantassins et les charriers (sans doute des Poulasti [1]) furent encerclés par les Égyptiens et par les mercenaires shardanes. La plaine fut bientôt couverte de soldats blessés et de cadavres devant la supériorité des Égyptiens qui leur coupaient la main droite dès qu'ils étaient morts. C'était là, en effet, une manière de comptabiliser le nombre de cadavres, un scribe ayant la lourde tâche de compter, après le combat, le nombre d'ennemis morts au combat pour le noter ensuite dans ses registres et dans ses archives. Ainsi le souvenir de tous les combats et de leurs dénouements demeuraient-ils dans la mémoire et dans l'histoire.

Ramsès III plaçait sa flèche là où il le souhaitait en étendant son bras. Il sortait telle la flamme rugissante dans les buissons ; eux étaient comme des oiseaux pris au piège. Ils étaient frappés dans des nasses et réduits en cendres, terrassés et jetés au sol dans leur sang. Leurs corps formaient des pyramides sur le sol.

Cependant tous les ennemis ne furent pas tués. Les Égyptiens conservèrent aussi des prisonniers. Pour se rendre, les ennemis se manifestaient par un signe distinctif de la main. Ils tendaient l'auriculaire et tenaient avec le pouce les autres doigts repliés. Les charriers résistèrent plus longtemps que les fantassins. Quant aux femmes et aux enfants transportés dans les chariots lourds, les soldats tentèrent de les mettre à l'abri. Les femmes hurlaient, plaçant leurs enfants hors des chariots pour que ceux-ci pussent échapper

1. Ceux-ci étaient reconnaissables à leur casque à aigrettes.

LA CONQUÊTE DU BASSIN MÉDITERRANÉEN

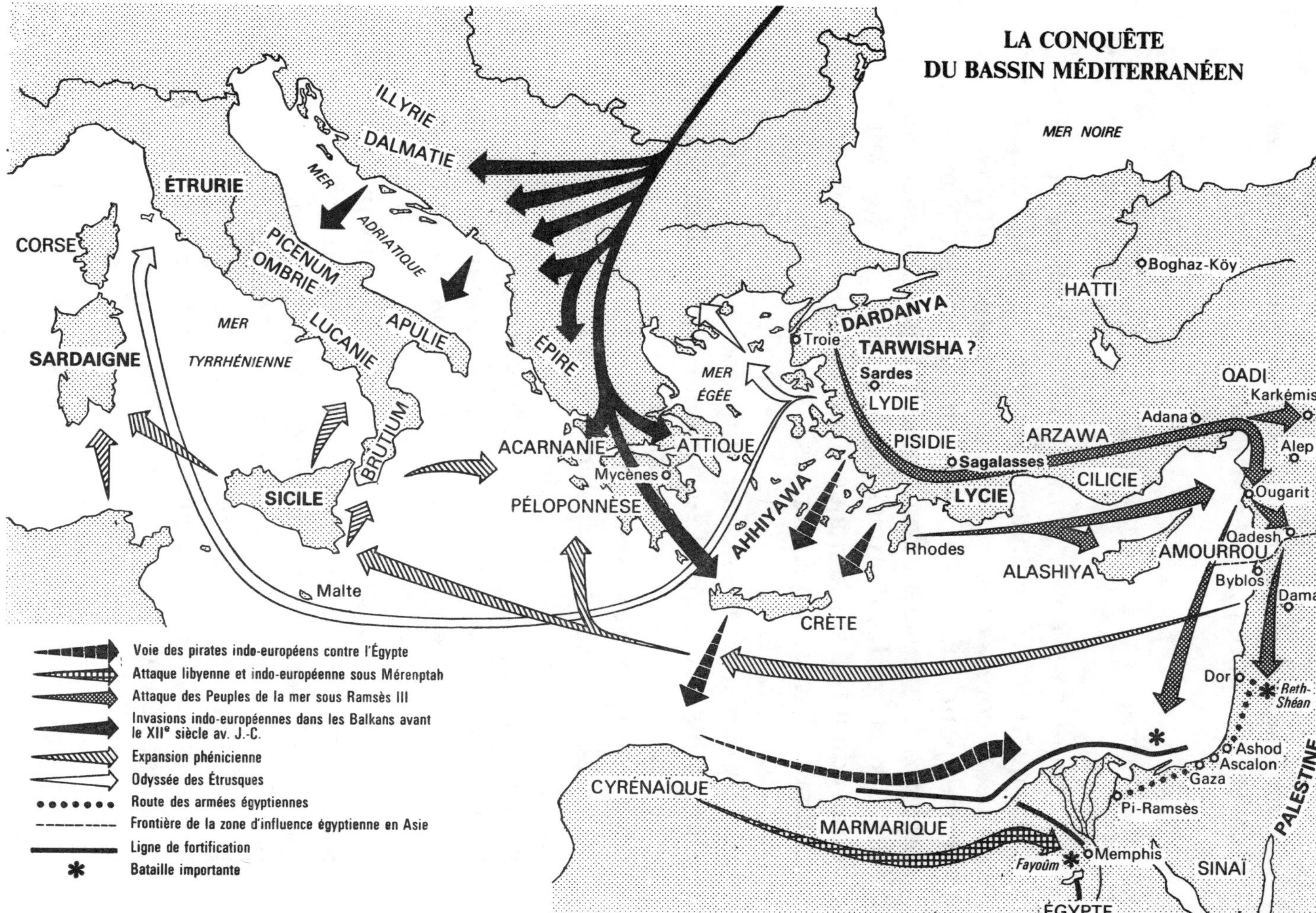

au massacre. Les Shardanes se tournèrent alors vers eux et vainquirent leur résistance.

Le débarquement des Peuples de la Mer

Pendant ce premier combat, les Peuples de la Mer débarquèrent [1]. Cinq bateaux dépourvus de rames, aux proues décorées de têtes de canard, mouillèrent près du rivage pour faire débarquer des hommes. Sur ces bateaux se trouvaient des Poulasti déjà cités ainsi que des Sikala coiffés d'un casque à cornes et à jugulaire descendant bas sur la nuque. Tous ces guerriers étaient équipés d'armes mycéniennes.

Quatre navires égyptiens, plus faciles à manœuvrer que les bateaux ennemis car munis de rames, surgirent alors, prêts au combat. Leurs proues armées d'un rostre en forme de tête de lion étaient effrayantes. Les navires égyptiens encerclèrent sans peine les bateaux ennemis et les poussèrent contre le rivage. Les archers et les frondeurs qui étaient à leur bord envoyèrent sur l'ennemi de nombreux traits. Un bateau fut éperonné puis coulé. Un autre fut endommagé. Son mât s'abattit sur les soldats, laissant aux Égyptiens la possibilité de monter à l'abordage. Un autre se brisa si fort sur le rivage que ses occupants furent violemment projetés sur la terre. Alors surgit l'infanterie égyptienne qui était dissimulée derrière des dunes de sable. Le combat eut lieu sur la plage. Le roi descendit lui-même de son char pendant que le conducteur retenait les chevaux en tirant sur les rênes et en agitant son fouet.

Le pharaon ordonna à des archers de le suivre et de repousser ceux qui avaient réussi à débarquer. « Un

1. Cette invasion est reproduite sur un tableau de Médînet Habou.

mur de lances les entoura sur le rivage. Traînés, abattus, massacrés, ils furent entassés là et leurs bateaux coulèrent avec leurs biens [1]. »

La plupart des blessés basculaient par-dessus bord, si bien que les flots furent bientôt couverts de nombreux cadavres. Certains survivants s'agrippaient aux rames des bateaux ennemis pour échapper à la noyade. Les Égyptiens les tirèrent à bord et leur mirent les menottes. Ceux qui nageaient jusqu'à la rive étaient capturés par les soldats du pharaon et comptés par les scribes au nombre des prisonniers. D'autres scribes les marquaient au fer à l'épaule du nom de « Ramsès III ».

« Contemplez la grande puissance de mon père Amon-Rê ! cria Ramsès. Des peuples avaient tourné leur visage vers le Pays bien-aimé et leurs cœurs faisaient confiance à leurs bras, mais un filet fut préparé afin de les enfermer. Et ceux qui s'avancèrent, pénétrant jusque dans les bouches du Nil y tombèrent, les ailes coupées, à la place où ils se trouvaient, les bras et la poitrine tranchés. J'ai fait que vous puissiez contempler ma puissance dont témoignent les actions de mon bras. Amon-Rê se tenait à ma droite et à ma gauche ; son prestige et la crainte qu'il inspire étaient dans mon corps. »

Les prisonniers pouvaient être placés dans la citadelle la plus proche, sans doute celle de Deir el-Balah. Dans le Migdol de Médînet Habou se trouvaient aussi des chefs Sikala et Poulasti.

Le roi prit plaisir à venir compter les prisonniers juste après la bataille. Il les harangua même d'une estrade et descendit les contempler de plus près. Heu-

1. Ainsi le rapporte Ramsès III (cf. K.A. Kitchen, *Ramesside Inscriptions*, V, 40).

reux de sa victoire, il plaisanta même avec les dignitaires et les princes.

Ramsès III emmena alors ses captifs au temple d'Amon qui, rapporte la légende, se montra satisfait et lui tendit sa harpé pour symboliser sa victoire.

« Ceux qui ont approché de ma frontière ont perdu la vie. Leurs cœurs et leur *ba* ont cessé d'exister pour le temps éternel et infini. Quant à ceux qui s'étaient rassemblés sur la Très-Verte, une flamme dévorante les arrêta devant les bouches du fleuve tandis qu'un mur de fer les encerclait sur le rivage ; ils furent frappés, détruits, abattus sur le bord du fleuve, massacrés, entassés en pyramides ; leurs navires et leurs biens sombrèrent dans l'eau. J'agis de sorte que tous les pays fassent retraite au souvenir du pays bien-aimé. Depuis que je siège sur le trône, je ne permets pas que des pays étrangers voient les frontières de l'Égypte. Alors je saisis leur pays, leurs frontières venant s'ajouter aux miennes. O Égypte ! Pousse des cris de joie jusqu'à la hauteur du ciel car je suis le régent du Nord et du Sud sur le trône d'Atoum. Je chasse l'affliction qui était dans vos cœurs et je fais que vous soyez assis confiants.

« Je vêts l'Égypte ; je la protège grâce à mon bras vaillant car mon cœur est empli de mon Dieu, le maître des dieux, Amon-Rê. Je sais que sa force est plus importante que celle des autres dieux et que la durée de la vie, le destin sont dans sa main. Aussi suis-je courageux et vaillant. Mes desseins réussissent ; rien n'a échoué de ce que j'ai entrepris ; mon action est bénéfique ; et je n'oublie pas son sanctuaire ; je désire fermement doubler ses offrandes lors des fêtes et ses nourritures.

Le bilan

Le dieu avait montré qu'il était à la hauteur de sa tâche.

« J'ai détruit les Danouna originaires des îles, ajouta Ramsès, les Sikala et les Poulasti ont été anéantis ainsi que les Shakalousha et les Ouashasha venant de la mer. Ils ont tous été anéantis, faits prisonniers et menés en Égypte nombreux comme les grains de sable sur la berge . »

Quelques prisonniers furent donnés par le roi aux divers temples égyptiens comme à celui de Memphis et d'Héliopolis. Une stèle de Qoûs datant de l'an 16 rappelle ce présent. Mais la plupart des captifs allèrent grossir les rangs de l'armée égyptienne et les bataillons des forteresses. « C'est par centaines de milliers que l'on compte parmi eux les jeunes gens aptes au combat », écrivit Ramsès III qui leur donna vêtements et nourriture provenant des trésors et des greniers. Ceux-ci semblent s'être installés à l'entrée du Fayoûm.

Ardents combattants, hommes zélés dévoués au pharaon, certains d'entre eux devinrent célèbres et firent une carrière honorable sous le règne de Ramsès III. D'autres quittaient l'armée pour servir le roi d'une tout autre manière. Pa-Iouka, un Lycien, devint ainsi échanson du roi et scribe du trésor.

Ramsès III avait su conserver le territoire acquis par ses ancêtres. Toutefois, les Peuples de la Mer s'établirent en Palestine. Les Poulasti occupèrent Gaza, Ascalon, Ashdod et Ekron. Les Sikala bâtirent une ville au nord de Tel-Aviv et régnèrent sur Dor, poursuivant leurs actes de piraterie. Les Shirdana aménagèrent un port à Acre pour leurs propres besoins. Il semble, en effet, qu'aucun de ces hommes ne travaillait alors pour l'Égypte. Ceux-ci auraient pu pourtant être installés dans des garnisons égyptiennes comme cela avait été le cas en Moyenne-Égypte. Mais il n'en fut apparemment rien. Les relations que ces habitants entretenaient avec l'Égypte étaient courtoises et de bonne intelligence.

Les Égyptiens contrôlaient alors en Palestine une région au sud de Gaza, Géser et Aphek. Un palais égyptien se trouvait à Tell el-Far'a (Sharouhen). L'Égypte tenait des points stratégiques à Tell Jemméh et à Tell Masos, probablement placées sur une route commerciale. Elle y touchait sans doute une dîme imposée aux caravanes qui passaient, bien que rien ne le confirme. Au nord de cette piste, une autre série de cités fortifiées, Tell Hési, Lakish, Beth-Shémesh représentent peut-être les différentes étapes d'une autre piste. Ces cités étaient également des centres administratifs que le roi fit restaurer et embellir suite aux destructions faites par les Peuples de la Mer.

Plus au Nord, vers le lac Tibériade, Ramsès III contrôlait aussi une partie de la vallée de Yezréel. Non loin du port d'Acre des Shirdana, il avait fait aménager un port à Tell Abou Hawam. Là se tenaient deux forteresses : Mégiddo et Beth-Shéan qui furent conquises par les Peuples de la Mer puis de nouveau administrées par Ramsès III. La preuve en est à Mégiddo un étui à calame votif avec une représentation du roi adorant Amon commémorant une visite d'inspection de l'envoyé du roi vers les pays étrangers. Beth-Shéan, l'autre cité fortifiée, était commandée par l'intendant et serre-file de troupe Ramsèsouserkhépesh. Elle permettait aux Égyptiens de surveiller la vallée du Jourdain.

Comme preuve de son existence, on a retrouvé les bases de la résidence de l'intendant et celles des maisons d'autres dignitaires ainsi qu'une statue de Ramsès III.

Beth-Shéan fut peut-être rebaptisée par le pharaon « Château de Ramsès Héqaiounou en Canâan ». Les Égyptiens y honoraient la déesse Anath et Amon. Aussi la ville devait-elle donner chaque année dix-neuf bêtes au temple d'Amon et les produits des récoltes qui étaient acheminés par une flotte spéciale en Égypte.

Les conquêtes syriennes

Si Ramsès III reprit les villes qui avaient été conquises par les Shassou et les Israélites, le pharaon poussa ses conquêtes plus au nord, jugeant sans doute dommage de ne pas exploiter davantage ses troupes rassemblées. Il s'avança en Syrie et attaqua plusieurs villes fortifiées, habitées par les Syriens et les Hittites [1]. L'une d'entre elles était gouvernée par le « vil chef d'Amourrou » ; une autre se trouvait à côté de « Tounip de Hatti » ; une autre encore serait Oullaza sur la côte d'Amourrou.

Comme à chaque campagne, le pharaon fit des prisonniers qu'il envoya au temple d'Amon de Karnak et de Ptah à Memphis, notamment des Syriens et des Shassou. A la triade thébaine fut offert un butin de vases représenté sur la façade du trésor de Médînet Habou. Ramsès III l'emporta en Amourrou et réalisa avec succès sa campagne à Byblos où il se procura des troncs de pins pour la fabrication des navires.

1. A l'exception de reliefs à Médînet Habou, rien ne prouve que cette campagne ait réellement existé, car aucun document n'en parle plus dans la suite du règne. Par ailleurs, Ramsès semble avoir repris des scènes déjà décrites dans de précédents combats.

La seconde campagne libyque

Ramsès III dut enchaîner campagne sur campagne. En l'an 11 de son règne, il lui fallut en effet combattre une nouvelle fois les Libyens qui étaient moins importants en nombre qu'en l'an 5 mais mieux préparés.

Quatre sources essentielles nous renseignent sur cette campagne : trois textes de Médînet Habou appelés « Grande Inscription », « Prologue » et « Poème de l'an 11 » ; deux séries de reliefs de Médînet Habou copiés sur des reliefs de Séti Ier à Karnak ; des reproductions de ces reliefs sur les parois des temples-reposoirs construits par Ramsès III à Karnak et dans l'enceinte de Mout ; un passage du papyrus Harris.

Cette seconde campagne libyque qui dura six mois commença la seconde moitié du quatrième mois de péret. Le 28 du premier mois d'akhet, un mois après le début de la campagne, Ramsès III dut mener une grande bataille. Il n'affronta pas les Libou comme en l'an 5 car ceux-ci avaient sans doute été décimés lors de la première campagne puisque douze mille d'entre eux étaient morts et que quatre mille avaient été faits prisonniers. Comme six mille d'entre eux étaient également tombés sous Merenptah, on peut penser que les Libou qui avaient été si redoutés par les Égyptiens n'existaient plus.

Ramsès III affronta, en revanche, les Mashouash en l'an 11. Des Libou survivants se contentèrent de se joindre à eux, oubliant un peu trop hâtivement la leçon que les Égyptiens leur avaient donnée. Mais les Mashouash eurent la présence d'esprit et la sagesse de tenir compte de l'action de l'Égypte. Ils avaient bien l'intention de s'installer en Égypte en mettant tous les atouts de leur côté. Leur décision de quitter définitivement leur pays pour s'installer dans un autre pays paraît inconstestable si l'on prend en compte le fait qu'ils partirent avec leurs femmes et leurs enfants.

Les Mashouash écoutèrent longuement les récits que leur firent les Libou avant de préparer un plan d'attaque. Leur chef, Mésher, fils de Kaper, médita sur la façon la plus efficace de battre les Égyptiens. Il entraîna les Libou avec lui et tenta tout d'abord de convaincre les peuples riverains des Syrtes, Asébétou, Qeyqéshou, Seytepou (Sentites, Libyens), Hésou (Ausées de Tunisie) et Béqénou (Bakales de Cyrénaïque), de s'engager dans le combat puis ils acquérirent un armement fiable auprès des Égéens : arcs, épées mycéniennes, chars de combat avec leurs attelages [1].

Sans doute vers la mi-avril, les Mashouash partirent-ils de Cyrénaïque avec des alliés. Ils parvinrent à éviter les postes égyptiens le long de la côte et envahirent le pays de Tjéhénou. Cette attaque fut soudaine et très violente. Les Mashouash laissèrent sur leur passage un pays anéanti. Cette victoire facile les encouragea mais c'était peut-être pour mieux masquer leur future défaite. Car, dès que les Tjéhénou furent annoncés en Égypte, le pharaon prépara son armée.

Les Libyens empruntèrent probablement la voie du Ouâdi el-Natroûn pour parvenir en Égypte. Il semble en effet que la bataille entre Libyens et Égyptiens ait eu lieu entre la « ville de Houtshây » et la « Ville de Ramsès Héqaiounou » sise sur la montagne d'Oupta. Environ quatre-vingts kilomètres séparaient les deux villes. Les Libyens seraient en ce cas arrivés par le poste de

1. Ces armes devaient être en grande quantité car les Égyptiens emportèrent six cents arcs, deux cent trente-neuf épées et quatre-vingt-douze chars.

Qâret el-Dahr, la « Ville de Houtshây » représentant la limite de la voie du Ouâdi el-Natroûn.

Dès que son armée fut prête, Ramsès III partit de Memphis avec son infanterie. Il avança le plus vite possible pendant que les Libyens marchaient eux aussi très rapidement. Dès que les Mashouash furent en vue, les Égyptiens chargèrent avec leurs chars de combat, le pharaon à leur tête. Les Égyptiens brandirent leurs arcs et lancèrent contre l'ennemi une multitude de flèches.

Les ennemis qui chutaient étaient aussitôt broyés par les roues des chars. On les reconnaît nettement sur les bas-reliefs avec leur robe longue et en dessous leur étui phallique.

Les Égyptiens causèrent dans le pays ennemi une véritable pagaille. Au centre, Mésher, le chef Libyen, qui avait revêtu une coiffure égyptienne avec une plume d'autruche, leva le bras pour arrêter le combat. Il portait une barbe identique à celle des pharaons égyptiens.

Le fils de Kaper se jeta sur le sol et s'étendit sous les pieds de Ramsès III ; ses fils, les gens de sa tribu, son armée étaient détruits et ses yeux avaient cessé de voir la forme du disque solaire. Ses guerriers avaient été emmenés, leurs femmes et leurs enfants captifs, les bras attachés sur la tête comme des prisonniers, leurs biens et leurs enfants pesant lourd sur leurs dos. Leurs troupeaux et leurs chevaux avaient été emportés vers l'Égypte. Tous ceux qui avaient échappé au pharaon fuyaient vers leurs villes car « Ramsès était une torche puissante crachant la flamme venue du ciel pour rechercher leur *ba* et arracher leurs racines qui étaient encore dans leurs pays ».

Jamais Ramsès n'abandonna le combat et dans sa rage il plaça son sabot sur la tête des Mashouash. Les rares survivants fuyaient en tous sens dans le désert. Pendant ce temps-là, les Égyptiens lançaient sur eux du haut des forts flèches et javelots.

les Libyens se réfugièrent dans les villes ou les marais du Delta. Aucune ville ne semblait suffisamment éloignée du lieu de la bataille pour qu'ils s'y sentissent à l'abri. Les propos qu'ils tinrent à leurs compatriotes quand ils rentrèrent chez eux ne firent qu'effrayer davantage les ennemis des Égyptiens. Devant Ramsès III, affirmèrent-ils, ils n'étaient que de « petits animaux dans l'antre d'un lion », des « volailles en présence d'un faucon », des « oiseaux pris dans des filets », « du gibier cerné dans un bosquet ». Tels de simples épis, ils avaient été fauchés par Ramsès III comme en pleine moisson, tels des « fétus de paille » ils avaient été jetés par les Égyptiens sur les dunes. Ils n'étaient plus que de simples poussins apeurés. Les Mashouash et les Timhiou se lamentèrent et s'affaissèrent ; ils se soulevèrent encore pourtant, poussant des gémissements jusqu'aux extrémités de la terre ; leurs yeux étaient sur les chemins, regardant derrière eux, tandis qu'ils couraient et s'enfuyaient. Mais la flamme les saisit, détruisant leurs noms sur la terre ; leurs pieds devinrent lourds sur le sol. Leur sang était comme un large flot tandis que leurs cadavres étaient écrasés à l'endroit même qu'ils voulaient franchir.

En Égypte, Ramsès III était satisfait de la bataille. Le père du chef des Mashouash, Kaper, se trouvait devant lui, implorant sa grâce. Il réclamait la paix et avait posé ses armes sur le sol. Ses soldats en firent autant. Il réclama aussi son fils.

Les Égyptiens s'emparèrent de lui. Il fut frappé, attaché, et eut « les bras liés dans le dos comme un oiseau » puis il fut « jeté à plat ventre sur le plancher du char sous les pieds du roi ».

Ramsès III descendit de son char pendant que ses soldats retenaient ses chevaux et ligotaient deux chefs libyens. Puis il remonta sur son char et lança ses chevaux au galop, tirant certains prisonniers par les cheveux tandis que son lion était couché à ses pieds.

Les vaincus firent de ces actes de cruauté un rapport pitoyable :

« Le piège s'est refermé sur nous tandis que nous étions en présence de Ramsès. Nos pas et nos chemins n'existaient plus tandis qu'il rejoignait son trône. Le dieu nous a saisis, telle une proie, semblables au petit bétail prisonnier à l'intérieur d'une trappe. Nous avons été transformés en butin devant lui mais il ne se retourna pas et ne vit même pas que nous l'implorions. »

Ramsès III tint absolument à célébrer sa victoire. Le soir même, il fit dresser une estrade sur le lieu où s'était déroulée la bataille. Il y monta entouré de son état-major et, selon la coutume, il passa en revue les prisonniers et le butin.

Des soldats apportèrent tout d'abord dans des paniers les mains et les phallus coupés des ennemis morts au combat. Ils les placèrent en tas devant les scribes qui les comptèrent. Ramsès III n'avait pas fait moins de deux mille cent soixante-quinze morts.

Ensuite avancèrent les prisonniers sous le fouet de leurs gardiens. Ils suppliaient les Égyptiens de les épargner. A leur tête, avançaient Mésher, leur chef, et son père Kaper. Ramsès III regarda le chef et dit à son fils, le prince héritier, de rapporter ses paroles.

« Regarde ! J'ai détruit ta réputation pour toujours ! De ta bouche ne sortira plus aucune menace envers l'Égypte. »

Alors, les soldats avancèrent en conduisant les chevaux pris aux ennemis. Sur une table, placée devant le roi, furent alignées les épées saisies à l'ennemi.

« Voyez les nombreux bienfaits qu'Amon-Rê a accomplis pour Pharaon, son fils, lança Ramsès III devant ses fils et ses vizirs. Il a mis sous mon joug le chef des Mashouash avec toute son armée, ses chars, ses biens et ses troupeaux ! »

Alors les peuples vaincus s'avancèrent vers le pharaon dont ils reconnurent la supériorité :

« Nous reconnaissons la grande puissance de l'Égypte, car Rê lui donne protection et victoire. Nous venons vers lui en lui disant : Salam nous lui rendons louanges et nous nous prosternons car sa force est grande. »

Les Amorrites vinrent en applaudissant afin de voir sur eux le Grand Soleil de l'Égypte.

« Tu es le roi, reconnurent les Peuples de la Mer, le soleil de l'Égypte ; ta puissance est plus grande que celle d'une montagne de cuivre ; ton prestige est semblable à celui de Seth. Donne-nous du souffle afin que nous le respirions car c'est la vie qui est dans ton poing pour le temps infini. »

Le bilan était lourd pour les Libyens car deux mille cinquante-deux prisonniers se trouvaient aux mains des Égyptiens. Mille deux cents étaient des soldats. Les autres prisonniers étaient des femmes et des enfants. Les Libyens avaient perdu leurs armes et quarante-deux mille sept cent vingt et un animaux dont mille trois cent neuf bovidés et cent quatre chevaux.

Heureux et soulagé, Ramsès III saisit officiellement ce butin. Pour ce faire, il procéda par écrit.

« Je vais ramener ceux que j'ai épargnés et qui sont

blessés comme prisonniers, liés tels des oiseaux à l'avant de mes chevaux. Leurs femmes et leurs enfants sont des dizaines de milliers. »

Dès qu'il atteignit la frontière, le roi fut reçu par des prêtres qui lui tendirent des bouquets. Devant son char étaient poussés deux rangs de prisonniers, fouettés et contraints à courir. Les officiels de la cour et Amon lui dirent :

« Notre cœur est heureux de pouvoir contempler tes victoires, ô maître du glaive, aimé de Rê. Bienvenue au pays, ta conquête achevée ! »

Et les prisonniers répondirent :

« Le souffle vient de toi, ô seigneur de l'Égypte, Soleil des Neuf Arcs ; ton père Amon nous a placés sous tes pieds. Ah ! Puissions-nous voir, respirer les brises et être les serviteurs de son temple ; tu es pour nous le maître durant le temps éternel ainsi que ton père Amon. »

Ramsès III les conduisit à Thèbes où il les offrit, comme le voulait la coutume, à son domaine. Mais il en conserva quelques-uns pour lui et pour en faire des soldats.

« J'ai établi leurs meilleurs soldats dans des forteresses qui portent mon nom. J'ai donné aux autres soldats de nombreux chefs de troupes de tribus après les avoir fait marquer au fer et les avoir transformés en esclaves. Leurs femmes et leurs enfants ont subi le même sort. J'ai emporté leur bétail au domaine d'Amon ; il a été organisé en troupeaux pour l'éternité. »

L'un de ces troupeaux fut appelé « Troupeau d'Ousermâatrê Méryimen qui bat les Mashouash » et fut équipé de neuf cent soixante et onze bergers choisis parmi les Libyens vaincus. Plusieurs troupeaux furent également composés avec du bétail pris aux Libyens et gardés par des prisonniers de guerre. Le domaine de Khonsou en reçut également.

Mais Ramsès III voulait plus. Il souhaitait que l'histoire se souvienne de ses exploits. Aussi organisa-t-il une fête-anniversaire qui, chaque année, le 28 du premier mois d'akhet, commémorerait sa victoire et sa gratitude envers le dieu Amon. Cette fête fut organisée à Médînet Habou.

« Ayant été tués dans leur propre sang et réduits à des tas de cadavres, ils ont ainsi cessé d'errer dangereusement sur les frontières de l'Égypte ! » déclara-t-il des Libyens.

Ramsès III pensait leur avoir infligé une leçon pour « des millions de générations ». Le discours qu'Amon prononça le combla :

« Bienvenu en paix. Tu as établi les frontières que tu désirais ; ce que tu avais prévu s'est réalisé aussitôt. Mes paroles sont efficaces et ma main est toujours avec toi pour repousser les Neuf Arcs. Je tue qui t'agresse et je te confère le prestige à l'encontre des pays étrangers. Les deux rives s'inclinent devant toi. Les aliments de la Phénicie et les nourritures du Pays bien-aimé sont réunis grâce à ta royauté. »

Et pour mieux laisser dans le souvenir la grandeur de ses exploits, Ramsès III fit sculpter sur les deux ailes du premier pylône de son temple funéraire de Médînet Habou deux chants impériaux :

« Tu es semblable à Horus qui domine le Double-Pays, O Soleil des Arcs ! J'exalte tes victoires. Je place ta crainte au cœur du pays des Haou-Nebout (pays de la mer Egée), la terreur que tu inspires grandissant dans leur corps ; Ta Majesté les a terrassés, tes mains étant réunies sur la tête de tes ennemis, car je t'ai placé au-dessus d'eux. Les coureurs des sables s'inclinent devant ton nom, car ton uræus s'empare d'eux. La massue blanche dans ta main droite, le sceptre dans ta main gauche, tu as repoussé les cœurs des rebelles. Les chefs viennent à toi porteurs de tributs : apportant des bons produits de leurs pays. Je te donne l'Égypte chargée de biens, les Arcs étant serviteurs de ton palais. Que viennent à toi le Sud accablé par la crainte que tu inspires, le Nord en hommage à ta gloire. Pour toi j'ouvre les pays de Pount, ceux de la myrrhe et de l'encens. Je te conduis, ma force est dans ton corps pour détruire les pays qui t'attaquent.

« Je te donne mon glaive comme un bouclier pour ma poitrine; je demeure la protection magique de ton corps dans tous les combats.

« Je fais qu'ils voient Ta Majesté comme un ciel voilé et gros d'une tempête lorsqu'elle arrache les arbres de leurs racines.

« Je fais qu'ils voient Ta Majesté comme la puissance d'Horus et de Seth tandis que les Arcs à cause de toi sont terrassés victimes de ton prestige.

« Je fais qu'ils voient Ta Majesté tel le faucon divin lorsqu'il fond sur les petits oiseaux, celui à cause de qui sont écrasés des centaines de mille.

« Je fais qu'ils voient Ta Majesté comme l'égal de ma force, mon glaive étant tien, victorieux dans la bataille tandis que la frayeur les abat, devant cette crainte que tu inspires car ta forme en leurs visages est semblable à celle du Soleil.

« Je fais qu'ils voient Ta Majesté chargée de victoires, tel Seth tuant le serpent ennemi à la proue de la Barque du Soir [1]. »

Il est entendu que le pharaon ne peut dès lors s'impo-

1. Texte du pylône sud.

ser en Égypte qu'en tant que conquérant. A lui de maintenir la puissance de son pays par la force et la violence.

« Les pays des Nubiens sont détruits sous tes pieds. Je fais que s'avancent vers toi les chefs des pays du Sud, leurs tributs et leurs enfants chargeant leur dos ainsi que tous les bons produits de leur pays. Tu les brises comme tu le désires ou tu abats celui que tu veux comme tu le souhaites.

« Je tourne mon visage vers le Nord, alors je fais merveille pour toi. Pour toi je frappe le désert, le plaçant sous tes sandales ; ainsi tu piétines des milliers de dizaines d'hommes pervers et tu terrasses les coureurs des sables grâce à ton bras vaillant. Je fais que viennent vers toi des pays étrangers qui jusqu'alors ignoraient l'Égypte, portant des sacs chargés d'or, d'argent, et de lapis-lazuli et de toutes sortes de pierres précieuses, parmi les plus belles, venant du pays de Dieu pour ton beau visage.

« Je tourne mon visage vers l'Est, alors je fais merveille pour toi. Je les lie tous et les rassemble dans ton poing. Pour toi, je réunis le pays de Pount dans son entier et ses tributs de résine et d'encens sacré, de plantes de toutes essences au doux parfum.

« Je tourne mon visage vers l'Ouest, alors je fais merveille pour toi. Pour toi, je détruis les terres des Tjéhénou, de sorte qu'ils viennent vers toi en humble attitude, te louant, et tombant sur leurs genoux dès qu'ils entendent ton cri de guerre.

« Je tourne mon visage vers le ciel, alors je fais merveille pour toi. Les dieux de l'horizon céleste amènent à l'existence à la pointe de l'aube, pour toi poussent des exclamations, et tu redeviens jeune et vigoureux comme la lune, lorsqu'elle apporte son témoignage de vie.

« Je tourne mon visage vers la terre, alors je fais merveille pour toi. J'annonce les victoires que tu remporteras sur les pays étrangers et les dieux qui résident au ciel sont dans l'exultation.

« L'Horus de Behedé étend pour toi ses ailes.

« Le Grand Circuit et le Grand Cercle sont sous ton autorité, ô fils de Rê, Ramsès régent d'Héliopolis.

« Je place ton glaive devant toi pour mieux abattre les Neuf Arcs et pour toi je jette toute terre sous tes sandales.

« Je sais qu'ils voient Ta Majesté semblable à la force du Noun [1] lorsqu'il brise et abat les villes derrière les flots de son eau.

« Je fais qu'ils voient Ta Majesté comme un crocodile furieux dont les pattes frappent les corps selon son désir.

« Je fais qu'ils voient Ta Majesté comme un lion en rage dont la griffe et la dent déchirent la poitrine du petit bétail.

« Je fais qu'ils voient Ta Majesté comme un taureau toujours jeune connaissant sa force lorsqu'il est sur le sable de l'arène [2]. »

Le royaume hittite n'existait plus, même si quelques îlots de populations hittites subsistaient çà et là. Les vagues d'invasion dorienne en Grèce et indo-européenne en Asie Mineure avaient modifié le vieux monde d'Orient. Les Philistins s'étaient installés sur les rives de la Méditerranée et avaient donné leur nom au pays qu'ils habitaient désormais : la Palestine. Autant de mouvements préludant à l'organisation d'un monde nouveau auxquels seul Ramsès III, combattant

1. Nom de l'Océan primordial.
2. Texte du pylône nord.

héroïque, résista par son courage et son intelligence. Une stèle de l'an 12 proclame son triomphe :

« Écoutez-moi, pays tout entier, jeune génération et hommes vénérables du Pays bien-aimé. Je suis le fils d'un vaillant, la semence de Dieu, un héros de grande puissance, le roi du Sud et du Nord. J'ai abattu les terres et les pays étrangers qui ont violé mes frontières, depuis que j'ai été établi en tant que roi sur le trône d'Atoum. Aucun pays qui soit rival ne demeure auprès de moi. Je suis ferme tel un taureau devant eux, aux cornes acérées. J'ai fait que fassent retraite les Asiatiques qui avaient foulé le sol de l'Égypte. Le souvenir de mon nom crée la terreur dans leur pays. J'ai abattu les Tekker, le pays des Philistins, les Dananéens, les Ouashasha, les Sikules. J'ai détruit le souffle des Mashouash. J'ai relevé le visage de l'Égypte qui était abaissé. »

Mais les Libyens étaient de redoutables récidivistes. Si leurs tentatives d'invasion furent désormais terminées, ils poursuivirent et multiplièrent leurs vols, leurs razzias dans la Vallée du Nil, parce qu'ils ne pouvaient guère faire autrement et ils troublèrent si souvent la quiétude des Égyptiens que ceux-ci finirent par avoir peur d'eux en permanence. Les Libyens étaient une menace constante pour l'Égypte.

Le roi prit donc des mesures en conséquence : il équipa des postes fortifiés pour surveiller les Tjéhénou et fit fortifier certains temples des villes de Moyenne-Égypte situées sur la rive du Nil comme Hermopolis. Abydos, Assioût ou This. Les inscriptions donnent la preuve de rapports de police racontant les attaques libyennes ou informant les ouvriers de Deir el-Médîneh d'une arrivée immédiate de l'ennemi sur les terres égyptiennes. D'après ces inscriptions, les attaques et les menaces se multiplièrent jusqu'à la fin de la dynastie.

Il est vrai que la situation de ces Libyens était particulièrement ambiguë car ils avaient été recrutés en grand nombre dans l'armée égyptienne dont ils constituaient un corps d'élite. Cette place de choix leur fit jouer un rôle dans la politique du pays.

Que se passa-t-il à la fin de la XXe dynastie ? Hérihor, un Libyen établi à Bubastis après les guerres de Ramsès III, devint un homme puissant en fondant une lignée de prêtres d'Amon. Ces grands prêtres subsistèrent pendant toute la XXIe dynastie. Sendès (1069-1043) fit de même en Basse-Égypte avec l'intention de prendre le pouvoir à la mort de Ramsès XI et de fonder une nouvelle dynastie. A la même époque, vivait à Hérakléopolis, à l'entrée du Fayoûm, le futur roi Shéshonq Ier qui fondera la XXIIe dynastie. Ce roi Shéshonq Ier n'était autre que le descendant d'un chef libyen Tjéhénou Bouyououaoua.

L'erreur de Ramsès III fut peut-être de réinsérer tous les prisonniers dans la société égyptienne, si bien que les chefs libyens qui affinèrent leur formation militaire dans les rangs égyptiens possédèrent bientôt un pouvoir énorme et tentèrent de devenir des chefs de principautés à l'intérieur même de l'Égypte. Selon certains historiens, les pharaons des XXIVe et XXVIe dynasties auraient aussi des ascendants libyens.

CINQUIÈME PARTIE

LES CONSÉQUENCES DES VICTOIRES ÉGYPTIENNES

1

RAMSÈS ET SON PEUPLE AU QUOTIDIEN

Les qualités de Ramsès III

Arrivé à ce point de la vie de Ramsès III, il est possible d'élaborer plus qu'une esquisse du pharaon.

Ramsès III s'était révélé un conquérant valeureux dans la bataille. C'était un homme politique lucide et malin. Les scribes en parlent comme d'un héros mythologique. S'ils écrivent sur commande, ils ne sont certainement pas éloignés de l'image que le peuple égyptien se faisait de leur pharaon qui était uni aux dieux par des liens privilégiés. Les descriptions de bataille gravées sur les murs de Médînet Habou relèvent de l'épopée homérique :

« Le roi valeureux, qui protège l'Égypte, Seigneur de la puissance, aux bras vaillants, à la poitrine large, qui a conscience de sa force. Son seul nom met les Arcs en déroute ; fière est son apparence, après avoir vu le massacre des pervers, tandis qu'il contemple, tranquille et satisfait, des dizaines de milliers d'ennemis abattus, joyeux, lorsqu'il entend les cris de la bataille, ne cessant d'assaillir les hommes forts qui tremblent à sa vue. Le monarque bienfaisant dont le dos est un appui, grandiose est son prestige dans les cœurs des Asiatiques, lui qui massacre les pays étrangers, défait leurs villes et fait que leurs bouches soient mortes. Il est une grande muraille autour du Pays bien-aimé, taureau puissant qui se saisit de tout ce qui l'assaille, prince courageux, sans pareil, dont les lois sont durables.

« Le Seigneur du Double-Pays, Ousermâatrê-Aimé d'Amon, le maître des apparitions en gloire, Ramsès-régent d'Héliopolis [1]. »

Hormis son courage, Ramsès III était doté de nombreuses qualités qui renforçaient l'image mythique dont il était auréolé. Il était beau comme « Rê à la pointe de l'aube ». La beauté de son visage était semblable à celle du soleil. Dans la bataille, il ressemblait à Seth, les bras levés. Il était beau sur son cheval « comme Montou lorsqu'il apparaissait tel le soleil de l'Égypte, le prestige, la frayeur et la crainte s'unissant à ses membres ».

Comme tout conquérant digne de ce nom, Ramsès III possédait un « cœur fermé ». Lorsque les dangers l'assaillaient de toutes parts, il savait demeurer maître de lui-même et s'appuyer sur son bras, « conscient de sa puissance », de sa force et de sa virilité.

Il était également lucide et possédait une connaissance du monde digne de sa fonction. Il se révélait *sepedher*, intelligent, et, de ce fait, efficace. Il était « fort et vaillant tandis qu'il rassemblait les pays et l'Égypte », son cœur étant délié « comme celui de Thot ». Il assurait leur avenir comme Ptah, ouvert aux lois béné-

1. A. K. Kitchen, *Ramesside inscriptions*, V, 78-79.

fiques, semblable à Rê quand il commença à organiser le pays en royauté.

Ramsès III était juste comme se devait de l'être un pharaon. Il était sage comme Thoth et raisonnable comme Shou « depuis l'enfance ». Semblable à Ramsès II, il était également vigilant et attentif au bien-être et à la prospérité de son pays, grâce aux conseils qui étaient dans son cœur. Sur le terrain, sa gloire resplendissait aux yeux de tous. Il l'emportait avec panache.

Ramsès III se présentait en roi protecteur de son pays et en berger rassemblant son troupeau auprès de lui. Il maintenait autour de son peuple un mur protecteur, le plus souvent en cuivre, matière dans laquelle étaient faites, d'après les Égyptiens, les étoiles et les portes du ciel. Ainsi que le précisent les textes de Médînet Habou, Ramsès III était « celui qui apaisait le cœur de l'Égypte, étant chargé de sa protection ; il portait le pays sur le haut de son dos, aussi n'entendait-on plus de lamentations ; il était la muraille qui projette l'ombre pour le peuple. Il était, pour l'homme lointain, semblable à l'haleine brûlante du disque solaire au-dessus du Double-Pays, mais il était une muraille qui donne de l'ombre au Pays bien-aimé, apportant la douceur à ceux qui sont assis sous ses deux bras puissants ».

Ramsès III était volontiers comparé à un bouclier. Lui-même déclarait qu'il entourait l'Égypte comme d'un vêtement. « L'Égypte étant dans l'angoisse, il n'y avait plus aucun homme qui fût son berger, le peuple étant dans le besoin à cause des Neuf Arcs. Alors je l'enveloppai et l'affermis grâce à ma force, car j'étais un vaillant ; j'apparus comme Rê en roi d'Égypte et je la protégeais. »

Le pharaon naissait guerrier et conquérant. Ramsès II affirmait même que c'était sa fonction. Le roi naissait pour faire la guerre et en sortir vainqueur. Il portait la couleur rouge du sang, propre à éloigner les forces du mal. Le pharaon devait défendre son peuple contre toutes les menaces.

Une statue de Ramsès III fut ainsi découverte à quatre kilomètres d'Almaza. Elle était debout bien qu'entourée de ruines. Son visage et ses membres avaient été mutilés. Sur le trône avait été sculpté un texte magique contre les serpents du désert de l'isthme de Suez. Cette statue avait donc pour rôle de protéger les voyageurs contre les reptiles.

Les Égyptiens avaient la possibilité de revêtir une forme animale après leur mort. Le privilège du pharaon était de pouvoir le faire de son vivant et particulièrement dans les combats. Le pharaon-conquérant prenait alors l'aspect d'un taureau, d'un lion ou d'une panthère lorsqu'il montrait sa force et son agressivité. Il pouvait aussi devenir faucon ou chacal, voire griffon, et entrer ainsi dans l'univers mythique. L'image du taureau ou du lion symbolisant le chef de guerre apparaissait déjà à l'époque préhistorique. Ramsès III était un « taureau debout sur l'arène ; son œil et ses cornes étaient toujours prêts pour heurter de la tête l'adversaire ». Le roi était rapide et cruel comme le faucon.

L'image du roi griffon apparut sous Ramsès II et se développa sous Ramsès III. Sans doute était-ce là un héritage des Peuples de la Mer. La voix de Ramsès III avait coutume de « s'enfler, dit le papyrus Harris, comme celle d'un griffon ». Le pharaon était un lion « aux cris lourds sur le sommet des monts... le griffon à la vaste enjambée pourvu d'ailes, la panthère qui connaît sa proie et se saisit de son adversaire ». Son cœur était dangereux ; « sa force était celle d'un lion en embuscade qui est toujours prêt à attaquer le petit bétail ; il était équipé comme un vaillant taureau ; ses bras tranchants étaient deux cornes capables de fendre les monts dans le dos de qui l'attaquait ».

Autant de comparaisons propres à éveiller la féerie et la crainte des adversaires rivalisant avec un héros mythique.

Quand Ramsès III combat en l'an 5, il est déjà un adolescent comparable à un griffon. Ses soldats en criant sont comme des taureaux prêts au combat. Ses chevaux sont comme des faucons, voyant de petits oiseaux, qui rugissent comme un lion en colère.

Mais Ramsès III pouvait aussi représenter un astre rapide comme une étoile filante, une divine étoile scintillante et sauvage. Il était tantôt la lumière brillant sur l'Égypte, tantôt le vent redonnant du souffle au peuple.

Ramsès III était fils de plusieurs dieux, notamment de Rê et d'Amon. Le visage de Ramsès III était parfait lorsqu'il « portait les deux plumes comme Tatenen, l'amour qu'il inspirait et sa forme étant ceux de la Majesté de Rê lorsqu'il étincelait à la pointe de l'aube ; il était beau, assis sur le trône d'Atoum, après avoir saisi les parures d'Horus et de Seth. Nekhbet et Ouadjit, le serpent du sud et du nord, avaient élu résidence sur sa tête ; il était conscient de sa force comme le fils de Nout. Ainsi son prestige était-il dans les cœurs des Neuf Arcs ».

Conquérant, Ramsès III était même habité du dieu. « J'ai fait que mon cœur soit empli de mon dieu, le Seigneur des dieux, Amon-Rê, le vaillant, maître de la puissance. » Quand il combattait contre les Libyens, le pharaon était « empli de son père, le roi des dieux ».

Dans les textes et les fresques retraçant les victoires de Ramsès III, le bras, le visage divin, la bouche, l'odeur du roi, comparable à celle des dieux, sont autant d'armes contre l'ennemi.

« Ramsès III possédait en plus un arc aux flèches destructrices. Tel Achille rugissant dans la mêlée en paralysant ses adversaires d'effroi, il utilisait son prestige comme une arme morale. Ainsi la crainte qu'il inspirait avait-elle atteint les peuples du commencement de la terre (l'Euphrate) après avoir brisé les cœurs des gens de Khen-Nefer (= Koush) et transpercé les contrées des Phéniciens puis pénétré à Pount. Alors, Ramsès devenait feu ou eau pour abattre l'adversaire ; se mêlant aux cœurs des ennemis, il brûlait leurs os à l'intérieur de leurs corps. Ses soldats avançaient, remplis de sa propre force. Convaincu d'un tel avantage, il lui était impossible d'être vaincu. »

Tous les récits de bataille montrent en effet le pharaon sous les traits d'un conquérant héroïque écrasant ses ennemis d'une manière telle qu'il ne peut qu'en tirer une gloire éternelle. Ramsès III apparaît comme un héros quasi divin renversant tout par sa seule présence. Il marche en tête, comme tous les conquérants, entraînant ses hommes vers une victoire incontestable.

« Quand il se lança contre les Libyens, Ramsès III sortit contre eux tel un lion ; il les frappa en en faisant des gerbes ; il les poursuivit comme le faucon divin lorsqu'il a vu des petits oiseaux sur leurs nids... Aucune de ses flèches ne manqua son but tandis que son cœur hurlait, tel le taureau sur les moutons ou comme Seth lorsqu'il était en colère. Ses deux bras lacérèrent la poitrine de qui avait violé sa frontière ; il se déchaîna, étendant le bras droit, pénétrant en détruisant, massacrant des dizaines de mille sous le poitrail de ses chevaux ; il considérait la masse abondante des ennemis comme autant de sauterelles, frappant, se hâtant, œuvrant comme s'il s'agissait de blé. Car il était un héros aux cornes puissantes qui a confiance en sa puissance, devant qui ne comptent pas des millions et des dizaines de mille, car il avait l'apparence de Montou et, à cause de lui, chaque pays avait peur. »

Il en était de même en l'an 11 où les dieux frayaient un passage au pharaon en pleine bataille.

« Dieu les avait amenés (tous les pays alliés contre l'Égypte) pour que le lion puissant et courageux les détruisît car le pharaon est le seul Seigneur. Sa griffe est semblable à des serres, si bien qu'il les enleva alors qu'ils avançaient en tremblant. Ils moururent sous ses bras comme des souris [1]. »

Quand Ramsès III s'avança vers l'Ouest, Amon lui dit qu'il aplanissait pour lui les chemins du pays des Timhiou et qu'il les foulait devant ses chevaux. Sa main était le bouclier de sa poitrine. Montou le protégeait également sur sa droite et sur sa gauche, ouvrant devant lui la route et brisant les chemins. Les dieux entouraient le conquérant et ses soldats d'une protection invincible. Ensemble, dieux et héros contribuaient à sauvegarder l'Égypte et à agrandir son territoire. L'Égypte n'était-elle pas « la fille de Rê » ?

Porté par la divinité, Ramsès III éprouvait une joie sans mélange à combattre. Il entrait dans la mêlée en massacrant, le cœur joyeux, car il considérait ses millions d'ennemis comme des gouttes d'eau.

Bien qu'il fût par définition et par sa naissance un conquérant, Ramsès III n'en appréciait pas moins la paix, planche lisse dans la fraîcheur, le repos et le plaisir, et il était attentif au bonheur de son peuple.

« Hommage à vous, dieux et déesses...

« Je suis votre fils qu'ont produit vos deux bras. Vous m'avez fait paraître comme souverain, Vie, Santé,

1. A. K. Kitchen, *Ramesside inscriptions*, V, 60.

Force de toute terre. Vous avez fait pour moi la perfection sur terre. Je remplis ma fonction en paix. Je dote vos sanctuaires par grands décrets en hommes, terrains, bestiaux, bateaux. J'ai rendu la prospérité à vos sanctuaires qui auparavant étaient en décadence. J'ai institué pour vous des offrandes divines en plus de celles qui existaient... J'ai contrôlé vos trésors... Je les ai complétés. J'ai rempli vos greniers de tas d'orges et d'amidonniers. Je vous ai bâti des châteaux et des villes. Vos noms y sont gravés pour l'éternité. J'ai garni vos équipes, les complétant par un grand nombre d'hommes. Je n'ai pas emmené les hommes ni les dizainiers qui se trouvaient dans les sanctuaires... J'ai fait des décrets pour les établir sur terre à l'usage des rois qui me succéderont... Je vous ai fait des vases émaillés en or, en argent et en cuivre par millions. J'ai construit vos barques qui sont sur le fleuve avec leur grande demeure revêtue d'or. »

Ramsès III conquit également la pérennité grâce aux monuments qu'il fit construire et à son temple funéraire, « château de millions d'années assurant la survie de sa mémoire ».

Comme tous les pharaons conquérants, Ramsès III prenait un soin extrême à la préparation de sa vie dans l'au-delà. Depuis Thoutmosis Ier, les tombes royales étaient creusées dans la falaise dominant Thèbes où se trouvaient de nombreuses vallées, la plus célèbre étant la Vallée des Rois abritant les corps de cinquante-huit rois. Les tombes étaient logées à cent mètres de profondeur. Trois corridors, liés l'un à l'autre, s'enfonçaient jusqu'au caveau. Des niches recevaient le matériel funéraire. Un puits était parfois creusé dans le corridor pour empêcher les futurs pilleurs d'aller plus loin et pour recueillir les eaux suintantes. Une antichambre menait à la salle principale. Le sarcophage était placé dans une cavité creusée dans le sol. Corridors et salles étaient décorés de bas-reliefs et d'inscriptions, guidant le chemin vers l'au-delà. Ramsès III croyait en cette vie infinie qu'il bâtit de son vivant.

Ramsès III était pieux. Il avait conservé les hymnes de ses prédécesseurs et faisait chanter régulièrement les louanges du Nil :

« Que vive le dieu parfait aimé du Nouou, Hapy, père des dieux et de l'Ennéade qui est dans les flots, aliment, nourriture et approvisionnement de l'Égypte, qui permet à chacun de vivre, grâce à son *ka*...

« Tu es l'Unique qui s'est créé lui-même ; on ne saurait connaître tout ce qui est en toi ; le jour où tu jaillis de ta caverne, chacun se réjouit.

« Tu es le Seigneur des poissons, riche aussi en grains. Les dieux de l'Ennéade exultent lorsqu'ils te voient revenir car sans cesse tu les fais renaître.

« Tu cherches les moyens de faire vivre les hommes, tel Rê.

« Sa Majesté à son tour cherchait à accomplir d'utiles et d'agréables choses pour le père de tous les dieux... Son cœur raisonnable comme celui de Thot réfléchissait aux biens qu'il aimerait... Il n'y avait aucun roi qui ait agi ainsi avant lui dans ce pays... »

Le pharaon vénérait Amon :

« Caché était ton nom... et l'on ne connaissait pas ta forme avant que, pour la première fois, tu n'émerges, radieux, du Nouou ; tes rayons brillaient et tu as illuminé tout ce que tu avais créé et qui, jusque-là, était dans les ténèbres ; ta peau était lumière, ta chaleur engendrait la vie, et toutes sortes de pierres précieuses sacrées étaient mêlées à ton corps ; tes membres étaient le souffle pour chaque narine ; grâce à toi, on respirait pour vivre ; tu avais le goût du Nil, et tu étais oint de lumineuse douceur. »

Comme Ramsès II ou Séti II, Ramsès III fera graver dans sa sépulture des extraits de la *Litanie de Rê* aux soixante-quinze noms afin que le dieu favorise son parcours dans l'au-delà.

Ramsès III appréciait sans doute comme Ramsès II, son modèle, l'art des poètes et des sculpteurs. Ses préoccupations étaient cependant plus impératives.

Ramsès III au quotidien

Une cérémonie accompagnait le lever et la toilette du roi. Le pharaon se faisait sans doute arranger avec le plus grand soin comme tous les personnages de la cour. Les scribes s'accroupissaient pour enregistrer ses désirs et déployaient devant eux une feuille de papyrus mentionnant les travaux à effectuer. Les pédicures et les manucures entouraient le roi. Le coiffeur tondait sa barbe et ses cheveux avec une lame courbée, à crochet, choisissant ses rasoirs dans des étuis de cuir rangés dans de magnifiques coffrets en ébène où s'alignaient les instruments de manœuvre.

Des droguistes apportaient des onguents et des essences dans des vases de cristal ou d'albâtre et, dans de petits sachets, de la poudre verte (malachite) et noire (galène) pour faire les yeux.

Pour avoir une peau toujours parfumée, le roi l'enduisait d'un onguent à base de térébenthine et d'encens mélangé à des graines (qui nous sont inconnues) et à un parfum. La peau du pharaon devait être impeccable ; on l'enduisait donc volontiers de produits pour l'embellir, la renouveler, la raffermir ou pour ôter au visage toute tache ou bouton disgracieux. Poudre d'albâtre, de natron, sel du Nord mélangé avec du miel, recettes à base de lait d'ânesse et de gousses de fenu grec rares et fort coûteuses, étaient le plus souvent utilisés. La chevelure avait autant d'importance que les sourcils dont il était inconcevable qu'ils fussent gris. On les teignait si nécessaire et on luttait contre la chute des cheveux avec de l'huile de ricin.

Le vêtement du roi était plus somptueux que celui des princes et des chefs. Le pharaon ne paraissait jamais tête nue en public. Il portait une coiffure et ses cheveux étaient coupés très court. Sa perruque la plus simple était décorée d'un diadème qui s'attachait derrière la tête et dont les retombées étaient libres dans la nuque. Un uræus d'or décorait son front. La couronne du Sud, du Nord et la double couronne étaient des coiffures de cérémonie. La couronne du Sud consistait en un haut bonnet, la couronne du Nord en un mortier prolongé par une tige, la double couronne en un mélange des deux. Au combat, le roi portait un casque bleu orné d'un uræus et de banderoles sur la nuque.

Le *nems* était fait d'une étoffe blanche rayée de rouge. Sur le *nems* était parfois placés deux plumes ou un *atef* composé du bonnet de la Haute-Égypte orné de deux plumes, posé sur deux cornes de bélier entre lesquelles brillait un disque d'or. Ces coiffures contraignaient le roi à une presque complète immobilité. Le roi portait une barbe postiche réunie par deux supports à la coiffure. Dans la vie de tous les jours, le pharaon préférait se faire raser la barbe ou porter une barbe courte taillée au carré.

Le pagne royal était plissé. Il était soutenu par une

large ceinture ornée d'une boucle de métal où le cartouche de Ramsès III était gravé. Le pharaon attachait derrière une queue de taureau. Un devanteau en forme de trapèze était parfois attaché à sa ceinture.

Le roi aimait marcher pieds nus bien qu'il disposât d'un choix de sandales extraordinaire. Il appréciait les bijoux : colliers, pectoral en forme de temple, bracelets sur lesquels il plaçait une robe longue et transparente nouée par une ceinture.

Selon Diodore, les pharaons avaient une vie extrêmement réglée : réveil assez matinal, lecture du courrier, bain, habillage, sacrifice suivis d'une séance de prières dites par le grand prêtre, audiences, jugements puis loisirs.

Comme tous les pharaons, Ramsès III se faisait sans doute lire les dépêches pour être au courant des événements mondiaux. Il accomplissait consciencieusement son travail et dictait les réponses au courrier ou convoquait le conseil. Il nommait aussi les hauts fonctionnaires et les grands dignitaires, notamment le grand prêtre d'Amon dont l'importance était considérable. Le pharaon était celui qui savait donner. Il récompensait qui le servait. Il protégeait ses partisans.

Ramsès III faisait des séances de récompenses. Ceux qui étaient distingués venaient alors au palais dans leurs plus beaux habits, acclamés par leurs voisins. Quand ils étaient tous arrivés, le roi s'installait au balcon d'apparition. Les impétrants se plaçaient à tour de rôle au pied du balcon. Ils saluaient le roi avec les bras et prononçaient son éloge. Le roi faisait à son tour l'éloge du serviteur décoré. Il vantait son adresse, son dévouement, lui donnait parfois de l'avancement :

« Tu es mon grand serviteur qui as écouté mes instructions et dont je suis satisfait. Je te donne cette fonction. Tu mangeras le pain du pharaon, ton maître dans le temple d'Aton. »

Puis des officiers attrapaient les colliers et les coupes en or qu'il lançait. Ces bijoux étaient offerts aux impétrants à qui on donnait aussi des aliments. Le décoré sortait réjoui et rentrait chez lui sous les acclamations de la foule. Ses parents et sa femme dansaient pour l'accueillir.

Quand le personnage récompensé était un haut dignitaire ou quand le public venu l'acclamer était trop nombreux, les remises de récompenses avaient lieu en plein air, dans une cour aménagée. Le roi montait sur une estrade par un escalier orné de sphinx et s'asseyait sur un magnifique fauteuil. L'impétrant levait le bras tandis qu'on l'honorait de colliers.

Ramsès III était particulièrement attentif à la réception des ambassadeurs étrangers. Une cérémonie fastueuse les accueillait. Il était fréquent que le roi reçût des Nubiens, des gens de Pount, des Libyens et des Syriens.

Un kiosque était alors dressé au milieu d'une cour. La garde et les scribes entouraient le kiosque. Les délégués, abrités par des porte-parasol se rangeaient sur les côtés, derrière les présents qu'ils avaient apportés. Les scribes les enregistraient aussitôt puis ils les faisaient porter au magasin du temple le plus proche. Le pharaon leur donnait en échange le souffle de vie et des présents égyptiens.

Ramsès III avait été préparé, dès l'enfance, à faire la guerre en habituant son corps à des exercices et à l'endurance. Comme tous les autres pharaons, ces exercices en avaient fait un athlète complet, bon cavalier, habile tireur à l'arc, rapide coureur. Le pharaon aimait tellement ses chevaux qu'il les soignait lui-même. Il arrivait à la grande écurie du palais en habit, sa canne et sa cravache à la main, encadré par ses porte-parasol et son porte-éventail, suivi de ses officiers d'ordonnance. Au signal du roi, les gardes d'écurie se précipitaient à leur poste. Ramsès III examinait alors chaque cheval l'un après l'autre.

Le roi appréciait la chasse aux antilopes et aux bêtes sauvages. Il chassait le lion et le taureau avec des javelots, des glaives et des boucliers, montait sur un char comme s'il partait pour la guerre.

Ramsès III appréciait aussi la compagnie des femmes. Il lui arrivait de jouer aux dames avec des danseuses nues lui apportant fleurs et boissons. Parfois sa compagnie était plus savante. Il s'entourait d'artistes ou d'amis de chasse.

Ramsès III avait le sentiment de bien remplir sa mission. C'était sans doute pour cette raison et parce qu'il voulait être considéré par le peuple égyptien comme son successeur naturel que son fils rédigea son testament en des termes axés sur la paix et la prospérité revenues.

« J'ai fait vivre la terre entière avec ses habitants. J'ai arraché l'homme à sa misère. Je lui ai donné de l'air. Je l'ai protégé contre ceux qui l'opprimaient. La terre a été rassasiée pendant mon règne. J'ai fait du bien aux dieux comme aux hommes. Je ne me suis rien approprié de ce qui était à tout le monde.

« J'ai fini mon règne sur terre comme souverain des deux terres [1]. »

Le bien-être de son peuple était primordial.

Dans la résidence de Ramsès II, il avait créé

1. Papyrus Harris.

d'immenses jardins, aménagé des promenades, planté des vignes et des oliviers, bordé les routes de fleurs. « J'ai fait fructifier la terre entière avec les arbres et les plantes, disait-il. J'ai fait que les humains puissent s'asseoir sous leur ombre. » A On, le roi avait fait nettoyer les lacs sacrés du temple « enlevant tous les déchets qui s'étaient amoncelés depuis que la terre existe ». Il avait créé des vergers, une oliveraie qui produisait la « première huile d'Égypte pour faire monter la flamme dans le palais sacré ». Il avait fait prospérer le bois sacré de l'enceinte du temple d'Horus tombé à l'abandon et avait fait verdir les papyrus. « Je l'ai pourvu de jardiniers pour le faire prospérer en vue de produire des libations et des offrandes de liqueurs. » On avait planté sur d'immenses étendues de la vigne qui fournissait au temple du vin avec autant d'abondance que si c'était de l'eau. « J'ai rempli les temples d'esclaves. Leurs trésors regorgeaient de produits de tous les pays ; les greniers montaient jusqu'au ciel ; les troupeaux étaient plus nombreux que des grains de sable ; il y avait des étables pour les sacrifices quotidiens, des maisons où on engraissait les oies, des poulaillers, des jardins, des vignes, des fruits, des légumes et des fleurs de toutes sortes. »

Chaque édifice dédié à Rê était pourvu de portes de granit, de montants en or, d'autels en argent martelé et serti dans l'or, de vases avec leurs supports incrustés d'or et d'argent, de statues d'or ornées de bijoux, de barques en or pour les processions et de sanctuaires couverts d'or. Le roi avait fait dessiner des parcs majestueux pleins de jardins de fleurs et de lieux pour se promener, de palmeraies, d'avenues sacrées bordées d'arbres fruitiers et de fleurs éclatantes provenant de tous pays. Il avait fait planter des oliveraies, des vignobles et de vastes étendues de jardins entourés de murs avec de grands arbres tout le long de leurs nombreux sentiers. « J'ai fait, ajoutait-il, que mes troupes vivent dans leurs domiciles privés et que les mercenaires soient dans les garnisons, prenant leurs aises car ils n'ont rien à craindre. Leurs armes étaient reléguées dans les dépôts tandis qu'eux-mêmes vivaient dans le bonheur et la joie au milieu de leurs femmes et de leurs enfants. J'ai entretenu la vie du pays tout entier. J'ai tiré des hommes de leur infortune et leur ai donné le souffle de vie. J'ai délivré ceux qu'opprimaient des gens plus puissants qu'eux ; j'ai assuré à chacun les droits dont il jouissait dans sa ville ; j'ai soutenu ceux qui demandaient justice aux tribunaux ; j'ai rééquipé les pays qui étaient tombés dans la misère ; j'ai bien agi envers les dieux comme envers les hommes et je ne me suis rien approprié de ce qui appartenait aux autres. »

Ramsès III aimait vivre dans son palais qu'il appelait « sa maison de joie » [1]. Les bas-reliefs louaient le roi et le représentaient en plein combat, dans ses écuries ou avec sa cour quand il assistait aux exercices de ses soldats. Au centre de la façade était placé le « balcon des apparitions » d'où Ramsès III distribuait les récompenses. Celui-ci était magnifiquement orné et précédé de quatre colonnes papyriformes supportant une corniche de trois étages. Le balcon communiquait avec les appartements du roi : la salle du trône, la chambre, la salle de bains au centre, séparés des appartements de la reine par un vestibule. De longs couloirs permettaient une parfaite surveillance car Ramsès III était méfiant. La salle du trône était sobrement décorée. Le roi y

1. Les vestiges ont été étudiés par l'Institut oriental de l'Université de Chicago.

apparaissait en sphinx devant ses ennemis ligotés, Libyens tatoués, Syriens aux médaillons pendant à leurs cous, Noirs une boucle à l'oreille.

Le mobilier consistait surtout en sièges de toutes sortes. Les dossiers et les accoudoirs étaient décorés de sujets variés et gravés dans le bois, traités en cuir ou en métal repoussé, en or, argent, cuivre et pierres précieuses incrustées. Des êtres bizarres que les rois faisaient venir du Pount dansaient et jouaient du tambourin. Partout des têtes de faucon ou de lion. Entre les pieds, les plantes, symboles du Sud et du Nord, se nouaient autour d'un hiéroglyphe signifiant « l'union ». Sur certaines représentations, le roi en lion déchirait un Asiatique de ses griffes.

Ramsès III n'utilisait que de la vaisselle en or et en argent : sortes de théières pour les infusions, pots à lait, gobelets, cratères, coupes à godrons... Il ne partait jamais en campagne sans son gobelet à anse d'or contenant environ trois litres et sa carafe.

Le roi appréciait aussi les pièces en métal et pierres précieuses en provenance de la Syrie, de la Nubie ou des îles. Bien qu'il en gardât pour lui, il offrait la majorité de ces pièces aux temples : meubles ornés de forêts de palmiers, de singes, de statues en ébène et en or, coffres décorés de gazelles, de chèvres ou de sphinx.

Le lit royal devait avoir des pieds sculptés en forme de lion ou de taureau. La chambre du roi contenait aussi des armoires en bois où étaient rangés le linge et les habits. De nombreux coffrets en obsidienne et en ivoire étaient remplis d'objets de toilette, perruques, onguents, peignes, épingles à cheveux, miroirs. Dans les pièces réservées à la famille royale étaient disposés des coffres à jouets et des instruments de musique.

Le bureau du roi était meublé d'armoires protégeant

les manuscrits, les rouleaux de papyrus et de parchemin, et le matériel du scribe. Chaque papyrus était soigneusement cacheté après avoir été utilisé et roulé. Ces rouleaux étaient placés dans des paquets eux-mêmes rangés dans des serviettes de cuir classées dans les armoires. Les sacs que les scribes emportaient avec eux à l'extérieur, fermés à l'aide d'une fermeture à glissière et munis d'une courroie à suspension, se trouvaient également là.

2

LA VIE DES ÉGYPTIENS SOUS RAMSÈS III

L'Égyptien au quotidien

L'Égyptien se levait tôt. Il procédait à sa toilette assis sur un fauteuil. Ses serviteurs lui apportaient un broc, une cuvette, un éventail et un chasse-mouches. Des scribes accroupis lui lisaient le courrier et notaient ses ordres. D'autres serviteurs circulaient sans cesse dans les escaliers ou les couloirs en portant des ballots sur la tête et des jarres pleines d'eau, une planche posée sur leur épaule.

Même les plus modestes Égyptiens faisaient en sorte d'avoir des habitations confortables et ombragées à l'abri des insectes, des rats et des serpents. Aussi badigeonnaient-ils leurs murs au nitron, suspendaient-ils des oignons et répandaient-ils de la graisse de loriot, du frai ou de la graisse de chat pour faire fuir les animaux nuisibles. Rien de tel que des excréments de gazelle brûlés pour chasser les rats !

Afin de parfumer les pièces à vêtements, l'Égyptien

brûlait un mélange d'encens, de résine et de térébinthe.

L'idéal de l'Égyptien était en effet centré sur sa famille et sa maison. « Si vous souhaitez être un homme apprécié, mariez-vous et engendrez un fils », déclarait le sage Hardjedef quatre siècles plus tôt.

Les notables de Memphis, de Thèbes ou de Pi-Ramsès tentaient d'obtenir une habitation proche du palais ou des ministères où ils aimaient recevoir dans de belles tuniques plissées en toile de lin. Les domestiques sortaient alors les « services » en albâtre ou en faïence bleue et les récipients de verre coloré.

La maison urbaine ne possédait pas de jardin mais elle était plus élevée que la villa. Elle avait un toit plat qui pouvait servir de terrasse. Lors des fêtes, les Égyptiens organisaient entre amis de grands banquets et la bière coulait à flots. Les hôtes s'asseyaient sur des tabourets garnis de coussins ou de matelas en paille. De l'onguent fondait des chevelures des dames et exhalait dans toute la pièce. Des flûtistes accompagnaient des danseuses ou des chanteurs. Des nattes étaient étendues sur le sol.

Les Égyptiens mangeaient seuls ou par deux sur de petits guéridons. Ceux qui ne pouvaient s'offrir un service de luxe, possédaient une vaisselle de poterie fine décorée d'éléments géométriques ou floraux. Certains invités étaient assis sur des caisses carrées pourvues d'un minuscule dossier grand comme une carte à jouer ou sur des fauteuils ajourés dont le siège reposait sur quatre pieds de lion.

Les bienfaits du Nil

L'année représentait pour l'Égyptien le temps nécessaire pour produire une récolte qui dépendait toujours de l'inondation du Nil. Le désert menaçait en juin tout le pays. Alors la crainte s'emparait des hommes. Avaient-ils bien ensemencé ? N'avaient-ils pas vexé le dieu Hâpi ? Ramsès III était très généreux à son égard. A On et Memphis, il avait renouvelé d'impressionnantes quantités de victuailles. Les Égyptiens fabriquaient alors de petits Hâpi en pierres précieuses ainsi que des statuettes de Repyt, son épouse.

Pendant quatre mois le Nil transformait la vallée en succession d'îles. Cette période formait la première saison de l'année, *akhet*, l'inondation. Pour remercier le fleuve, le peuple jetait dans un lac du temple de Râ-Harakhté à Om les livres du Nil. Puis les paysans labouraient. C'étaient les semailles (saison de *péret*) avant la saison des récoltes (*chemou*).

Au moment où le Nil gonflait, apparaissait, avant le coucher du soleil, l'étoile (Sôpdit). Cette apparition représentait le premier jour de l'année. Pour plus de commodité, ces trois saisons furent partagées en douze mois de trente jours. Cinq jours supplémentaires furent ajoutés à la fin du quatrième mois de *chemou* pour arriver au nombre trois cent soixante-cinq.

La première saison de l'année était égayée par de nombreuses fêtes et surtout par la fête d'Opet qui durait un mois, un mois de vacances pour les Égyptiens.

Les occupations des Égyptiens

Les Égyptiens avaient divisé le jour et la nuit en vingt-quatre heures auxquelles ils donnaient des noms. La première heure de la nuit s'appelait ainsi « la défaite des ennemis de Râ » et la première heure du jour « la brillante ». Si ces noms étaient connus des prêtres et des savants, les ignorants devaient désigner les heures par des numéros.

La nuit, les époux faisaient chambre à part quand la place ne manquait pas et chaque songe était interprété avec joie ou avec déplaisir. Pour effacer les mauvais rêves, on prenait des bains avec de l'herbe que l'on humectait avec de la bière. On ajoutait de l'encens et on se badigeonnait le visage avec ce mélange.

Les Égyptiens consacraient beaucoup de temps à leur famille. Ils aimaient les enfants et se hâtaient, lorsqu'ils naissaient, de leur donner un prénom, les Égyptiens ne portant pas de nom de famille. Les plus aisés avaient des domestiques de condition libre accompagnant leurs maîtres et des esclaves d'origine étrangère que le maître pouvait vendre ou louer.

Les Égyptiens possédaient des animaux domestiques, lévriers, ketkets (chien de petite race), singes, chats ou oies du Nil. Ils prenaient garde à les laver et à les entretenir. Eux-mêmes apportaient une grande attention à leur toilette. Ils s'épilaient, se frictionnaient avec de l'encens, se lavaient plusieurs fois par jour avant et après les principaux repas, ajoutaient à l'eau des cuvettes du natron et du sable. L'eau du rince-bouche était même aseptisée avec un sel appelé *bed*. Une fois parfumés et lavés, les Égyptiens pouvaient se parer de bracelets, de bagues, et attacher sur leur nuque un gorgerin à six rangs de perles ou mettre un pendentif de jade ou de cornaline suspendu à un long cordon. Leur tenue d'apparat était complétée par une grande perruque frisée.

Les festins étaient l'occasion de se régaler de viande, de lait (un véritable plaisir), de poissons séchés au soleil et crus, de cailles ou de canards. Ces banquets suivaient parfois une chasse dans le désert, une promenade ou une partie de pêche dans les marais. Les veillées se terminaient souvent autour d'un jeu de dames aux sons des luths, des harpes, des cithares ou des tambourins. Mais l'Égyptien se couchait rarement tard car il était sur pied dès l'aurore.

Les scribes étaient si fiers de leur métier que toutes les autres professions leur semblaient méprisables. Toutefois, les agriculteurs exerçaient, à leur avis, la pire des professions. Ils étaient battus et exploités par leurs maîtres et par les agents du fisc, volés par les ennemis. Ceux qui possédaient un vignoble n'étaient pourtant pas à plaindre car les Égyptiens appréciaient beaucoup le vin du Marais d'Imit, de Sin ou d'Abech. Quant à Ramsès III, il avait fait aménager des vergers à vin dans les oasis du Sud et du Nord, et dans la partie méridionale du pays. Il les avait multipliés dans le Delta par centaines de mille et les avait pourvus de jardiniers. Un scribe comptait les récipients au fur et à mesure qu'ils étaient apportés, pleins de raisin, et ils inscrivaient sur les jarres les indications utiles : année de la récolte, cru, nom des vignerons. Tout était reporté sur les registres et embarqué vers les greniers des institutions et le Trésor, le surplus seul restant aux paysans. La culture des céréales demeurait cependant en Égypte la culture principale : orge, blé dont les champs se multipliaient dans le Delta. La campagne cultivée était ombragée d'arbres, sycomores, perséas, jujubiers, balanites, tamaris. La terre, détrempée par le Nil pendant quatre mois, réclamait ensuite une constante irrigation. Pour recouvrir la semence, les Égyptiens utilisaient la charrue ou un simple troupeau de porcs lorsque la terre avait été longtemps immergée.

Les cailles arrivaient en Égypte au moment de leur migration. Elles étaient appréciées des Égyptiens qui les offraient aux dieux. Amon en reçut ainsi vingt et un mille sept cents pendant le règne de Ramsès III.

Dans leurs parcs, les Égyptiens élevaient aussi des gazelles, des cerfs, des oryx, des bubales, des addax, des bouquetins et des hyènes. Le cheval demeurait peu répandu. Pour prévenir les vols, les bêtes étaient marquées au fer rouge. Les Égyptiens étaient si fiers de leurs vaches qu'ils leur donnaient leur nom.

Les marais couvraient une bonne partie de la vallée du Nil. Les fourrés de papyrus et les plantes aquatiques dissimulaient au regard toutes sortes d'oiseaux. Dans cette région, les maisons de briques étaient remplacées par des maisons de papyrus calfaté avec du limon. Avec les fibres de papyrus, on fabriquait aussi des cordes, des nattes, des sièges et des cages.

La chasse dans le désert constituait un des principaux loisirs des Égyptiens. Ramsès avait constitué des équipes d'archers et de chasseurs chargés d'accompagner les ramasseurs de miel et de résine, et de ramener des oryx pour le dieu Râ.

La scolarité

Les parents tentaient d'envoyer leurs enfants à l'école dès l'âge de cinq ans. Ils étaient confiés à un scribe professeur qui leur apprenait l'écriture hiératique à travers des textes classiques rédigés dans la langue morte du Moyen Égyptien. Ils étudiaient tout d'abord le *kémyt* datant du IIIe millénaire avant J.-C., les *Satires de Métiers* de la XIIe dynastie, l'*Enseignement* d'Amenemhat Ier et l'*Hymne du Nil*. Ces exercices d'écriture pouvaient être complétés par la copie de l'histoire de Sinuhe ou par l'*Enseignement* de Hardjedef.

Les adolescents apprenaient ensuite l'écriture du Nouvel Empire puis ils étaient rattachés aux écuries de course et à divers services administratifs de l'État, à des temples ou à des bureaux du palais. Des fonctionnaires chez qui ils effectuaient une sorte de stage complétaient leur éducation. Ils étaient enfin soumis à une épreuve pratique qui consistait en une composition. Les futurs scribes apprenaient les usages littéraires, la géographie des provinces et l'orthographe des noms étrangers.

Le métier de scribe était l'un des plus convoités. « Soyez vigilants : les professions sont là devant vous. Le laveur passe son temps à aller et venir ; il s'échine chaque jour à blanchir le linge de ses voisins. Le potier est maculé de terre comme s'il portait le deuil d'un parent. L'argile recouvre ses mains et ses pieds. Le savetier mélange le tan dont l'odeur persiste... Voyez : je vous forme à maintenir avec adresse la palette du scribe pour faire de vous un conseiller du roi, pour que les trésors et que les greniers s'ouvrent à vous, pour que vous receviez les livraisons des navires sur le seuil du grenier et pour que vous puissiez remettre les offrandes sacrées lors des jours de fête, pour que vous soyez vêtus de beaux draps de lin ; pour que vous possédiez des chevaux, votre bateau sur le fleuve et des serviteurs qui vaquent à leurs occupations et qui vous servent ; pour qu'on bâtisse à votre intention une villa dans la cité, puisque vous tenez un poste de pouvoir de par la nomination du roi. Les esclaves vous entourent; les paysans qui font prospérer votre propriété vous serrent la main. Ouvrez votre cœur à l'art du scribe, protégez-vous des tâches épuisantes et soyez un notable respectable [1]. »

Les fonctionnaires jetaient le discrédit sur la dure vie militaire. Certes le népotisme existait mais la persévérance, les capacités, l'intégrité permettaient d'être reconnu.

Les Égyptiens qui avaient reçu une bonne éducation connaissaient l'histoire de leur pays. Ils appréciaient les contes des Merveilles des magiciens, récits de la cour des bâtisseurs de pyramides, les histoires de détectives du général Sisenet, l'histoire de l'expulsion des Hyksos ou autres faits notoires. Ils visitaient les tombes et les temples des anciens rois.

Chaque Égyptien connaissait les contes populaires, la *Légende des deux Frères*, la *Légende du Dieu de la Mer* ou l'*Histoire de Fantôme* pour les avoir entendu raconter sur les places des marchés.

A l'époque des Ramsès, les poèmes lyriques étaient appréciés pour leur délicatesse. Ils étaient chantés lors des banquets. Autant d'occasion pour le scribe de s'illustrer alors que le paysan était confronté à l'enregistrement de l'impôt sur les récoltes quelle que fût l'inondation du Nil. « Les souris dévastaient leurs champs; les locustes s'y abattaient et le bétail terminait la besogne. Les passereaux ruinaient le fermier. Les restes de la récolte tombaient aux mains des pilleurs. L'officier de l'impôt accostait sur la berge du fleuve pour percevoir la taxe avec ses cerbères. Ils disaient :

1. K. A. Kitchen, *Ramsès II, le pharaon triomphant*, p. 201.

" Donnez le grain ! " bien qu'il n'y en eût pas. Ils frappaient le paysan. Ils le jetaient la tête la première dans un puits. »

Comment envier ces paysans qui, même lorsque le Nil débordait, devaient apporter un coup de main dans les carrières ou les briqueteries ?

Mais c'était là assombrir un tableau qui pour n'être pas toujours idyllique n'était pas aussi noir que les futurs scribes se l'entendaient dire.

3

RAMSÈS III MAÎTRE DE L'ÉGYPTE

La paix revenue

Grâce à ses victoires, Ramsès III procura à son pays une paix méritée :

« J'ai rendu la vigueur au pays tout entier, plantant des arbres qui reverdiront éternellement et sous l'ombre desquels le peuple peut s'asseoir. Je fais que toute femme du Pays bien-aimé puisse marcher la tête haute vers l'endroit où elle souhaite aller car aucun étranger ne la molestera plus jamais sur le chemin. Je fais que l'infanterie et la charrerie soient à jamais au repos, durant mon règne, les Shardanes et les Kehek (mercenaires) étant étendus dans leur pays. Il n'y a plus de crainte car il n'y a plus de rebelles appartenant aux pays de Koush ni d'adversaires venant de Syrie ; leurs arcs et leurs armes sont déposés dans leurs magasins tandis qu'eux-mêmes sont rassasiés et ivres, poussant des cris de joie. Leurs femmes sont avec eux, leurs enfants à leur côté. Ils ne regardent plus derrière eux ;

leurs cœurs sont confiants car je suis avec eux, moi, la sauvegarde et la protection de leur corps, je redonne la vie au pays tout entier.

« Je tire l'homme de son malheur ; je le sauve de celui qui est plus pesant que lui. A chacun je donne la sécurité ; je rends la vie dans le Salle de l'Au-delà. J'approvisionne le pays en toute place où il est dévasté, de sorte qu'il est parfaitement rassasié durant ma royauté. J'accomplis des actes heureux pour les dieux comme pour les hommes ; je ne prends rien à d'autres. J'exerce ainsi mon pouvoir royal comme Régent du Double-Pays [1]. »

Les soldats avaient été mis à contribution et profitaient maintenant de leur temps de loisir. Les mercenaires avaient reçu leur solde et étaient retournés dans leurs colonies avec leur famille.

Quelques années plus tard, Ramsès III précisera que ces soldats étaient devenus des rentiers : « J'ai laissé les soldats et les charriers s'installer. Les Shardanes, les Qahag (mercenaires libyens) n'avaient plus de domicile. Maintenant, ils sont rassasiés, abreuvés, pleins de joie. Leurs femmes et leurs enfants vivent avec eux. Ils ne regardent pas vers le passé. Leur cœur est tranquille. Je représente leur garantie et leur protection. »

Les méchâou (fantassins) et les tent-hétéri (charriers) ne connaissaient en effet que le métier des armes où ils s'y succédaient de père en fils. Ils étaient tous propriétaires.

Trente années de crainte et de luttes s'achevaient bien, l'Égypte ne se sentant plus menacée par aucun envahisseur. Le pharaon avait repoussé les dangers, maintenu et accru l'extension de son territoire. « J'ai agi parfaitement à l'égard des hommes comme des

1. Papyrus Harris.

dieux, jugeait-il. Je n'ai rien pris pour moi-même. J'ai redonné vie au pays. J'ai sauvé chaque famille du malheur qui le menaçait ; je lui ai donné l'air et l'ai délivré de l'oppresseur. Ainsi chacun peut-il vivre aujourd'hui à son aise dans sa ville. »

Comme le rapporte le papyrus Harris, après la guerre était revenue la prospérité, le pays entier florissant d'arbres et de plantes, le peuple paressant à l'ombre.

Ramsès III était d'abord parti à la conquête de son pays et de son peuple qu'il avait ramené à la civilisation après une période de troubles. Car il n'est parfois pas nécessaire d'être sur un champ de bataille pour se révéler une âme de conquérant. Puis il s'était révélé un excellent militaire dans une guerre défensive et offensive, en protégeant son territoire et en tentant de l'étendre. Ramsès III voulait maintenant développer son pays comme il l'avait fait au début de son règne : restaurer le culte, construire de nouveaux temples, réformer les lois et les institutions si nécessaire, mener une politique de grandeur comme l'avaient fait tous les pharaons pour laisser de lui un immense souvenir dans la mémoire des Égyptiens.

L'affirmation de sa propre puissance était une nécessité afin que ne se relâchât pas l'administration du pays. Ramsès III fonda dans le Delta du Nil des domaines agricoles qui produisirent du grain pour le temple de Khnoum à Éléphantine. Pour transporter ce grain, il fit même équiper un bateau et son équipage.

A partir de l'année 28, le capitaine du navire était un certain Khnoumnakhté qui remplit sa fonction jusqu'à la fin du règne de Ramsès III. Sous Ramsès IV, on sait que ce même Khnoumnakhté, entraîné par un prêtre véreux et plusieurs employés, détourna plus de cinq mille sacs de grains pour lui-même. Ce scandale n'éclata qu'en l'an 3 de Ramsès V, laissant de beaux jours aux escrocs.

Rapides étaient donc le relâchement, le détournement des biens, l'accaparement des institutions. Il fallait que le roi fût constamment présent et qu'il inspectât régulièrement ses institutions. Les pharaons en avaient été conscients bien avant lui. Après la période d'incertitude qu'il avait connue, Ramsès III devait plus que les autres affirmer son autorité et montrer qu'il était le maître en Égypte.

La grande inspection de l'an 15

Pour pouvoir tout diriger correctement, le pharaon ordonna de tout inspecter. Il fit nettoyer tous les temples au sud et au nord du pays, et sur les trois branches du Nil dans le Delta. Il fit inspecter les trésors, les greniers et les offrandes divines, fit restaurer leurs temples et reconstruire ce qui était en ruine conformément à ce qui avait été ordonné en l'an 5. Ainsi, le pharaon vérifia-t-il par la même occasion la comptabilité des temples et fit-il édicter de nouvelles règles de conduite quand le besoin se faisait sentir. Ces temples et leur personnel furent protégés par des décrets.

Si elle fut prise le premier jour du premier mois de péret (en l'an 5), cette décision ne fut exécutée qu'en l'an 15 à cause des guerres décrites précédemment.

Le pharaon donna l'ordre aux délégués de partir dans le sud et le nord du pays. Le responsable de l'expédition fut Penpato [1] qui fut aidé dans sa tâche par le substitut du trésor Khonsou.

1. Voir p. 93.

Khonsou est nommé sur un graffiti de Séhel. Quant à Penpato, il fut d'abord scribe du Trésor royal avant de devenir chef des archivistes. Il gardait donc répertoriée la liste des fondations, des donations, des règlements concernant chaque institution. Les dieux qui en avaient copies sur des tablettes de métal protégeaient ces listes. Quiconque ne respectait pas cette réglementation était passible de peines graves.

Grâce aux stèles commémoratives, il est aisé de suivre le parcours effectué par Penpato qui partit d'Éléphantine pour Edfou où il inspecta le domaine d'Horus, puis pour Elkâb, Tôd, où il arriva un mois et demi plus tard. Continuant sa route sur le Nil, Penpato arriva à Karnak avant de remonter jusqu'à Memphis.

Les grands travaux

Ramsès III possédait toutes les informations qu'il souhaitait. Il pouvait maintenant entreprendre ses grands travaux. Ces réalisations connurent une telle ampleur qu'aucun autre pharaon n'a laissé de tels monuments.

« J'ai organisé les domaines, écrit-il lui-même, au moyen de grands décrets, conservés dans chaque bureau d'archives. J'ai apporté des produits en offrandes. J'ai fait des ateliers pour la préparation des offrandes du culte et les ai remplis d'aliments nombreux. J'ai fait des récipients d'offrandes en or, en argent et en cuivre et j'ai charpenté les barques fluviales des dieux [1]. »

Les premières décisions de Ramsès III concernèrent

1. De nombreuses inscriptions rappellent ces grandes décisions notées dans le papyrus Harris.

donc la divinité et son culte, la croyance égyptienne allant vers une adoration d'un dieu unique dans lequel se fondaient à la fois Amon, Rê et Ptah. Tous les autres dieux, qu'ils fussent étrangers ou égyptiens comme Osiris, Isis ou Horus, représentaient des manifestations de ces dieux essentiels.

Thèbes fut l'une des villes les plus honorées en monuments. N'était-ce pas la ville d'Amon où résidait le vizir du Sud ? Ramsès III n'avait pas attendu l'an 15 pour la faire orner d'arbres.

Ramsès III se faisait un devoir de contrôler le travail des gouverneurs, notamment celui de Thèbes qui était responsable de l'approvisionnement de la ville, des affaires juridiques et des fêtes religieuses. Jusqu'à l'an 19 de son règne, Ramsès III confia cette tâche à Paser (peut-être parce que l'un de ses aïeux avait été prophète d'Amon sous Ramsès II) puis à Ptahemheb. Piay gouverna, lui, la rive gauche entre l'an 16 et l'an 26 de Ramsès III. Le pharaon confia le contrôle du trafic fluvial à un « gouverneur du fleuve ».

Ces travaux ne servaient pas uniquement à montrer le prestige du roi ou à développer les croyances. Ils avaient un rôle économique incontestable. Le temple de Karnak était ainsi le centre du domaine d'Amon. Sous la direction du premier prophète d'Amon, cette institution bénéficiait des revenus de cinquante-six villes égyptiennes et de neuf cités de Palestine et de Nubie. De ces contrées arrivaient quantités de denrées dont le transport fut facilité par quatre-vingt-trois navires mis par le roi à la disposition de Karnak.

Le domaine d'Amon

Le domaine d'Amon employait de très nombreux ouvriers auxquels Ramsès III ajouta 86 486 personnes (62 626 pour Médînet Habou). Son territoire était immense notamment en Moyenne-Égypte. Il bénéficiait aussi de la protection d'autres institutions.

Le rôle du roi était de développer ces terres. Ramsès III les accrut donc de deux mille quatre cents kilomètres carrés de champs cultivables et en confia la culture à des paysans de l'institution ou à des personnes privées. Ils étaient administrés par des administrateurs délégués aidés de gardiens et de chefs de fermes.

Le pharaon décida que ces terres devaient fournir au domaine d'Amon environ 100 000 sacs de grain (plus de 75 000 hectolitres) pour la fabrication du pain et de la bière. Pour l'acheminement, le roi fit construire une flotte. Ce grain fut stocké dans des enclos avant d'être donné aux boulangeries et aux brasseries du temple.

Ramsès III affecta également au domaine d'Amon plus de quatre cent cinquante vergers et jardins situés en Haute et en Basse-Égypte, et dans les oasis. Ces vergers produisaient vin, légumes, fleurs, miel.

Chaque année, 847 animaux d'Égypte et 19 de Palestine venaient grossir les troupeaux du domaine d'Amon. Après ses victoires contre les Libyens, Ramsès III put accroître ce cheptel de 421 362 bêtes ! Les directeurs du troupeau étaient choisis parmi les meilleures familles thébaines. De même 300 000 volatiles étaient fournis au domaine d'Amon tandis que pêcheurs et chasseurs l'approvisionnaient en poissons et gibiers.

Toutes les professions se trouvaient représentées dans le domaine, jusqu'aux pourvoyeurs de pierres précieuses et d'or, de sel et de natron. Les enclos à céréales furent bientôt insuffisants, si bien que Ramsès III fit aménager des entrepôts et des ateliers. Y travaillèrent esclaves et prisonniers de guerre.

Selon les inscriptions, l'organisation de cette vie et de ces activités était minutieusement réglée. On y trouvait des cuisines, des boulangeries, des celliers où l'on faisait germer l'orge servant à la fabrication de la bière, des cafés, des boucheries, des fermes où l'on gavait des oies, des ateliers où l'on moulait l'encens recueilli sur les arbres du téménos de Karnak pour lui donner la forme de produits d'offrande.

Après les guerres, Ramsès III n'eut donc d'autre souci que de développer son royaume sur le plan économique. Il laissa à Bakenkhonsou, déjà en place sous Sethnakht, le soin de diriger le domaine d'Amon. Attribuer une telle fonction n'était pas sans conséquences. Aussi les pharaons plaçaient-ils à la tête du domaine des gens de confiance. Ousermaâtrê succéda à Bakenkhonsou.

Ousermaâtrê et Bakenkhonsou étaient les fils de Mérybastet, intendant de Médînet Habou sous Ramsès III. Peut-être étaient-ils aussi originaires de Bubastis comme de nombreuses personnalités du règne. Mérybastet avait donné à ses fils des noms éloquents : « Ousermaâtrê est fort » et « Ramsès est fort » qui témoigne de sa fidélité au pharaon. Leur pouvoir fut renforcé par leur mariage : Aatméret, fille de Ramsèsnakht, épousa Amenemopé, fils du troisième prophète d'Amon, Tjanéfer. Son fils épousa Tainodjem, fille du grand prêtre de la déesse Nakhbet à El-Kâb Sétaou.

Ramsès III avait également engagé un deuxième et

un troisième prophète d'Amon. Si la plupart de ces prophètes sont inconnus, l'un d'entre eux revient souvent dans les textes. Il s'agit donc de Tjanéfer qui était apparenté à une célèbre famille thébaine et qui semblait avoir vu sa carrière brisée quelques années avant que Ramsès III n'accédât au pouvoir. L'un de ses ancêtres avait autrefois assumé la fonction de premier prophète sous Ramsès II. Un fils de Tjanéfer, Amenhotep, occupa la fonction de quatrième prophète d'Amon, sans doute dans l'attente du poste de son père. Il était également grand prêtre de Kamoutef.

Ramsès III tenait à ce qu'il y ait sous les ordres des premiers prophètes un clergé organisé, composé de prophètes, de pères divins, de simples prêtres, de responsables des rites, de prêtres chargés des dates des fêtes religieuses. Tous étaient logés et bénéficiaient des services d'un coiffeur ou d'un barbier.

Le pharaon se montrait plus pointilleux encore dans le choix du responsable des fêtes d'Amon qui surveillait l'organisation des cérémonies importantes. Ceux qui assumaient cette fonction étaient généralement les représentants du roi comme les vizirs. Lors des fêtes, leurs femmes et leurs enfants se mêlaient aux prêtres et chantaient. On les appelait pour cette raison « les chanteuses d'Amon ». Elles représentaient une sorte de harem. Les plus qualifiées d'entre elles ou les plus importantes étaient appelées « Supérieures du harem d'Amon ».

Enfin, Ramsès III ordonna que l'on choisît pour les temples des chanteurs, des musiciens et des danseurs professionnels.

Parmi les chefs administratifs du domaine d'Amon, le plus important était sans nul doute, le directeur du Trésor qui était Amenmosé, fils de Paouia. Il était aidé de nombreux employés parmi lesquels se trouvaient plusieurs scribes. Amenmosé administrait donc des magasins probablement installés à Karnak-Nord où il conservait des produits chers et rares comme la myrrhe [1]. Ces produits étaient destinés aux temples.

Tous les documents écrits, juridiques ou administratifs étaient conservés au bureau des archives. Ces documents renseignent très précisément sur les activités du domaine d'Amon. S'y trouvaient également des actes de donations privées comme celui d'Amenmosé qui légua ses biens au domaine à condition que l'institution s'occupât de son culte funéraire.

Sous Ramsès III, le chef des archivistes fut Iiémséba. Ses descendants lui succédèrent jusqu'à la fin de la dynastie. Son fils Khâemopé reçut sous Ramsès III la charge de gestionnaire des biens du culte d'une statue du roi érigée dans le temple de Médâmoûd, au nord de Karnak.

Ramsès III voulait encore qu'il y ait un directeur des travaux du domaine d'Amon pour édifier, entretenir et restaurer les temples de Thèbes, s'occuper de la gestion de leurs magasins et de leurs ateliers, de leurs statues et des objets du culte. Nous savons qu'Amenmosé fut, là encore, l'un des directeurs des travaux et qu'il fut chargé de la construction de Médînet Habou.

Amenmosé dirigeait un nombreux personnel réparti en groupes contrôlés par des chefs : porteurs, tailleurs de pierre, démolisseurs, carriers, maçons, plâtriers, dessinateurs, sculpteurs de frises, de bas-reliefs et de textes, sculpteurs de statues qui suivaient les expéditions chargées de rapporter les matériaux souhaités. Car là aussi réside l'une des raisons pour laquelle Ram-

1. La myrrhe, on le verra plus loin, nécessita une expédition au pays de Pount.

sès III partit dans des pays étrangers porter ses conquêtes. Il lui fallait les plus beaux des matériaux pour honorer son dieu. Conquérir pour Amon et pour embellir les temples divins.

Ramsès III fit également embaucher de nombreux artisans tels des charpentiers pour la construction des bateaux ou des barques sacrées, des forgerons, des armuriers, des fabricants de sandales, de chars, de cordiers, des vanniers et des potiers, des orfèvres, des tailleurs de pierres précieuses, des faïenciers, des fabricants de colliers et de perles, et des tisserands pour la fabrication des objets du culte.

Ces activités furent dirigées sous Ramsès III par Djéhoutyemheb, le chef des orfèvres, dont le père, un certain Amenkhâou, avait été chef des artisans de Médînet Habou.

Afin que la sécurité fût en tout point observée, le pharaon organisa enfin un service d'ordre impeccable comprenant de nombreux gardes. Les uns étaient chargés de surveiller le port et le stockage des marchandises à Karnak; les autres contrôlaient les allées et venues. L'accès en était en effet interdit aux personnes qui n'avaient pas de laissez-passer. Des gendarmes contrôlaient même la sécurité dans les campagnes.

Toutes les tâches, on l'a vu, étaient donc confiées à des hommes de confiance qui transmettaient leur fonction à leur fils. Il existait cependant un chef des revues, chargé de choisir éventuellement de nouveaux employés.

Le clergé représentait un personnel extrêmement nombreux car les services du culte étaient quotidiens et longs. Sur le temple d'Amon sont représentés dix épisodes de l'exercice de ce culte. Médînet Habou en présente une forme abrégée.

Une nécessité de richesse

Comment était exercé le culte ? Tous les matins, un prêtre brisait le sceau d'argile placé la veille sur la porte du naos, l'endroit le plus sacré où était placée la statue du dieu. Puis il ôtait les barres qui en fermaient la porte. Devant la statue, le prêtre allumait un brasero dans lequel il jetait de la graisse, de l'encens puis de la viande destinée au dieu. Le prêtre versait ensuite de la bière en libation et offrait au dieu du pain, des gâteaux, du vin et du lait. Des porteurs d'offrandes offraient au dieu de nombreuses victuailles en provenance des magasins du temple.

Ces victuailles étaient entassées devant le dieu puis purifiées. Le tout s'achevait par une libation d'eau. Le prêtre, agenouillé, saluait alors le dieu en lui tendant une aiguière pleine d'eau. Se succédaient libations et encensements. Après quoi, le prêtre invitait le dieu à consommer ces offrandes. Il pouvait fermer les portes du naos, balayer et laver le sol, et faire une ultime libation.

Certains produits avaient été préalablement ôtés du naos et placés dans la « chambre des ancêtres » pour honorer les anciens pharaons. Le prêtre allumait puis éteignait là une torche, symbolisant la succession des jours et des nuits ; il récitait ensuite une prière.

Les produits que le dieu n'avait évidemment pas consommés étaient placés dans d'autres chapelles de moindre importance ou partagés par les prêtres entre eux. Ces approvisionnements nécessitaient de nombreuses productions. Si l'Égypte ne possédait pas les produits souhaités, elle devait envisager d'aller les chercher ailleurs. Ces expéditions s'avérèrent d'autant plus impératives que Ramsès III augmenta la quantité des produits nécessaires au culte de Karnak par trois décrets en l'an 6, en l'an 7 puis en l'an 16. Selon le premier décret, les offrandes au dieu devaient être faites sur deux dressoirs d'or et d'argent. Selon le second décret, une offrande de trente et un pains devait être déposée dans une corbeille posée sur l'épaule d'une statue du roi. Le dernier décret évoquait plus de mille pains par jour ! Autant de produits qui provenaient donc des jardins ou du trésor de Médînet Habou qu'il fallait remplir d'office.

A l'exercice quotidien de ce culte s'ajoutaient de nombreuses fêtes qui impliquaient encore que l'on rendît hommage au dieu par une multitude de dons. Le pharaon tenait en outre à se distinguer de ses prédécesseurs et à les célébrer d'une manière grandiose.

Des constructions recherchées

Si les produits dont nous avons parlé nécessitaient de nombreux ouvriers et paysans, une production incessante, les constructions envisagées par Ramsès III n'étaient pas moins ambitieuses. Les conséquences étaient toujours les mêmes : un besoin d'hommes pour les travaux et les prisonniers de guerre en fournissaient un grand nombre ; des produits de plus en plus recherchés et de plus en plus luxueux et rares.

Ainsi Ramsès III décida-t-il de construire un temple-reposoir à Karnak. L'édifice fut appelé « Maison de Ramsès Héqaiounou dans le domaine d'Amon ». Il abritait dans trois chapelles les barques portant les statues d'Amon, de Mout et de Khonsou. Pour l'entretien de ce nouveau temple, le pharaon choisit un domaine avec des terres, deux mille personnes, deux mille bergers chargés de s'occuper du troupeau et des jardins grandioses.

L'édifice fut très probablement érigé après l'an 11 puisque la seconde campagne libyque est représentée sur les parois des murs. Il fut sans doute achevé en l'an 22 ou en l'an 20.

Bâti au sud du dromos, le temple-reposoir était semblable à bien d'autres temples. Il comprenait un pylône massif, une cour d'entrée entourée d'un péristyle à piliers osiriaques au nom de Ramsès III, décoré de statues. Venait ensuite un vestibule surélevé. La façade était formée de piliers osiriaques reliés par un mur de 1,83 mètre de haut. Par le mur du fond percé d'une porte à deux vantaux, on accédait à la salle précédant les treize reposoirs destinés aux barques.

Ramsès III ordonna sans doute l'érection du temple-reposoir dans l'enceinte de Mout et du temple de Louxor à la même époque malgré leur projet de les construire bien antérieur à celui du temple de Karnak. En témoigne le « calendrier des fêtes » de Médînet Habou.

Ramsès III entreprit aussi de décorer et de restaurer le temple d'Amon lui-même. Il fit orner la base des murs de carreaux, graver sa titulature ou ses cartouches le long de nombreuses voies et dans l'embrasure de plusieurs portes. Puis il ordonna l'édification d'une chapelle de purification dont il ne subsiste aujourd'hui qu'une grande vasque.

A chacune de ses entrées, le roi subissait, en effet, selon la coutume, la lustration ou « baptême de Pharaon ». Pour ce rituel, le pharaon fit également fabriquer de nombreux objets précieux : un grand vase en argent de plus de dix kilogrammes pour recueillir l'eau lustrale ; quatre aiguières en argent pour puiser cette eau et un entonnoir en argent. Le pharaon recevait ainsi sur le corps une sorte de jet d'eau qui purifiait son corps.

Ramsès III fit enfin ériger deux grandes colonnes supportant au-dessus de la porte principale un toit plaqué d'or et incrusté de pierres précieuses.

En de nombreux endroits, Ramsès III fit graver sa titulature et ses cartouches. Il se fit également représenter en train de consacrer des offrandes à Amon, Mout, Khonsou et Montou, multiplia les reliefs sur les épisodes de son couronnement et dans « la cour de la cachette » fit graver une double stèle datée de l'an 20, commémorant ses dons aux divinités égyptiennes. Mais, d'après les statues qui furent retrouvées, on sait qu'il ordonna aussi la réalisation de deux effigies porte-enseigne de lui-même, de deux statues du premier prophète et d'une statue d'Amenmosé, fils de Paouia, chef des travaux du domaine d'Amon.

De telles réalisations s'avèrent particulièrement modestes par rapport à celles des autres pharaons. Mais Ramsès III plaça le luxe des créations de son règne dans le mobilier cultuel, les matériaux précieux et les statues de culte. Ainsi n'hésita-t-il pas à choisir pour une table d'offrande de l'argent et de l'or en quantité impressionnante. Près de trois quintaux de métal précieux furent nécessaires à sa réalisation, sans compter les dressoirs à vases en bois plaqué d'or, les aiguières en métal précieux et une statue en or le représentant en train de rendre hommage à la divinité.

Près de la table d'offrande au doux nom de « Our-Djéfaou » (« abondante en mets ») se trouvaient deux feuilles d'or et d'argent imitant des rouleaux de papyrus, deux petites stèles en argent et quatre en cuivre sur lesquelles étaient gravés des hymnes et des prières à Amon, ainsi que des décrets de fondation de plusieurs temples comme celui de Médînet Habou.

Ramsès III fit également construire pour les processions de la fête d'Opet une barque divine en pin du Liban plaqué d'or. Amon était placé dans une cabine d'or et d'argent ornée de pierres précieuses, et entouré de plusieurs figures de divinités. Une fortune fut nécessaire à cette réalisation : il fallut au pharaon quatre tonnes et demie d'or, quatre quintaux d'argent, cent quatre-vingt-deux kilogrammes de cuivre noir, trois cent trente kilogrammes de lapis-lazuli, plus de six cents kilogrammes de turquoise. Mais ce n'est pas tout car Ramsès III ordonna à la même époque la restauration des barques divines de Mout et de Khonsou, et la création d'une hampe à tête de bélier, symbole d'Amon. Il se fit enfin représenter dans le temple par deux statues tenant cette hampe et en fit réaliser une avec un anneau d'or de sept cents grammes.

Rendons-nous maintenant au nord du temple d'Amon où se dressait un temple de Montou dirigé sous Ramsès III par un premier prophète, Touro, fils d'Ouserhat. Tout près se trouvait un petit temple de Maât, fille de Rê, bâti sous la XVIIIe dynastie. En l'an 22, le vizir To reçut l'ordre de Ramsès III d'y exécuter des travaux. Sur les montants des portes de deux pièces, il fit graver les cartouches du roi. Ces deux pièces constituaient peut-être le Trésor et le grenier de Pharaon qui permettaient l'approvisionnement de Deir el-Médîneh.

Ramsès III ordonna encore la construction du temple de Khonsou qu'il dota de cinq cents personnes et de nombreux prisonniers. Ce temple fut sans doute le dernier de Ramsès III. Il fut aménagé par ses successeurs, Ramsès IV et Herihor. A l'intérieur de l'enceinte, une allée de sphinx conduisait au temple, de type classique, comprenant un pylône et une cour entourée de colonnes papyriformes. La salle hypostyle comportait huit colonnes : quatre formaient la nef centrale ; quatre constituaient les bas-côtés. Ensuite venait une pièce où se trouvait le reposoir de la barque sacrée précédant l'antichambre du sanctuaire puis le sanctuaire lui-même contenant le naos abritant la statue de Khonsou.

L'épouse d'Amon avait également son propre temple avec son lac sacré. En l'an 27, Amenmopé en devint le grand prêtre.

A l'ouest du temple d'Amon, Ramsès III fit enfin édifier un temple-reposoir semblable à celui de Karnak qu'il confia à un millier de personnes. Cet agréable temple fut entouré de jardins. Le troupeau était contrôlé sur le Delta par le vizir du Sud. Ces jardins fournissaient Médînet Habou en produits de toute sorte.

Au sud de Karnak se trouvait le temple de Louxor, l'Opet du Sud servant de sanctuaire à Amon. Pour se rendre de Karnak à Louxor les processions empruntaient un chemin dallé de pierre et bordé de sphinx à tête de bélier qui reliait les deux temples. Reliefs, scènes de la vie du pharaon ornaient le temple. Ramsès III y fit, là aussi, des travaux importants comme « un Temple de Ramsès Héqaiounou qui s'associe à la joie » somme toute modeste.

Cette évocation des travaux de Ramsès III à Thèbes ne serait pas complète sans la mention des diverses restaurations qu'il ordonna dans les temples funéraires des pharaons précédents, notamment au Ramesseum ou au temple funéraire de Séti Ier à Gourna. De nombreux cultes persistaient sur cette rive et de nombreux temples funéraires royaux étaient encore en activité. Ils le seraient jusqu'à la fin de la dynastie et permettraient d'entretenir les ouvriers de Deir el-Médîneh. La chapelle et le temple de Deir el-Baharî par exemple étaient un lieu de pèlerinage. Étaient également en service le temple de la mère d'Aménophis Ier (1525-1504), appelé temple Menset ; le temple funéraire d'Aménophis III (1387-1350) ; les temples de Thoutmosis II (1492-1479), de Merenptah (1212-1202), de Thoutmosis III (1479-1425) et d'Horemheb.

Les fêtes

Les fêtes devaient également entraîner bien des coûts et bien des créations. A Médînet Habou, Ramsès III fit graver un calendrier des fêtes mentionnant les offrandes qui étaient consacrées à la divinité au moment de ces réjouissances. Certaines fêtes étaient ainsi célébrées selon les phases de la lune. Les Égyptiens commémoraient l'anniversaire de l'avènement de Ramsès III en grande pompe pendant une vingtaine de jours. Cette fête qui s'achevait par une procession au temple de Karnak était appelée « Ousermâatrê Méryimen met en fête Thèbes pour Amon ».

Ramsès III prenait plaisir à célébrer cet événement en accomplissant libation et encensement. C'était pour lui l'occasion de rappeler aussi les travaux qu'il avait accomplis pour le dieu Amon.

La fête de la Vallée était une fête des morts de dix jours pendant laquelle les habitants de Thèbes « visitaient » les défunts en leur donnant des offrandes. La barque sacrée d'Amon quittait son abri. Celle-ci avait environ soixante-dix mètres de longueur et était en bois de cèdre recouvert en partie de feuilles d'or; sur le pont il y avait un grand pavillon couvert d'or également et incrusté de pierres semi-précieuses, tandis que la proue et la poupe étaient ornées de têtes de béliers et de cobras étincelantes d'or. Les grandes voiles carrées étaient teintes et décorées de motifs compliqués; on se servait également de rames peintes de couleurs vives dont le nombre allait de quinze à trente paires.

Le pharaon sortait en petite tenue escorté de ses porte-parasol et de ses serviteurs. Avant d'entrer dans le temple, il revêtait un pagne et posait sur sa tête sa coiffure la plus sophistiquée avec le disque solaire, les plumes, les cornes de bœuf, les uræus et les cornes de bélier. Il conduisait en quelque sorte Amon comme en visite dans les édifices de la rive gauche et recevait dans la salle hypostyle du Ramesseum les dieux protecteurs des défunts.

S'ils prenaient plaisir à contempler les vaisseaux magnifiques des dieux et à danser au son des tambourins, les spectateurs assistaient avec grand intérêt à la reconstitution des événements de la vie des dieux par des acteurs. Les costumes, les décors, les accessoires étaient préparés avec le plus grand soin. Chaque Égyptien connaissait en effet les mésaventures d'Osiris meurtri par Seth et jeté dans le Nil. Le peuple assistait avec jubilation à la destruction des ennemis d'Osiris. L'historien Hérodote et le satirique Juvénal rapportent des reconstitutions de scènes vues à Abydos, à Bousiri, à Papremis, ville consacrée à Seth, et à Ombos en Haute-Égypte. Les drames divins, proches des drames humains, se jouaient dans les temples. On mimait les épisodes des légendes connues. Ces représentations poursuivaient l'attrait des fêtes et étaient très appréciées du peuple.

Nul doute que pendant ces fêtes les élèves des maisons de vie rendaient eux aussi hommage à leur maître et que celui-ci les encourageait. Ces « écoles » permettaient d'apprendre à lire, à écrire et à faire l'apprentissage d'un métier. Elles comprenaient aussi une bibliothèque où étaient les archives du temple et les textes rédigés par les scribes, les ouvrages de morale et de littérature. Là étaient conservées les traditions religieuses, les annales des rois et les découvertes scientifiques. Là avait été inventée la cryptographie.

C'était donc au temple qu'étudiaient les savants et qu'avaient sans doute été écrites les pièces représentant la vie des dieux à partir de légendes connues de tous.

Au troisième mois de chémou, il semble, d'après le calendrier de Médînet Habou, qu'on fêtait une « victoire de Ramsès III ». Ensuite avait lieu la fête « ouag », une vieille fête des morts, puis une fête de Thot.

La fête d'Opet avait un tout autre retentissement. C'était la fête de Louxor. Il s'agissait sans doute de la principale fête égyptienne qui donnait au pharaon l'occasion de se rendre à Thèbes. Non seulement Ramsès III procédait aux rituels habituels mais il donnait aussi des promotions très recherchées. La procession nautique était certainement l'originalité de cette fête. Ramsès III se mêlait aux soldats qui ramaient et abordaient à Louxor où la reine, entourée de chanteuses, l'accueillait. Le dieu Amon était censé venir vers lui avant de visiter tous les temples funéraires royaux.

La fête d'Opet avait lieu quand les eaux du Nil étaient les plus hautes. On partait du temple d'Opet. Des marchands s'installaient un peu partout, offrant fruits, volailles et pains.

On allait chercher la barque d'Amon aux deux têtes de bélier, la barque de Mout ornée de deux têtes de femme et la barque de Khonsou aux deux têtes de faucon. Les porteurs étaient vêtus d'un grand jupon. Ils étaient rasés et avaient la tête nue. Un joueur de tambourin les précédait. Des prêtres avaient jeté des peaux de panthère sur leurs dos. Ils brûlaient dans l'encensoir de la résine de térébinthe, jetaient du sable et brandissaient des éventails et des parasols.

Les barques étaient d'un luxe exceptionnel. Elles avaient cent trente coudées de long et étaient construites avec du sapin et des pierres semi-précieuses, de l'or et de l'argent. Au centre se dressaient les statues et les accessoires. Deux béliers se trouvaient à la proue et à la poupe.

Ces lourdes barques exigeaient une armée entière pour être remorquées. On récitait un hymne à Amon. Des femmes agitaient des sistres et des crotales. Des hommes dansaient pour encourager les soldats armés de piques et de haches. Les vaisseaux remorqués étaient enfin rattachés sur le Nil à leurs bateaux remorqueurs. Des barques escortaient ce cortège.

Sur les deux rives du Nil le peuple contemplait le spectacle. Des mets, des fruits arrivaient sans cesse : bœufs, veaux, gazelles, oryx, térébinthe pour assainir l'air. Les bœufs étaient abattus et dépecés. Les soldats libyens tapaient sur leur tambourin. Des danseuses tournaient autour, le torse nu.

Vingt-quatre jours plus tard les vaisseaux sacrés regagnaient leur abri. Le peuple avait bu et mangé, dansé et chanté pendant près d'un mois.

Comme chaque année, au quatrième mois d'akhet, Ramsès III s'apprêtait en cette année 22 de son règne à célébrer à Médînet Habou une fête d'Hathor. Cette fête eut lieu le premier jour du mois. Elle fut suivie le 20 d'une autre fête puis du 21 au 30 d'une cérémonie, consacrée au dieu Ptah-Sokar. Sur le modèle de Ramsès II, Ramsès III avait en effet fait construire à Médînet Habou un sanctuaire pour Ptah. Les ouvriers de Deir el-Médîneh avaient arrêté tout travail pour l'occasion et avaient bénéficié d'une distribution de vivres. Ramsès III comptait bien donner au dieu un maximum d'offrandes, comme chaque année.

La fête dura dix jours. Elle se déroula à Karnak. Pendant cinq jours, les Égyptiens préparèrent la fête qui se termina par une cérémonie de clôture de quatre jours. Ramsès III assista d'abord à la « momification » puis à l'« enterrement » de Sokar dont un moule représentait la forme. Cette forme fut déposée dans une pièce à ciel ouvert pleine de grains que l'on arrosait pour en provoquer la germination. Puis une tombe fut creusée. On embauma le dieu pendant une longue veillée faite de psalmodies et d'incantations funèbres. Le jour suivant, le dieu fut inhumé. Une procession simula alors sur le lac sacré la traversée du Nil par le dieu jusqu'à sa tombe. Le peuple pouvait se réjouir. Portant autour du cou des oignons, symboles de purification et de fertilité, il passa la nuit suivante à veiller dans l'attente de la résurrection du dieu. Il était très tôt le matin quand Ramsès III pénétra dans le sanctuaire de Sokar. Il s'avança jusqu'à la barque du dieu et récita la *Litanie de Sokar* en énumérant la longue liste des quarante-quatre formes de Sokar. Puis il s'avança jusqu'aux statues de trois dieux memphites qu'il honora avant de gagner l'endroit le plus sacré : un naos où se trouvait la représentation du dieu à qui il offrit des offrandes.

Alors pouvait avoir lieu la procession dans la barque

de Sokar. Deux prêtres s'avancèrent au jour dit, vêtus de longs manteaux en chantant et en frappant dans leurs mains au rythme de la musique. Deux autres prêtres brûlèrent de l'encens et aspergèrent le sol pour purifier le chemin suivi par le dieu. Deux autres encore tenaient en main un hiéroglyphe. Ils étaient suivis des barques des déesses Hathor, Ouadjyt, Shésemtet, Bastet et Sekhmet portées chacune par quatre prophètes et suivies d'un prêtre portant une tige de papyrus à fleur avec deux plumes, emblème du dieu Néfertoum. Enfin venait un dernier prêtre portant un panier contenant cinq oiseaux.

La première ligne de prêtres n'avait pas achevé sa marche qu'arrivait derrière elle une colonne de prêtres ouab précédant le roi. Avançant à reculons, six prêtres acclamaient le dieu, se relevant et se prosternant devant un autre groupe de vingt ouab qui avançaient en chantant, en jouant de la flûte et en brandissant les emblèmes des dieux, en brûlant de l'encens et en portant des offrandes. Le scribe de l'offrande divine portait une écritoire. Devant lui, avançait un acolyte tenant sur ses épaules un coffre à papyrus dans lequel étaient précieusement gardées les listes d'offrandes consacrées pendant la cérémonie.

Deux porteurs de flabellum et quatre porteurs d'enseignes fermaient la marche et précédaient le roi lui-même suivi d'officiers, de dignitaires et d'un dernier prêtre marchant lui aussi à reculons et encensant l'uræus ornant sa couronne.

Tout d'un coup retentirent les acclamations « Réjouis-toi, réjouis-toi, Roi ! » Un chœur reprit seize fois la psalmodie. Puis la seconde procession apparut. Avec le prêtre sem et un prêtre portant un emblème du dieu Horus arrivèrent dix-huit prophètes portant l'emblème du dieu Néfertoum sur une plate-forme. Derrière eux vint encore un groupe de seize personnes, courtisans, fils du roi ou prêtres. Répartis sur deux rangs, ils chantaient tout en marchant et faisaient semblant de haler une corde dont le roi tenait l'extrémité là où elle devait être fixée à la barque de Sokar. Eux aussi étaient précédés de deux prêtres qui avançaient à reculons.

Pendant un temps plus rien ne se passa jusqu'à ce qu'apparût un prêtre sem revêtu d'une peau de léopard auprès de seize prêtres portant sur une plate-forme la barque de la statue de Sokar. Le roi suivait.

Enfin vint la dernière partie de cette cérémonie grandiose. Une nouvelle cérémonie commémora la résurrection du dieu. Le lendemain fut tiré le « benben », un pain en forme d'obélisque, symbole du tertre où le dieu Soleil avait surgi du chaos. Le dernier jour du mois, après un ultime rite, eut lieu l'érection du « pilier-djed » personnifiant Osiris. L'objet en bois fut élevé par le roi et les prêtres au moyen de cordes, symbole de résurrection. On put alors conduire quatre fois autour du temple un troupeau de bœufs et d'ânes accompagnés de danseurs et de porteurs d'offrandes. Des concours de gymnastique furent donnés. Les bêtes piétinèrent l'emplacement supposé de la tombe du dieu.

Après la célébration de Sokar-Osiris, Ramsès III honora Horus, le fils d'Osiris, pendant la fête de *Néhébkaou* coïncidant avec la date anniversaire de son couronnement. Puis il commémora l'inscription des éléments de sa titulature sur les fruits de l'arbre *ished*.

Ramsès III n'en oublia pas pour autant la fête d'Isis et de Nephtys, femmes d'Osiris, ni la cérémonie appelée « ériger le saule ». Quelques années auparavant, le pharaon avait fait plâtrer la liste des offrandes pour la fête de Néheb-kaou afin de faire graver trois nouvelles listes pour l'aniversaire de la victoire du roi contre les Mashouash de la seconde guerre libyque.

Ramsès III n'accorda pas la même attention ni la même préparation aux fêtes qui suivirent pendant les trois derniers mois de péret : une navigation en l'honneur d'Anubis, une fête pour « soulever le ciel pour Amon », la fête du « mâchage d'oignons pour Bastet » et une seconde fête en l'honneur de Sokar au jour de la nouvelle lune.

La fête des moissons

La saison de la moisson arriva. On était au premier mois de chémou. Il était temps de célébrer la déesse Rénénoutet qui symbolisait le retour des moissons et de la prospérité, et la « fête de vêtir Anubis » dont le déroulement n'est guère connu. En revanche, Ramsès III prépara avec tout le soin nécessaire la grande fête du dieu Min de Thèbes assimilé à Amon. Cette fête en l'honneur d'un dieu originaire de Coptos avait lieu à Médînet Habou et à Karnak comme en témoignent les représentations sur les temples respectifs. La fête en l'honneur du dieu Min était une fête agricole pendant laquelle le roi remerciait le dieu de la fécondité pour le début des moissons. Il recevait en retour une nouvelle confirmation de son pouvoir et l'assurance de pouvoir nourrir son peuple. Min (comme Osiris) ressuscitait en même temps que la nature et pouvait être (comme Horus) assimilé au soleil levant.

Le pharaon assista au déroulement de toute la cérémonie qui débuta à Médînet Habou. La procession était formée de prêtres et d'officiers que suivaient courtisans et soldats coiffés d'une double plume, à l'égal du dieu.

Tôt le matin, Ramsès III quitta son palais, porté par les fils royaux et les dignitaires dans une magnifique litière consistant en un ample fauteuil placé à l'intérieur d'un dais. Les côtés du fauteuil étaient décorés d'un lion et d'un sphinx. Deux déesses en ornaient le dos. Un tabouret était fixé devant le fauteuil.

Les hauts fonctionnaires ombrageaient leur roi avec des parasols en plumes d'autruche et l'éventaient sans relâche. Un groupe composé d'autres dignitaires les devançait. Parmi les membres du clergé, un homme tenait en main le programme de la fête. Un prêtre tournait en permanence vers le roi un encensoir. L'autre partie du cortège était constituée de serviteurs et de militaires armés de la massue, du bouclier et de la lance.

Le roi se rendit au temple où il fut reçu par des musiciens et des danseurs appelés « les Noirs de Pount » (sans doute faut-il déceler dans cette expression une référence au dieu Min de Coptos d'où l'on embarquait pour le pays de Pount). Il se plaça face à la chapelle contenant la statue et fit le rite de la résine et de la libation. Puis il pénétra dans le naos du dieu et lui consacra une offrande avant d'accompagner, avec un immense décorum, l'image du dieu hors du sanctuaire [1].

En tête du cortège avançaient plusieurs prêtres portant les statues des pharasons égyptiens par ordre chronologique, Ramsès III étant le premier de la liste en tant que roi régnant. Suivaient Sethnakht, Séti II, Merenptah, puis, selon les représentations du Ramesseum, Ramsès II, Séti Ier, Ramsès Ier, Horemheb, Aménophis III, Thoutmosis IV, Aménophis II, Thoutmosis III, Thoutmosis II, Thoutmosis Ier, Aménophis Ier,

1. Le sanctuaire du Min comprenait une hutte conique semblable aux habitations des indigènes du pays de Pount reliée à une mince colonne, un mât et un carré de salades.

Ahmosis Ier, Montouhotep II et le premier roi légendaire Méni. Étaients absents tous les rois dont Ramsès III ne souhaitait pas conserver la mémoire comme Hatshepsout ou Akhénaton. Curieusement, la représentation de Médînet Habou ignore totalement trois rois de la XIXe dynastie.

Derrière cette longue procession royale arrivaient des porteurs d'enseigne qui chantaient des hymnes puis les princes, Ramsès, commandant de l'armée, et Amenherkhopshef II, général de la charrerie, qui précédaient leur père accompagné d'un énorme taureau blanc, symbole de Min. Derrière Ramsès III défila l'image du dieu entouré de prêtres qui l'éventaient ou qui brandissaient des bouquets.

L'effigie du dieu était décorée de bijoux et de la double plume. Un drap rouge recouvrait la plate-forme qui la portait. Derrière le dieu venaient le mobilier porté par d'autres prêtres ainsi que le petit carré de salades symbolisant la fertilité et la virilité du dieu.

La procession arriva jusqu'à l'escalier qui permettait d'atteindre la terrasse de Médînet Habou. La statue du dieu fut déposée sur l'escalier sous un dais. Alors les chanteurs et les chanteuses parmi lesquels figuraient la reine elle-même et les « Noirs de Pount » entonnèrent un hymne, le « ihed de Min ». D'autres prêtres agitaient des bouquets, des éventails et des parasols.

Les statues des pharaons avaient été posées à même le sol. Le roi reprit avec la reine et les chanteuses sept fois en chœur la même prière. Puis un chambellan s'avança vers lui une faucille de cuivre damasquiné d'or et une touffe de céréales à la main. Il lui tendit les deux objets. Le pharaon trancha la botte d'un coup sec et présenta les épis au dieu avant de les poser à terre à ses pieds. Le taureau blanc portant entre ses cornes le disque solaire surmonté de deux hautes plumes fut sacrifié et Ramsès III contourna la statue revêtue du dais. Le roi avait changé le casque bleu dont il était coiffé pour la couronne de la Basse-Égypte. Il portait une canne et une massue. Deux prêtres, tête rasée et torse nu, s'avancèrent en tenant dans leur main une queue de taureau, dans un état d'excitation extrême. Ils déposèrent à leur tour devant l'image du dieu deux enseignes à deux plumes symbolisant des génies honorant Rê à son lever dont les rayons brûlaient, croyait-on, les ennemis des Égyptiens. Puis le ritualiste qui avait dirigé les hymnes leva le bras, donnant l'ordre aux prêtres de lâcher quatre oiseaux appelés « Amset, Hâpi, Douannoutef et Qébéhsenouf, noms des fils d'Horus ». Ces oiseaux s'envolèrent au nord, au sud, à l'est et à l'ouest pour annoncer partout dans le monde le pouvoir du roi. C'était des rolliers qui arrivaient du nord à l'automne et repartaient au printemps.

Le dieu regagna alors sa chapelle et y reçut les dernières offrandes.

L'année des fêtes religieuses s'acheva par une fête de quatre jours en l'honneur d'Amon.

Héliopolis et Memphis

Ramsès III apporta également tous ses soins dans la mise en valeur d'un temple de Rê à Héliopolis. Certains édifices du sanctuaire avaient été érigés par Ramsès II et Merenptah. Son domaine apportait du grain à Médînet Habou.

Ramsès III fit encore œuvre de bâtisseur en relevant ses ruines. Il fit également nettoyer les lacs sacrés.

Comme à maints autres endroits, Ramsès III réorganisa le domaine du Dieu et assura son approvisionnement. Cinq mille personnes vinrent bientôt constituer ses serviteurs réunis en « Fondation de jeunes gens ».

Ce sanctuaire d'Héliopolis bénéficia de quatre cent quarante kilomètres carrés de terres situées en grande partie en Moyenne-Égypte, qui produisaient trente-cinq mille quatre cent sept sacs de grain. Il ordonna à un personnel soigneusement choisi d'en assurer la récolte et lui donna trois bateaux. Il fit également construire l'enclos où le grain fut stocké et les ateliers où les esclaves avaient pour mission d'en faire du pain et de la bière.

Mais ce ne fut pas tout car Ramsès III avait un goût prononcé pour le bien-être et les « espaces verts » qui servaient aussi à nourrir bien des bouches. Aussi fit-il aménager des jardins, des bosquets, des vergers et une oliveraie, des collecteurs de miel et des porteurs d'encens. Cent trois cités égyptiennes devaient lui donner leurs revenus. Le troupeau fut accru de quarante-cinq mille cinq cent quarante-quatre bêtes.

Ramsès III fit donc bâtir des étables et un pigeonnier pour les oiseaux migrateurs et il donna l'ordre à des chasseurs de ramener des oryx du désert.

La sécurité fut également assurée grâce à des gardes surveillant le temple, le port et les champs. Ramsès III fit construire à cet endroit un objet remarquable : une balance ornée du dieu de l'argent, Thot, qui fut conçue avec plus d'un quintal d'or, deux quintaux d'argent et six kilos de cuivre.

Si un dieu veillait à la bonne comptabilité du domaine, Ramsès III lui avait aussi donné une direction : celle du prince Méryatoum. Méryatoum dirigera le domaine sous Ramsès V et peut-être même sous Ramsès VII. Un grand substitut l'aidait à contrôler le troupeau.

En l'an 15, Ramsès III ordonna une inspection du domaine. Le pharaon y venait d'ailleurs volontiers car il possédait dans la ville de Tell el-Yahoûdîjéh, qu'il avait fondée, une maison fort agréable. Aussi aménagea-t-il le domaine le mieux possible : le bois sacré fut replanté ; le mobilier sacré restauré ; des bijoux pour la statue ciselés ; un naos de granit savamment taillé. Le plus beau des édifices fut sans doute un temple de quartzite et de calcaire pourvu de mille cinq cents personnes appelé « Châteaux de Ramsès Héqaiounou dans le domaine de Rê ».

Ramsès III entreprit enfin la restauration du temple de Horus-Khenty-Pérou, suite aux travaux déjà ordonnés par son père et, détail original, le roi fit également construire au bord du désert un oratoire le représentant en compagnie de la déesse Hathor au milieu de formules magiques gravées et propres à faire fuir les serpents et les scorpions !

Les grandes fêtes d'Héliopolis furent l'objet de versements importants. Si la nécessité se faisait sentir, on a vu, en effet, que Ramsès III ne lésinait pas sur les biens qu'il décidait d'affecter aux manifestations les plus célèbres comme celle de Hâpy, la crue du Nil, pour laquelle il avait fait construire plusieurs barques. Comme le voulait la coutume, cette cérémonie était accompagnée des dons d'offrandes habituels qui étaient distribuées ensuite aux habitants de la région d'Héliopolis : au Shéqébéhou (le « lac de la libation ») qui était sans doute le lac sacré du temple du Soleil ; à la « Maison de Hâpy, père des dieux » au bord du Nil, au lieu-dit Athâr el-Nabî ; au temple d'« Anubis, seigneur de l'inspection non loin de Memphis ».

Ramsès III fit fabriquer plus de dix mille statuettes pour ces fêtes en l'honneur de Hâpy et de son épouse.

Ces statuettes représentaient de véritables objets d'art réalisés dans les métaux les plus précieux et parés de bijoux d'une grande valeur.

Au jour dit furent sorties les barques des divinités Sépa et Iousâas. Le rituel consistait pour la déesse Isis à retrouver le corps de son mari Osiris (Sépa) assassiné par Seth. Avant toute chose, les livres de la crue furent ouverts. S'y trouvait le rituel des cérémonies minutieusement recensées. Puis la barque de Sépa-Osiris fut portée par les prêtres d'Héliopolis à Khérâha et au temple d'Anubis. Le rituel de l'embaumement eut lieu sur sa statue avant que Iousâas ne le rejoignît. Il fut alors porté jusqu'à la « Maison de Hâpy » et y fut inhumé.

La crue du Nil symbolisant la résurrection du dieu, les barques de Sépa et d'Iousâas descendirent le Nil jusqu'à l'embouchure du canal. Là, elles se heurtèrent à une digue qui céda sous le choc et la montée du Nil. L'eau inonda aussitôt les campagnes à l'entour. Les barques divines purent alors regagner leurs sanctuaires.

Memphis elle aussi avait son importance. Elle était dirigée par un homme du nom d'Hori. Ramsès III aimait y séjourner. Il y avait un harem qui possédait un domaine dirigé par un certain Djéhoutyemheb.

Dans la ville du dieu Ptah était fêté le jubilé de Ramsès III. Non loin du temple s'élevaient les pyramides des rois de l'Ancien Empire.

Ramsès III fit restaurer les temples de Memphis. Le lac sacré, les temples furent ombragés d'arbres à encens et à myrrhe. Il fit construire un naos tout neuf pour abriter les statues de Ptah, de Sekhmet et de Néfertoum, les fit orner de bijoux et compléta le mobilier cultuel de nouvelles pièces. L'institution du domaine du dieu Ptah était plus modeste que celle de Karnak et d'Héliopolis car le dieu Ptah n'avait pas l'importance du dieu Amon. Les vingt-huit kilomètres carrés de terres du domaine de Ptah n'étaient en rien comparables aux deux mille quatre cents kilomètres carrés du domaine d'Amon. Aux quelques personnes qu'il employa dans le domaine, Ramsès III confia dix mille animaux et deux navires. L'intendant Pennestytaouy y dirigeait une colonie de quarante personnes. Comme partout ailleurs, Ramsès III ordonna la construction d'enclos à céréales, d'étables, d'ateliers, de pigeonniers et constitua des équipes de collecteurs de miel et d'encens.

Comme ailleurs également, l'administration du domaine fut répartie entre le gardien du Trésor, le directeur du bétail, le tout sous la direction d'un grand intendant aux ordres d'un prêtre. Ce grand prêtre fut Khâemouaset, l'un des fils de Ramsès III. Deux cents grammes d'or furent nécessaires pour fondre son pectoral.

Le clergé à lui seul était dirigé par le Grand des artisans. Il était composé des prêtres ritualistes, des prophètes et des prêtres ouâb. Ramsès III remit à l'honneur la « fondation pure de femmes » où étaient formés des chanteurs pour les temples de l'ensemble de l'Égypte.

A Memphis se trouvaient de nombreux temples de Ramsès II. Il semble que Ramsès III y fit bâtir deux édifices. Le « château de Ramsès Héqaiounou dans le domaine de Ptah » en granit et en calcaire était consacré à son culte funéraire et fut remis aux mains de plus de six cents personnes. Le troupeau fut confié à mille hommes dirigés par un directeur de bétail, Houy.

Le second temple de Ramsès III à Memphis, appelé la « maison de Ramsès Héqaiounou dans le domaine de Ptah », n'était comparativement qu'une chapelle de seize personnes placées sous la direction d'un autre Houy.

Ramsès III ne laissa rien au hasard pour la célébration de son jubilé. Aussi fit-il sans doute restaurer tous les lieux qui devaient accueillir cette fête.

Autre mesure d'importance : le taureau Apis (image de Ptah) avait vu son troupeau dispersé. Il fallut réunir les bêtes et les protéger par des décrets.

Hormis toutes les fêtes locales qui animaient Memphis, la ville resplendit véritablement pour les trente ans de règne du pharaon en 1154. Mais Ramsès III tint à animer Memphis d'un éclat particulier dès 1155. Les Égyptiens avaient coutume d'organiser une resplendissante procession sur le Nil pendant laquelle Ptah venait voir sa fille Hathor Nébet-Néhat. Ce fut tout d'abord l'occasion de restaurer la barque divine que l'on orna d'or et de pierreries et, à la proue, de deux statues de faucons représentant les dieux Shou et Tefnout.

A partir de l'an 29 de son règne, Ramsès III fit accroître la quantité d'offrandes au dieu Ptah. La plupart était jetée dans le Nil. Peut-être Ramsès III préparait-il déjà son jubilé pour l'année suivante en tentant d'acquérir la bienfaisance des dieux et de son peuple.

Selon le bilan du papyrus Harris, « les richesses dont disposaient les temples d'Égypte étaient considérables. Ils possédaient à eux tous 107 615 serviteurs, soit deux pour cent de la population de l'Égypte, 490 386 têtes de bétail, 513 vignobles et vergers, 88 barques et navires, 169 villes dont 9 en Syrie et au pays de Koush et 1 071 780 aroures. C'est-à-dire la septième partie des terres cultivables de l'Égypte. Or, dans ce total, Amon s'était taillé la part du lion. Il détenait à lui seul les trois quarts, parfois les quatre cinquièmes ou davantage encore de ses biens. 86 486 serviteurs, 421 362 têtes de bétail, 433 vignobles et vergers, 83 barques et navires, 65 villes dont les 9 villes étrangères précitées et 864 168 aroures, soit la dixième partie des terres du pays. De même, les revenus que le temple d'Amon tirait annuellement de son patrimoine étaient en disproportion avec ceux des autres sanctuaires égyptiens : seul, il recevait de l'or – en particulier du pays de Koush, " le pays de l'or d'Amon " – et il touchait dix-sept fois plus d'argent, vingt et une fois plus de cuivre, sept fois plus de têtes de bétail que les autres temples. Cette situation était due aux prodigalités des rois de la XVIIIe et de la XIXe dynastie ; elle n'était pas le fait de Ramsès III qui l'avait héritée de ses prédécesseurs. Il la subit mais non sans essayer de la modifier car ses générosités personnelles semblent être allées de préférence aux clergés et aux temples de Memphis, d'Héliopolis et des autres villes que ses ancêtres avaient moins largement traitées. C'est ainsi que sur 3 648 deben [1] d'or, qu'il lui arriva de distribuer pendant son règne, 183 seulement furent attribués à Amon – 827 deben d'argent sur 8 027 – 14 deben de lapis-lazuli sur 28 – 822 deben de cuivre sur 18 854 – 297 têtes de bétail sur 2 418. »

Le pharaon avait donc le souci d'équilibrer les revenus des temples et il voulait acquérir l'alliance d'un maximum de clergés. Thèbes n'était plus le centre de la vie religieuse. Cette démarche avait bien entendu un but politique mais elle témoigne aussi d'une grande piété.

« Je suis celui qui sacralise pour le maître des dieux Amon-Rê, lors de sa fête pour des millions d'années.

1. Le deben est un poids de 90 grammes.

« Je suis aussi celui qui dirige la fête.

« Pures sont mes mains pour consacrer les grandes offrandes devant celui qui m'a engendré ; je fais que mon temple soit dans ta suite, ô mon auguste père !

« J'ai agi pour que les biens qui se trouvent dans tes mains soient stipulés par écrit. Pour toi, j'ai fait un inventaire de tes possessions afin qu'il demeure, pour l'éternité attaché à ton nom. J'ai gouverné pour toi le Double-Pays comme tu me l'as donné depuis que je suis né.

« J'ai construit à ton nom des villes fortes dans le Pays bien-aimé, en Nubie et en Asie ; je les ai taxées d'impôts chaque année.

« J'ai fait que tu aies connaissance de mon œuvre, car mon auguste père est Amon-Rê qui se réjouit de la vérité et de la justice.

« J'ai agi ainsi à cause de ma puissance grâce à mon *ka* et au butin que j'ai pris au pays du nègre et au pays de Djahi. J'ai donné tout cela à ton *ka* afin de te satisfaire car tu es mon père divin, héritier du temps éternel, délivrant l'infini.

« Fais que mon temple soit en ton cœur à tout moment ; fais qu'il soit stable comme Thèbes, ta place vraie. »

4

LES EXPÉDITIONS DE RAMSÈS III

Le pharaon actif dans toute l'Égypte

Ramsès III ne se contentait pas d'œuvrer dans les grandes villes d'Égypte. Il imposa ses réalisations dans tout le pays avec une égale réussite.

Selon le papyrus Harris, Ramsès III axa son action sur les constructions, la réorganisation des domaines, les dons de bétail et d'objets de valeur, et ce dans au moins vingt-sept cités.

Le pharaon réalisa ainsi quelques modestes travaux dans le temple de Khnoum et lui affecta un domaine agricole, un bateau et son équipage.

En Haute-Égypte, l'activité de Ramsès III est attestée par diverses gravures, même si ses réalisations ont parfois totalement disparu, ne laissant même pas un reste de vestiges. Ainsi le pharaon fit-il probablement construire une chapelle à Kôm Ombo. A Edfou et près du Gébel el-Silsiléh furent instituées des fêtes en l'honneur d'Amon. Sans doute fit-il aussi restaurer le grand temple de Nekhbet à El-Kâb et un reposoir de barque à Tôd.

A Ombos, il restaura le sanctuaire de Seth et fit construire une « Maison de Ramsès Héqaiounou dans le domaine de Seth l'Ombite » auquel il donna cent personnes, un troupeau et des domaines céréaliers.

La ville de Coptos, à l'entrée de Ouâdî Hammâmât, était un lieu stratégique. Aussi y existait-il une forteresse qui surveillait ceux qui empruntaient cette route. Statues, prisonniers de guerre, fêtes, le pharaon fit en sorte que la ville de Coptos eut elle aussi tout cela. Il en confia la gestion à Ousermaâtrênakht qui dirigera des expéditions au Ouâdî Hammâmât pour y tailler des monuments. Le roi donna une douzaine de personnes au domaine d'Hathor de Hout-sékhem situé non loin de Coptos.

Les vastes plaines de Moyenne-Égypte, où les institutions possédaient des terres, étaient particulièrement entretenues. Parce que fertiles, les régions étaient perpétuellement menacées – on l'a vu – par les invasions libyennes. Aux forteresses et aux colonies militaires, Ramsès III dut donc sentir la nécessité d'ajouter des murs solides autour des lieux sacrés, notamment des temples d'Abydos, de This, d'Assioût et d'Hermopolis.

Chaque Égyptien souhaitait avoir un temple à Abydos, ville d'Osiris. Le pharaon n'était pas le dernier à formuler ce souhait. Le temple d'Osiris fut administré sous Ramsès III par un grand prêtre du nom d'Hori qui légua sa fonction à son fils Djéhoutymosé.

Qu'y fit Ramsès III ? Il l'entoura d'une enceinte, le restaura, lui donna terres et personnel, y fit placer une statue qui le représentait en train de faire des offrandes, lui offrit du mobilier et fit construire une barque, la Nechemet, pour conduire la divinité.

Il fit également restaurer des monuments, élevés là par ses prédécesseurs, et édifier une chapelle pour le culte de son père Sethnakht et de Tiy-Merenaset. Son propre temple funéraire, construit à cet endroit, fut doté de sept cents personnes.

Non loin de là, la ville de This était également vénérée pour avoir été, selon la légende, la ville d'origine des tout premiers pharaons. On y vénérait le dieu Onourishou.

Ramsès III fit entourer son temple pour le protéger des Libyens et lui attribua cent soixante personnes. Il lui donna des biens et des offrandes, et construisit un nouveau sanctuaire, le « Château de Ramsès Héqaiounou qui juge dans le domaine d'Onouris » qu'il dota de cinq cents personnes.

Cette ville de This et ses divers monuments furent toujours respectés par les pharaons. Sous Ramsès V, le domaine semblait posséder des terres et bénéficier d'une partie de la production des terres de Médînet Habou.

Après This, on parvenait, toujours en suivant le Nil, à Néshyt qui honorait le dieu Sobek. Ramsès III pourvut son temple de vingt-deux personnes. Non loin de là, à Ipou, où l'on honorait le dieu Min, le roi donna trente-huit personnes ainsi qu'un temple, « le Château de Ramsès Héqaiounou, dans le domaine de Min, seigneur d'Ipou », qu'il pourvut de deux cents serviteurs placés sous la direction d'un général du nom d'Inshefnou qui dirigeait aussi l'une de ses fondations à Assioût. A l'endroit où fut recueillie la pierre nécessaire à la construction du temple, Ramsès III fit placer une stèle. Vers ce lieu se trouvait un domaine cultivé par les Shardanes qui servait à l'entretien des scribes de l'armée.

Si nous suivons le cours du Nil, que trouvons-nous ? Un temple du dieu Khnoum à Shashotep auquel Ramsès III donna dix-sept personnes ; une chapelle de Thot, ancienne tombe d'un particulier appelé Khnoumâa ; un temple à Assioût où le pharaon fit restaurer la barque du dieu local et construire un atelier pour préparer les offrandes divines qu'il plaça au service de quatre personnes ; une deuxième chapelle qui fut édifiée au moment du jubilé du Roi.

279 personnes étaient chargées des deux chapelles, dont deux généraux, Inshefnou et Djéhoutyemhéb, qui en assuraient la direction.

La première chapelle avait nom « Château de Ramsès Héqaiounou dans le domaine d'Oupouaout ». La seconde, « Château de Ramsès Héqaiounou qui apparaît en fête-sed dans le domaine d'Oupouaout ».

Ramsès III fit également graver ses cartouches sur l'autel du temple du fleuve d'El-Hagg Qandîl, proche de l'ancienne capitale du pharaon Akhénaton, Amârna. Ce temple était toujours en service depuis le règne de ce roi pourtant rejeté par ses successeurs.

Pour protéger Khéménou, sur l'autre rive, où était honoré le dieu Thot et que menaçaient aussi les Libyens, Ramsès III encercla son temple d'une enceinte identique à celle de Médînet Habou. Offrandes, fêtes : tout fut accordé au dieu Thot dont s'occupèrent cinq cents personnes. Deux chapelles furent construites à côté du temple : le « Château » et la « Maison de Ramsès Héqaiounou dans le domaine de Thot ».

Non loin de là, à El-Sheîkh 'Ibâda, se trouvait également un temple de Thot datant de Ramsès II. Ramsès III y fit graver ses cartouches. On retrouve à cet endroit la trace de Mérybastet qui administra Médînet Habou et qui fit une brillante carrière.

Le pharaon ne se contenta pas de donner des offrandes aux temples d'importance. Il donna aussi du personnel au temple de Khnoum de Houtouret, à celui d'Amon de Iouroudj, à celui de Thot de Paoudjy et à celui de Sobek d'Anasha. Comme son père l'avait fait avant lui, Ramsès III fonda de nombreux domaines agricoles. Il ordonna quelques travaux dans le temple de Tehné construit pour Amon qu'il dota de quarante-quatre personnes et dont il exploita peut-être des carrières avoisinantes. En revanche, il ne fit aucun don au temple d'El-Babeîn dont il exploita les carrières comme l'avaient fait avant lui d'autres pharaons. Il s'y fit néanmoins représenter sur une stèle rupestre.

Si nous achevons ce parcours, nous parvenons dans la ville d'Harday où était rendu un culte à Anubis. Ramsès III lui donna soixante-dix-huit personnes. Il organisa les champs pour le culte d'une statue de son père Sethnakht à Menânkh. Puis il affecta une centaine d'ouvriers au temple de Seth de Sépermérou. Il donna encore une centaine de personnes au sanctuaire de Houtnennésou où se trouvaient de nombreux soldats chargés de défendre l'Égypte contre les invasions libyennes et veilla à l'administration d'une institution proche de Merméshaef où avait été bâti un temple dirigé par un certain Amenkhâou.

Un peu plus au nord, Ramsès III fonda une ville appelée « la Maison d'Ousermâatrê Méryimen ». Là se trouvait déjà une résidence portant le nom de Merour, « le grand canal », qui avait été construite sous la XVIIIe dynastie mais qui était encore utilisée pendant la XXe dynastie.

Quant à la région du Fayoûm, Ramsès III lui donna de nombreux ouvriers, tant pour le domaine du dieu Sobek que pour le temple de Seth ou pour « Amon-Rê qui est dans l'arrière-pays », pour le dieu Hathor d'Atfîh et celui de Mout d'Abouy-nétjérou où il avait déjà fait exploiter un grand domaine en faveur de Ptah en 1178.

Les troupeaux des différentes institutions paissaient surtout dans le Delta. De beaux vignobles s'étalaient le long de la branche du Nil située le plus à l'ouest. Ramsès III prit soin de les faire entretenir au mieux. Son action de bâtisseur se révéla surtout à Bubastis et à Athribis. Il se fit bâtir des pied-à-terre à Pi-Ramsès et à Tell el-Yahoûdîyéh, mais il concentra ses dons sur Bubastis à qui il donna troupeau et personnel, et qui était sans doute de son temps une ville importante à en juger par les nombreuses personnalités qui y furent enterrées.

L'action que le pharaon entreprit pour la ville d'Athribis, « le château du milieu », semble particulièrement importante car le temple d'Horus fut considéré à l'égal des temples les plus importants. Son clergé avait une totale autonomie administrative et pouvait même être exempté des réquisitions habituelles – ce qui semble être un avantage tout à fait exceptionnel. Ramsès III lui donna cent personnes, un troupeau, des prisonniers de guerre et des objets de grande valeur.

Expédition à Pount

Pour offrir tant de dons et tant d'hommes, Ramsès III se vit contraint de prendre à l'étranger ce qu'il ne possédait pas en Égypte. Il lui fallait du pin du Liban, du cuivre et de la turquoise d'Asie et du Sinaï, de la myrrhe d'Afrique. Aussi décida-t-il d'agir comme il l'avait fait pendant les guerres qu'il avait menées. Ramsès III partit se procurer ailleurs ce que son pays n'avait pas en quantité suffisante.

L'un des produits que Ramsès III appréciait particulièrement était la myrrhe. Si les Égyptiens se procuraient d'autres produits dans des pays avec lesquels ils entretenaient d'excellents échanges commerciaux, la myrrhe demeurait un produit rare et nécessaire aux cultes.

La myrrhe venait du « pays de Pount », au sud de l'Égypte. La reine Hatshepsout avait déjà envoyé des expéditions dans ce lieu quasi mythique.

Vers l'an 20 de son règne, Ramsès III fit lui aussi armer plusieurs navires et organiser une expédition parallèle par voie de terre. Il enrôla des marins et des soldats, et remplit ses vaisseaux de produits égyptiens. Il convenait en effet de nourrir les soldats pendant ce long voyage mais aussi d'en échanger contre d'autres produits du Pount. Si les indigènes se révélaient hostiles, il fallait combattre contre eux.

Quand arriva l'été, les navires quittèrent le golfe Persique. Il se peut que Ramsès III ait emporté les sapins du Liban jusque-là et qu'il ait construit une flotte sur place. Le pharaon avait consulté les dieux et le temps : les vents promettaient d'être favorables. Peut-être le pharaon avait-il conclu une entente avec le roi de Babylone afin que ses soldats pussent continuer à partir de l'Euphrate sur des navires babyloniens.

Les marins égyptiens naviguèrent pendant six semaines sans rencontrer d'entraves à leur périple. La flotte descendit l'Euphrate et contourna la péninsule arabique.

Pount se trouvait probablement dans la région de Souâkin (actuel Soudan). Les vents furent indispensables à la progression des navires égyptiens gréés avec une voile rectangulaire. De même, pour le retour, il était indispensable aux Égyptiens d'attendre octobre.

Aussi avaient-ils devant eux au moins trois mois pour parlementer avec les indigènes ou... les attaquer.

Ramsès III leur avait bien recommandé de prendre, en plus de la myrrhe, de l'encens sec, de la gomme arabique, des produits végétaux et des boutures d'arbres à myrrhe qui seraient plantées devant le temple de Ptah à Memphis. Sans doute ceux-ci ne résistèrent-ils pas au climat égyptien...

La réception des Égyptiens fut plutôt favorable. Ramsès III avait en effet toujours entretenu d'excellents rapports avec les étrangers. Aussi les Égyptiens obtinrent-ils sans mal les produits qu'ils étaient venus chercher et ils quittèrent même le Pount avec une délégation des fils de princes du pays. C'était là une preuve que Ramsès III était un conquérant dans l'âme. En ayant l'intelligence de resserrer ses liens d'amitié avec les étrangers toutes les fois qu'il le pouvait, en entretenant un commerce constant avec les pays les plus intéressants pour l'Égypte, en respectant les peuples et leurs civilisations, Ramsès III conquérait tous les cœurs et... tous les marchés !

Au retour, les navires égyptiens s'arrêtèrent au lieu-dit Mersa Gawâsîs où les Égyptiens possédaient un port appelé Saouou. Là furent déchargés les bateaux, puis les produits furent transportés sur des ânes jusqu'à Coptos. La route fut longue et pénible car les Égyptiens durent traverser des vallées désertiques. Au Ouâdî 'Atolla un cartouche de Ramsès III prouve le passage à cet endroit de l'expédition. Les produits ramenés du Pount furent embarqués sur des bateaux à Coptos. Ils parvinrent bientôt à Pi-Ramsès et furent présentés à Ramsès III par les enfants des princes locaux qui avaient été embarqués pour cette raison. On peut supposer que les caravaniers qui avaient emprunté la voie terrestre revinrent vers la même période. Les mers étant peu sûres, il était plus prudent d'envisager un voyage par terre et un voyage par mer.

Il y eut un défilé des produits en présence du roi. Les enfants des princes le saluèrent, baisèrent la terre et se mirent à plat ventre devant lui. Les princes s'installèrent en Égypte et devinrent serviteurs d'Amon ou soldats de la garde royale.

L'expédition à Timna'

Un autre lieu s'avéra très convoité par Ramsès III : le Gébel Atak, connu aujourd'hui sous le nom de Timna'. Les falaises environnantes étaient riches en gisements de cuivre. Ces gisements étaient exploités, disait-on, depuis le IVe millénaire avant J.-C. mais les Égyptiens connaissaient la présence de ce métal depuis la XIXe dynastie.

Les Égyptiens avaient vraiment besoin de cuivre. Aussi exploitèrent-ils les gisements de Timna' dès le règne de Ramsès II. On se souvient que Ramsès II avait conduit une campagne militaire contre le pays d'Edom, où se trouvait le Gébel Atak et contre le pays de Moab. La nécessité d'exploiter ce cuivre l'entraîna sans doute à des démarches plus pacifiques.

Les mineurs égyptiens travaillaient alors avec les autochtones. Ils creusèrent dans la falaise des puits et des galeries. Ils construisirent aussi des enceintes où ils dormaient et où ils stockaient le minerai. Celui-ci était moulé en lingots avant d'être transporté en Égypte. Ces camps possédaient leurs temples, notamment un sanctuaire consacré à la déesse Hathor.

La crise de la fin de la XIXe dynastie avait néanmoins

ralenti ces exploitations, si bien que Ramsès III sentit, là encore, le besoin d'organiser une nouvelle expédition vers l'an 20 du règne. Pour réussir pleinement son entreprise, le pharaon fit une campagne contre les habitants du pays d'Édom puis il fit construire une forteresse pour garder un point d'eau. Le pays devait être en effet complètement pacifié pour que l'expédition fût une réussite et que l'exploitation durât longtemps.

Ramsès III envoya des troupes à travers le Sinaï avec des ânes. Ces troupes partirent probablement de Pi-Ramsès. D'autres troupes partirent de la région de Suez et firent leur jonction avec les troupes précédentes aux environs du golfe d''Aqaba après avoir mouillé à l'îlot de Gézîret Fara'oûn, « l'île du pharaon ».

Sans doute suivirent-elles une route qui les mena vers El-'Arish puis dans le sud, au lieu-dit Nahal Roded où furent retrouvés deux cartouches de Ramsès III.

Ramsès III avait si bien préparé le terrain que non seulement cette exploitation fut un succès, mais elle se poursuivit jusqu'à Ramsès V.

Quand les troupes revinrent après des mois de travail, les lingots de cuivre furent présentés au roi à Pi-Ramsès. Le pharaon avait fait rassembler pour l'occasion tous les notables de la ville. Il contempla les lingots de la fenêtre du palais où il avait coutume d'apparaître devant ses courtisans ou devant de nobles étrangers.

Ramsès III remercia tout particulièrement l'échanson royal Ramsèsemperrê (« Ramsès est dans la maison de Rê ») qui avait été à l'origine de cette entreprise. Ramsèsemperrê devait être un Asiatique qui avait fait carrière en Égypte. Peut-être Ramsès III avait-il eu l'ingéniosité de le choisir parce qu'il parlait la langue de Timna' et qu'il connaissait bien la contrée.

Autre objet de convoitise pour Ramsès III : la turquoise qui était employée par les Égyptiens dans la fabrication des bijoux, du mobilier, et qui servait à orner les statues des dieux. Les Égyptiens en avaient besoin en quantité impressionnante. Or, des mines de turquoise étaient exploitées depuis longtemps déjà dans les monts du Sinaï.

Une expédition s'avéra très vite indispensable à Maghâra et à Sérâbît el-Khâdim. Plusieurs expéditions avaient déjà été organisées par d'autres pharaons comme en témoignent les graffitis et les stèles qui ont été retrouvés sur place.

Sur le second site se trouvait un temple dédié à Hathor et à Soped qui avait été agrandi dès la XVIIIe dynastie. Le père de Ramsès III y avait envoyé des mineurs.

Ramsès III décida donc de faire partir du Caire une expédition pour Sérâbît el-Khâdim. Celle-ci se rendit d'abord dans la région de Suez avant de longer le littoral du Sinaï. Elle en rapporta une grande provision de turquoise, sous la direction d'un échanson appelé Sébekhotep. Le pharaon était plus que satisfait.

SIXIÈME PARTIE

LA CONSPIRATION DU HAREM

1

LA FÊTE-SED

Grèves et mécontentement

Comme tous les pharaons, Ramsès III se voulait un roi exemplaire, presque divin. Il n'empêche que ses sujets étaient réduits, comme ceux des pharaons précédents, à la servitude. Étaient-ils si heureux que les monuments commémoratifs veulent bien le laisser entendre ? Ramsès III était-il un roi aussi humain et juste qu'il voulait le laisser croire ? Le doute s'installe quand on considère les grèves qui ont précédé la célébration du jubilé royal.

Toutes ces grèves témoignent de failles évidentes dans le système administratif en apparence si bien rodé. Celles de Deir el-Médîneh furent particulièrement suivies. Elles commencèrent juste avant la célébration du jubilé. Les ouvriers se plaignaient en effet de ne pas recevoir leur salaire.

Au début de l'an 29, le scribe Néferhotep écrivait au vizir To :

« Communication à mon maître; je suis en train de travailler dans les tombes des enfants royaux que mon maître m'a chargé d'aménager. Je travaille très bien, efficacement, avec une manière d'agir parfaite, avec une manière d'agir efficace. Que mon maître ne se fasse pas de souci à leur sujet. Je travaille le mieux possible sans me laisser aller.

« Autre communication à mon maître : nous sommes dans un total dénuement. On nous a laissés sans denrée de la maison blanche, de la réserve ou du grenier. Pourtant, un chargement de pierre, ce n'est pas léger! On nous a retiré aussi 6 oipé d'orge que l'on nous a rendus sous la forme de 6 oipé de terre! Mon maître devra nous procurer un moyen de subsistance. Car nous sommes en train de mourir. La subsistance ne nous est plus assurée d'aucune manière [1]. »

Le 10 du mois de péret de l'an 29, les ouvriers sortirent de Deir el-Médîneh sans tenir compte des postes de garde et passèrent cinq redoutes. Ils criaient :

« Nous avons faim. Nous attendons notre salaire depuis dix-huit jours! »

Ils s'installèrent dans le temple de Médînet Habou puis ils partirent vers Deir el-Baharî et délibérèrent au temple funéraire de Thoutmosis III (« château de Menkheperré »).

Dès qu'il fut prévenu, le scribe Amennakhté, fils d'Ipouy, accourut avec des inspecteurs du scribe de la Tombe, deux chefs d'équipe, deux substituts et deux curateurs, mais il ne put qu'entendre leurs protestations.

« Veuillez vous en retourner. Nous avons une affaire qui relève de Pharaon, Vie, Santé et Force. »

1. E. F. Wente, *Letters from Ancient Egypt*, Atlanta, 1990, p. 50-51.

Les ouvriers refusaient de reprendre leur travail tant qu'ils n'étaient pas payés. Ils manifestèrent toute la journée et ils n'acceptèrent de rentrer dans leur village que le soir, peut-être contre des promesses. Les ouvriers rappelèrent à leurs chefs qu'en l'an 28 leurs salaires avaient été versés avec huit jours de retard et que le scribe Néferhotep avait dû écrire lui-même au vizir To. Le 21 du second mois d'akhet, leur salaire avait été versé avec vingt jours de retard. Le scribe Amennakhté avait dû insister pour obtenir une avance de quarante-six sacs de blé. Pour ce faire, il s'était même rendu au temple d'Horemheb.

La manifestation des ouvriers résidait plus dans le fait de quitter l'institution de la Tombe que dans l'interruption du travail, les neuvième et dixième jours étant considérés comme des jours de congé.

Les négociations ne durent pas aboutir car les ouvriers manifestèrent de nouveau dans les jours qui suivirent. Ils s'installèrent à la porte sud du Ramesseum le 11 du second mois de péret et y passèrent la nuit. Le 12, ils entrèrent pour obtenir du grain malgré la bonne volonté du scribe Pentaour qui leur avait donné un chargement de cinquante-cinq bateaux.

Les « madjoy [1] » arrivèrent avec la ferme intention de mettre fin aux manifestations, mais rien n'y fit. Un compte rendu fut donc fait au gouverneur de Thèbes, Ptahemheb, qui gérait les biens de l'État dans sa juridiction. Sans doute le chef des policiers tentait-il d'obtenir gain de cause pour les ouvriers qui, de leur côté, négociaient avec le secrétaire du gouverneur et les prêtres du Ramesseum.

« C'est la faim et la soif qui nous ont conduits à agir ainsi ! Nous n'avons plus ni légumes, ni vêtements, ni

1. Gendarmes.

huile, ni poisson ! Écrivez à pharaon et au vizir, notre supérieur, pour qu'on nous procure un moyen de subsistance ! »

Les ouvriers réussirent à obtenir ce jour-là une partie de leur salaire. Le lendemain, le 13 du second mois de péret, le gouverneur arriva avec d'autres nourritures. Le chef des madjoy, Montoumès, prit le parti des ouvriers et leur demanda de fermer leur demeure et de gagner avec leurs femmes et leurs enfants le temple de Séti Ier à Gourna.

« Voyez, je vous expose ma réaction ; remontez et ramassez vos outils, fermez vos portes ; emmenez vos femmes et vos enfants ; je marcherai devant vous jusqu'au château de Menmaâtré, vie, santé, force, et je ferai que vous vous installiez là au plus tôt. »

S'ils reçurent leur salaire en retard, les ouvriers se heurtèrent cependant au même problème le mois suivant. Ils durent attendre plusieurs jours avant que les policiers ne procurassent à chacun d'entre eux un demi-sac de grain et de la bière. Insatisfaits, les ouvriers manifestèrent une nouvelle fois et défilèrent avec des flambeaux.

Les ouvriers poursuivirent leur mouvement pendant quatre jours. Le directeur des troupes du château du roi du Sud et du Nord, Ousermaâtrê-miamoun, vint au-devant de l'équipe.

« Dites-moi ce que je devrai écrire à ce sujet à Pharaon, vie, santé, force. »

Le gouverneur régla sans doute la question car ce qui était dû fut versé aux ouvriers mais, le mois suivant, les mêmes causes entraînèrent les mêmes effets. Les ouvriers quittèrent leurs maisons pour la troisième fois et se rendirent « à l'Enclos » de la Tombe. Les chefs tentèrent de les ramener au village, mais les ouvriers se montrèrent plus hargneux.

« Aussi vrai que perdurent Amon et le roi, vie, santé, force, dont la colère est pire que la mort, affirma Mosé, fils d'Aanekht, je jure que si on m'emmène d'ici je violerai une tombe et si je ne le fais pas, que ce soit pour avoir juré par le nom de pharaon, à ce sujet qu'on me châtie. »

Les ouvriers reçurent finalement leurs salaires mais ils arrêtèrent de nouveau leur travail le mois suivant. Quand ils se rendirent à Médînet Habou, leurs chefs employèrent tous les moyens pour les retenir. Le scribe Amennakhté envoya même deux inspecteurs de Thèbes pour les ramener. Un des ouvriers lui donna ce message de la part d'un certain Qenna, fils de Routa, et d'un certain Hay, fils de Houy : « Nous ne reviendrons pas ! Transmets ce message à tes supérieurs ! Nous ne poursuivons pas cette grève à cause de la faim. Mais nous accusons des malfaiteurs d'avoir commis de mauvaises actions. »

Inquiet, Amennakhté les rejoignit : il voulait en savoir plus. On lui répéta l'accusation en lui conseillant de la transmettre en haut lieu.

Que se passait-il en effet dans l'administration du pays ? Ces événements se déroulant juste avant la fête-sed, toute l'administration ne semblait s'intéresser qu'au jubilé. Peut-être celui-ci entraînait-il également des dépenses qui nuisaient au versement régulier des salaires. Les ouvriers reprochaient surtout à l'administration d'être indifférente à leur sort. Le vizir To ne devait-il pas passer à Thèbes chercher les statues des dieux pour le jubilé du roi ? Mais cette fonction d'importance l'accaparerait, disait-il. Il n'aurait pas le temps de s'arrêter pour entendre leurs doléances ; il leur faisait donc envoyer ce qu'il restait dans les greniers, une demi-ration. Pour le reste, il leur fallait patienter.

Le chef des madjoy, Nebsoumenou, prononça le discours du vizir To à sa place :

« Si je ne suis pas venu à vous, n'est-ce pas parce que je n'avais rien à vous apporter ? Vous me dites : " Ne nous retire pas notre ration. " Est-ce moi, le vizir, qui donne pour retirer ? Ne voudrais-je pas donner ce qu'a fait celui qui occupait le même poste que moi ? Mais il n'y a rien dans les greniers. Je vous donnerai ce que j'ai trouvé. »

Cette réponse ne les contenta pas. Leur chef, Khonsou, leur dit de prendre le pain qu'on leur donnait puis de s'entretenir avec les envoyés de To à Médînet Habou. Amennakhté les en empêcha :

« N'y allez pas ! Je viens de vous donner deux sacs de blé. Si vous y allez, vous serez condamnés là où vous vous rendrez par n'importe quel tribunal ! »

Onze jours plus tard, les ouvriers, cette fois affamés, se rendirent au temple funéraire de Merenptah au moment où le vizir s'y trouvait. Ils l'appelèrent, le supplièrent, si bien que le vizir étonné fit venir à eux le jardinier du directeur des bœufs, Meniounéfer, pour leur dire :

« Voyez, je vous ai donné ces cinquante sacs de blé amidonnier pour servir de moyen de subsistance jusqu'à ce que Pharaon, vie, santé, force, vous donne les rations. »

Les ouvriers renchérirent et confièrent à Amennakhté que le vizir To avait détourné les pains consacrés au culte de Ramsès II qui devait leur revenir. Amennakhté leur dit :

« Je dois partir à Thèbes pour formuler une plainte devant le premier prophète d'Amon au sujet du gouverneur de Thèbes. Il ne leur a pas donné les pains de l'offrande divine d'Ousermaâtrê-Séterenrê, vie, santé, force. C'est une grave faute qu'il a commise. »

Ainsi s'acheva cette succession de grèves qui semblaient dues à la gestion qui précédait la fête-sed. Ensuite tout rentra dans l'ordre à Deir el-Médîneh. Pendant un an, aucun trouble ne dérangea le travail des ouvriers et les salaires furent régulièrement versés.

La fête-sed

Les Égyptiens n'en préparèrent pas moins avec dévotion le jubilé royal de la trentième année du règne de Ramsès III. Depuis le règne de Ramsès II, aucun pharaon n'avait régné suffisamment longtemps pour fêter cette « fête-sed ».

Fidèle à la tradition, Ramsès III avait projeté de fêter cet anniversaire à Memphis. Des rites de mort et de résurrection devaient symboliser la jeunesse du pharaon. Une succession de manifestations, semblables à celles du couronnement, rappellerait ce jour divin et une course à pied témoignerait de ses forces physiques.

Les pèlerins arrivèrent nombreux à Memphis bien avant le jour du jubilé. Voir le pharaon de près constituait, en effet, une attraction exceptionnelle. Toutes les fois où le roi se déplaçait, une foule en joie l'accompagnait. Déjà, des distributions de nourriture et de boisson avaient comblé le peuple qui s'apprêtait à l'acclamer.

Des installations avaient été aménagées. C'était les « châteaux de la fête-sed » où devaient se tenir les manifestations. Une cour carrée avait été soigneusement nettoyée en vue de la course royale. Des chapelles devaient servir à différents rites. Des vestiaires étaient destinés à accueillir le roi qui était contraint de changer de tenue plusieurs fois dans la journée. Il y avait en outre une cour rectangulaire avec une estrade (la *tjentjat*). Le long de la cour, des chapelles devaient abriter des statues de dieux spécialement déplacées pour la circonstance.

Toutes ces installations existaient du temps de Ramsès II, mais elles demandaient quelques restaurations. Ramsès III se chargea d'entreprendre les travaux pour son jubilé. Le pharaon avait pensé à tout car il voulait absolument contenter son peuple après les grèves qui avaient frappé le pays. Aussi fit-il acheminer jusqu'à Memphis une grande quantité d'offrandes. Mais il fallait aussi préparer sa résidence et les chars royaux.

Bientôt partirent de Memphis de nombreux messagers du roi chargés d'annoncer dans les provinces et dans le reste du pays que le jour du jubilé approchait.

Pour l'occasion, Ramsès III nomma To, le vizir de Haute-Égypte, vizir du pays tout entier huit mois avant le jubilé, au cours de la fête d'Opet qui avait lieu à Thèbes.

On l'a vu, To se chargea en personne de faire collecter, un mois avant le jubilé, les statues des dieux qui devaient remplir les chapelles vides. Elles vinrent à Memphis avec leurs prêtres. Le bateau du vizir prenait en remorque les navires contenant les statues. On sait ainsi qu'il passa à El-Kâb au mois de péret de l'an 29 de Ramsès III pour y prendre l'effigie de la déesse Nekhbet accompagnée du prêtre Sétaou [1] et qu'il collecta la

1. Dans la tombe de Sétaou se trouve, en effet, un tableau représentant la scène.

déesse du dieu Amon à Karnak le 28 du mois de péret. S'arrêtant en chemin, le vizir embarqua ainsi toutes les statues puis il fut rejoint par d'autres navires en provenance de Basse-Égypte. Il navigua sur le Nil et arriva à Pi-Ramsès où le pharaon accueillit les divinités. Le roi se serait même chargé en personne d'amarrer les bateaux par respect pour les dieux qui venaient honorer son jubilé.

Aussitôt après l'arrivée des statues et des prêtres, le roi, la reine et toute la cour s'embarquèrent à Pi-Ramsès pour rejoindre Memphis par la voie du Nil, suivis des barques transportant les effigies divines. Ils furent reçus par un peuple heureux, massé sur le port, qui acclamait le pharaon. Le fils de Ramsès III, Khâemouaset, amena jusqu'au pharaon les autorités de la ville. Puis Ramsès III manifesta le désir de gagner sa résidence.

Le grand jour était enfin venu. Aussi le pharaon et sa cour manifestèrent-ils le souhait de se reposer pour être au mieux de leur forme.

Le matin de la fête, le roi se fit longuement vêtir puis il quitta le palais dans son char d'apparat. Quand il arriva sur le lieu de la cérémonie, des acclamations extraordinaires l'accueillirent. Devant lui étaient portées les enseignes du dieu Oupouaout, « l'ouvreur de routes » [1].

Dès qu'il arriva aux châteaux de la fête, le pharaon fut accueilli par des prêtres puis il pénétra dans une chapelle où il abandonna sa tenue pour revêtir un suaire. Ce changement de tenue était symbole de mort et de renaissance.

1. Ramsès III fera bâtir en l'honneur de ce dieu un temple à Assioût pour rappeler son rôle lors du jubilé.

Après cette première cérémonie, Ramsès III se purifia puis il revêtit un manteau en lin blanc. Il se rendit, ainsi vêtu, dans la cour où se trouvaient les chapelles des dieux et y refit toutes les cérémonies qui avaient accompagné son sacre. Deux trônes avaient été placés là sur une estrade. Ramsès III y prit place devant les statues des dieux et leurs prêtres réunis. Il se coiffa tantôt de la couronne blanche de la Haute-Égypte, tantôt de la couronne rouge de la Basse-Égypte, tantôt du *pschent* qui réunissait les deux. Puis il offrit des offrandes à chaque dieu présent après s'être à chaque fois lavé les pieds et les mains.

Le roi put enfin gagner la cour où devait se dérouler la course à pied. Il revêtit donc un pagne tout en gardant les marques de sa royauté – la couronne, le sceptre et le flabellum – et il effectua une course qui attesta sa parfaite forme physique. Cette course symbolisait aussi celle du soleil. Au terme de cette épreuve, Ramsès III revêtit sa tenue royale. Il prit un arc et tira quatre flèches en direction des quatre points cardinaux. Ainsi annonçait-il le début de son second règne. Il pouvait alors procéder sur des simulacres au massacre des ennemis de l'Égypte. Le peuple l'acclama et le reconduisit jusqu'à son palais : Ramsès III était pharaon pour la deuxième fois. Il pouvait être satisfait :

« J'ai célébré pour toi, dieu Ptah, la première fête-sed de mon règne, identique à l'une des nombreuses fêtes de Taténen. J'ai renouvelé pour toi les rites à l'intérieur de l'estrade. Des cérémonies ont été faites en ton honneur avec d'innombrables offrandes en provenance de toute l'Égypte devant les dieux de Haute et de Basse-Égypte assemblés. »

2

LE COMPLOT

Les ambitions de Tiy

Tout semblait donc bien se passer sous cette fin de règne de Ramsès III. Cependant, dans le harem du pharaon chargé de l'entretien des reines et des princesses, une femme appelée Tiy, épouse secondaire du pharaon, se mit à avoir une ambition démesurée pour son fils Pentaour. Elle avait même prévu le nom sous lequel il régnerait. Elle envisagea de le faire couronner pharaon à la place du futur Ramsès IV. En eut-elle elle-même l'idée ou quelqu'un de malveillant la lui inspira-t-il ? Quoi qu'il en fût, elle réussit bientôt à mettre de son côté toutes les femmes du harem et le chef de celui-ci qui en parla au scribe Pendouaou et à un certain Ilélem qui devait travailler pour lui.

Mais quel était le pouvoir des épouses secondaires comme Tiy ?

La reine, c'est-à-dire la Grande Épouse Royale, assurait un rôle de première importance. Elle devait mettre au monde les héritiers du trône. Ramsès III n'avait pas hésité à honorer aussi ses propres filles. Si Pharaon était Rê, son épouse était Mout, Isis, Hathor, ou Tegnout. Si les fils du roi étaient nés d'une femme secondaire, il leur fallait, pour acquérir plus de puissance, épouser leur demi-sœur, fille de la Grande Épouse Royale.

Seule la Grande Épouse Royale conseillait le roi. L'institution du harem royal était parallèle à l'administration royale tout en étant indépendante. Là où résidaient l'Épouse Royale et les enfants royaux se tenaient aussi les femmes secondaires et les *néférout*, les Beautés du palais dont les chants et les danses étaient destinés à charmer le pharaon. L'organisation du harem était commandée par un chef de l'Administration assisté d'un adjoint qui commandait de nombreux scribes du harem, des inspecteurs et des fonctionnaires appelés « scribes de la Porte du harem » et « gardiens des Portes ». Une telle institution requérait de nombreux domestiques. Il fallait aussi s'occuper des troupeaux, des cultures, de l'exploitation des produits agricoles, des pêcheries, des ateliers du harem et des rentrées d'impôts.

Le rôle du harem dominé par la Grande Épouse Royale était de recevoir les princesses que le roi avait épousées et leurs suites. Ces épouses secondaires menaient un train de vie élevé et s'occupaient des enfants qu'elles avaient eus du roi.

L'institution du harem comportait plusieurs « maisons » : une à Memphis, une à Thèbes. Le harem du palais devait suivre le roi pendant ses déplacements. Le harem de Gourob accueillait à l'entrée du Fayoûm le roi quand il venait chasser et pêcher au bord du lac Karoun ou dans le désert.

Les femmes du harem passaient leur temps à jouer de la musique, à danser, à lire de la poésie, à tisser et à surveiller les ateliers de tissage ou la fabrication des produits de beauté. Dans les ateliers étaient travaillés le bois, l'ivoire et le verre.

Le harem était donc constitué de plusieurs catégories d'épouses. Sous la domination de la Grande Épouse Royale étaient installées les épouses royales secondaires, ou d'origine étrangère, entourées de leurs enfants, et les favorites qui ne figuraient dans le harem que pendant leur gloire, souvent éphémère. Ces dernières étaient couronnées de fleurs comme les filles du roi qui devenaient ses épouses. Les favorites étaient appelées les « Dames du harem ». Elles pouvaient être données en mariage à de hauts fonctionnaires ou à des proches collaborateurs du roi.

Les femmes du harem possédaient des appartements somptueux aux fresques poétiques – papyrus bleuté, pièces d'eau entourées de lotus, poissons nacrés, tourterelles... A l'intérieur, des jarres ornées de guirlandes bleues contenaient des victuailles et des biens précieux. Les coffres à linge et à bijoux étaient faits de bois du Soudan et du Proche-Orient, incrustés d'ivoire ou plaqués d'or. Les lits bas possédaient des « sommiers » de chanvre tressé recouverts de coussins en peau de gazelle.

Dans le harem se trouvait la maison des enfants royaux. Leurs précepteurs étaient souvent d'anciens généraux. Il existait au palais une école où les nobles apprenaient en même temps que les princes. Certains devinrent ainsi les meilleurs officiers des fils du roi.

Nombreuses étaient les jalousies et les rivalités qui animaient les épouses principales ou secondaires entourées de leur famille, de conseillers, de confidents ambitieux et de partisans, adversaires les uns des autres.

Le complot du harem d'accompagnement qui suivait le roi en voyage dut avoir lieu pendant la fête de la Vallée. Il fut peut-être favorisé par le fait que Ramsès III n'avait pas désigné parmi ses épouses royales la mère du premier héritier. La reine était alors Isis, une de ses demi-sœurs ou l'une de ses filles. Tiy cherchait peut-être à se venger de la victoire de Ramsès III sur les Peuples de la Mer et du fait que les princesses libyennes avaient été incorporées dans le harem royal.

Les membres du complot

Dans le papyrus judiciaire de Turin, il est spécifié que trente personnes, membres de la famille royale ou dignitaires, furent impliquées dans la conspiration du harem. Beaucoup furent condamnés à mort et virent leur nom rayé ou modifié des monuments où ils avaient été gravés. Pa-Bakenimen (« le serviteur d'Amon ») devint ainsi Paybakkamen (« le serviteur aveugle ») ; Méryrê (« l'Aimé de Rê ») Mésedsourê (« Rê le hait ») ; le chef du harem est appelé « Panik » (le Démon).

Le Turin Strike Papyrus rédigé par le scribe d'Amennakhté est ainsi appelé parce qu'il est conservé au Musée de Turin. En effet, la documentation que nous possédons sur l'affaire est partielle et fragmentaire. Certains documents ne sont disponibles qu'à partir de copies, médiocres, faites par un dénommé Rifaud. La source principale est donc ce papyrus conservé au Musée de Turin qui propose surtout une liste des coupables et des châtiments qui leur furent infligés, présentée par Ramsès III qui se décharge de son rôle de juge. Si les coupables ont été châtiés, c'est parce que les hommes qui furent chargés de les juger l'ont voulu ainsi. Les coupables ne sont pas châtiés par un despote mais ils sont victimes de leurs crimes.

Le papyrus de Turin était peut-être une affiche rédigée en hiératique et placardée en public à l'entrée du temple funéraire de Ramsès III.

Les papyrus Lee, Rollin et Varzy, très abîmés, traitaient de chaque conspirateur.

Curieusement, alors que tout le harem devait être au courant du complot, le pharaon n'en fut pas informé. Sans avoir participé directement au complot, ceux qui ne daignèrent pas l'informer furent condamnés à mort. Tel fut le sort de Imenkhâou, le substitut du harem itinérant, du scribe Payiry et de six administrateurs.

Les conjurés acquirent la complicité de deux ministres : Payiry, fils de Roumâ, le chef du Trésor, et « Penhouybin », un chef du bétail. Le premier, on s'en souvient, avait été chargé de l'expédition qui avait rapporté la pierre avec laquelle avait été édifié Médînet Habou. Le second, surnommé « le mauvais Houy », était sans doute le chef du bétail que le roi avait donné à un temple de Memphis.

Des échansons comme Ouarna Yényny, Hentouenimen, Oulen, Yenenoulalik rejoignirent les conjurés. Il semble que le chef de la chambre Paybakkamen, aidé de son adjoint Ashahebsed, ait aidé les femmes du harem à communiquer à leur famille leur volonté de se révolter contre le pharaon. L'une des femmes écrivit même à son frère appelé Binemouast (« mauvais dans Thèbes »), qui était chef militaire de la Nubie égyptienne, de rassembler ses troupes en vue de la révolte. Celui-ci fut ensuite condamné à mort.

Un général nommé Payis (« le chauve »), qui avait peut-être participé à la construction de Médînet Habou, se rangea, lui aussi, du côté des conjurés et tenta ensuite de corrompre ses juges [1]. Deux prêtres furent également acquis : Parêkamenef (« Rê l'aveugle ») et Iyry Parêkamenef qui devait en réalité s'appeler Parêhérounemef (« Rê est à sa droite »). Le premier était prêtre ritualiste en chef. Il s'occupait du déroulement des cérémonies religieuses dans le pays. Quant au second, il était également chef des prêtres de la déesse Sekhmet de Bubastis.

Le complot présentait donc plusieurs groupes : les conspirateurs de l'intérieur formés des femmes du harem qui avaient mis leurs parents de leur côté grâce à six épouses de gardes et qui étaient aidées par des échansons, par le scribe de la chambre du roi du harem, par quatre contrôleurs du harem et par Imenkhâou ; ceux qui avaient reçu l'ordre d'organiser une armée et de marcher sur le palais royal (le chef des archers de Koush, Binemouast, frère d'une femme du harem ; Payiry, Penhouybin, Payis et l'échanson Nébdjefaou) ; les prêtres et magiciens Parêkamenef et Iyry ; les scribes Messoui et Shâdnemtetef qui maîtrisaient la technique de la sorcellerie. « La Maison de vie » était le centre du sacré où étaient gardés les grimoires. Iyri possédait à Pi-Ramsès une maison dans le quartier résidentiel. Il y habitait avec son épouse Asetnofret et son fils Hori.

Les prêtres étaient particulièrement réputés pour leur connaissance de la magie noire. Aussi Paybakkamen et ses complices leur demandèrent-ils des philtres

1. Certains historiens voient en Payis un prêtre devenu général sous Ramsès III appelé Paemnétjer.

magiques pour endormir les gardes du harem dont les femmes elles-mêmes semblaient acquises à leur cause.

Le conjuré Penhouybin demanda au scribe Shâdnemtetef [1] (« celui dont la marche est interrompue ») de voler dans la bibliothèque royale un document au nom de Ramsès III pour composer un philtre puissant. « Ils se mirent à faire des écrits magiques pour désorganiser et jeter la confusion, en faisant quelques dieux de cire et quelques hommes pour rendre sans force des membres humains et à les remettre à Paybakkamen dont Phrê n'a pas fait qu'il soit chambellan et aux autres grands ennemis avec ces mots : " Introduisez-les ". »

Ils introduisirent donc les aiguilles dans les corps de cire et quand ils les firent entrer, de mauvaises actions furent commises. Phrê ne permit cependant pas qu'elles réussissent. On constata que toute faute était bien réelle et qu'elles avaient bien été accomplies, qu'elles étaient donc passibles de la peine de mort [2].

Quand Penhouybin, le directeur du bétail, demanda un écrit digne d'inspirer la terreur, il lui fut donné un écrit de Ousermaâtrê-miamoun, vie, santé, force, le dieu grand, son maître. Ainsi put-il entrer en contact avec la divinité en endormant les gens. « Il accéda au harem et à la " grande place profonde ". Il fit des hommes de cire afin de les placer à l'intérieur par l'intermédiaire du contrôleur, jetant la confusion dans une équipe, ensorcelant les autres, faisant passer certains messages à l'intérieur, en portant d'autres à l'extérieur. Et quand on l'interrogea à leur sujet, on constata la réalité : il avait bien commis toutes ces mauvaises

1. Tel était le nom sur le papyrus de Turin. Sans doute s'appelait-il à l'inverse Ousekhnemtet, « celui qui marche facilement ».

2. Papyrus Rollin.

actions. On lui infligea de lourds châtiments entraînant la mort, en accord avec les dieux. Et quand il se rendit compte des graves fautes qu'il avait commises, il se donna lui-même la mort [1]. »

Les conjurés avaient trouvé des livres de sorcellerie et pratiqué l'envoûtement sur des figurines de cire afin de neutraliser les gardes. Le pharaon usa lui aussi de magie pour assurer sa protection car il fallait également utiliser la magie pour supprimer les maux apportés par les recettes de sorcellerie.

La punition des coupables

Le complot fut bientôt éventé et les conjurés arrêtés. Ceux-ci avaient-ils l'objectif de tuer Ramsès III ? Rien n'est moins sûr. Le pharaon souffrait en effet d'une artériosclérose et son état de santé était extrêmement mauvais. Peut-être est-ce précisément ce mauvais état du roi qui poussa Tiy à concevoir un complot pour la succession. Sans doute les conjurés avaient-ils commencé à agir par la magie avant d'être arrêtés car une barque royale avait été coulée pour hâter la mort du roi. Or, cette barque était le symbole du navire conduisant le pharaon à son tombeau.

Tout cela reste hypothétique. En raison des ennuis de santé de son père, il n'est pas impossible que Ramsès IV exerçait déjà le pouvoir. Il était chef d'armée depuis longtemps et était assisté dans cette tâche par son frère Amenherkhopshef II, chef de la charrerie.

Quoi qu'il en fût, le complot échoua et une commission de douze juges et enquêteurs fut chargée de châtier les conjurés. Qui trouvait-on parmi ces juges ? Deux

1. Papyrus Lee.

responsables du Trésor, « directeurs de la maison blanche », Montouemtaouy et Payefraouy (ou Payfrou), cinq échansons, Paybaset (ou Pabès), Qédenden, Baâlmaher, Pairousounou et Djéhouty-Rekhnéfer, un héraut, Penrenout, un flabellifère, Kar (ou Kel), deux scribes, Mây et Parâemheb, un porte-étendard, Hori.

« Les paroles qu'ont dites ces hommes, je ne les connais, pas, écrira le roi. Les juges ont interrogé les coupables et ont fait que ceux qui avaient mal agi mourussent de leurs propres mains sans que j'aie eu à en connaître. Ils infligèrent un châtiment aux autres sans que j'aie eu à en connaître non plus, et ce parce que j'ai donné les instructions suivantes : “ Soyez consciencieux et prenez garde que quelqu'un ne subisse à tort un châtiment qui n'est pas au fait de son cas. Que tout ce qu'ils ont fait se manifeste contre leur tête tandis que je suis protégé et à l'abri jusqu'à l'éternité, et tandis que je suis au contact des rois justifiés qui sont en présence d'Amon-Rê-Sonther et devant Osiris régent de l'éternité. ” »

Trois de ces juges se laissèrent corrompre et furent jugés à leur tour.

Quelle était la mission des juges ? D'enquêter sur les accusés et de les faire avouer et châtier. Les conjurés avouèrent bientôt sous la torture tout ce que souhaitaient les juges agissant selon la volonté des dieux.

Comme il a été dit plus haut, les criminels perdirent leurs noms originels. Ils perdirent aussi leurs fonctions.

Cinq listes énumérèrent les coupables, les trois premières portant sur les principaux responsables : le chambellan Paybakkamen pour sa complicité avec la reine Tiy et avec les femmes du harem, et parce qu'il avait fait passer leurs messages à leurs parents afin qu'ils rassemblassent des gens et menassent une guerre contre leur maître ; l'échanson Mésedsourê, complice de Paybakkamen ; le directeur de la chambre du roi du harem, Panik ; le scribe Pendouaou ; le contrôleur du harem Patchaouemdiimen ; les contrôleurs du harem, Kaspous, Khâemopet, Khâemmal et Sethymenperdjehouty ; les échansons Sethyemperimen et Oulen ; Ashahebsed, l'assistant de Paybakkamen ; l'échanson et scribe Palik ; l'échanson Yenen le Libou ; six femmes des hommes des portes du harem ; le chef des archers de Koush, Binemouast, parce qu'il avait écrit à sa sœur qui faisait partie du harem : « Rassemble des hommes, prends les armes et viens faire la guerre à ton maître » ; le général Payis ; le scribe de la maison de vie Messoui ; le magicien Parêkamenef, le directeur des prêtres purs Iyry ; l'échanson Nebdjefaou ; le scribe de la maison de vie Shâdmentetef pour avoir révélé le contenu de la maison de vie ; Pentaour pour sa complicité avec sa mère ; l'échanson Hentouenimen qui se trouvait au milieu des femmes du harem et qui n'avait rien révélé du complot (il se donna lui-même la mort) ; le substitut du harem Imenkhâou pour les mêmes raisons que le précédent (il se donna la mort) ; le scribe de la chambre du roi Payiry pour les mêmes raisons (il se tua lui-même).

Certains furent donc exécutés, d'autres manifestement acculés au suicide. Toutefois, le soin de se châtier soi-même peut sembler curieux. Une momie, déterrée à Deir el-Baharî, connue sous le nom de « momie du prince », a entraîné une autre explication. Il s'agit d'un homme de vingt-cinq à trente ans aux organes intacts qui a été enseveli sans avoir été embaumé. Or, son visage semble garder les signes d'une horrible agonie et d'épouvantables convulsions, peut-être dues à une asphyxie. Auquel cas, cet homme aurait pu être enterré vivant [1].

1. G. Maspero, *Momies royales*, p. 782.

Condamnés à mort, les conjurés avaient tenté le tout pour le tout afin de corrompre leurs bourreaux. Le général Payis et quelques femmes avaient organisé un banquet pour Pabès, Mây, Hori et deux gardes, Taynakhti et Neney, le chef de la police. Cependant, Hori, qui s'était tout d'abord mêlé au festin, avait révélé le complot et les juges corrompus avaient eu les oreilles et le nez tranchés. Pabès se suicida plutôt que de vivre ainsi. Le porte-étendard Hori fut réprimandé « en des termes très durs ».

Tous avaient été élevés par le pharaon à des fonctions inespérées. Aussi devait-il subir un châtiment à la hauteur de leur ingratitude. Seules les femmes du harem parurent échapper au châtiment suprême.

3

LA MORT DE RAMSÈS III

Les funérailles

Ramsès III mourut peu de temps après, le 15 du troisième mois de chémou vers l'an 1153 avant J.-C. Il avait régné trente-deux ans. Son fils lui succéda sous le titre de Ramsès IV.

Dès que le pharaon mourut à Thèbes, la nouvelle circula dans tout le pays. Un message fut adressé aux ouvriers de Deir el-Médîneh :

« Troisième mois de chémou, jour 16. Ce jour, Montoumosé est venu informer ceux de la Tombe : " Le faucon (le roi Ousermaâtrê Méryimen, le fils de Rê, Ramsès Héqaiounou) a pris son envol et le roi Ousermaâtrê Sétepenimen, le fils de Rê, Ramsès Méryimen, Ramsès IV, s'est assis sur le trône de Rê à sa place. " »

Les ouvriers se lamentèrent jusqu'au soir.

A la Vallée des Rois fut transporté le matériel funéraire de Ramsès III. Celui-ci devait être complété par les bijoux traditionnels : le masque en or ; plusieurs colliers en or, en pierres et en perles de faïence ; plusieurs pectoraux aux motifs en forme de scarabée sur le revers duquel était gravée l'invocation : « O mon cœur, cœur de ma mère, cœur de mes différents âges, ne te dresse pas contre moi comme témoin, ne t'oppose pas à moi dans le tribunal, ne fais pas pencher le plateau à mon désavantage devant le gardien de la balance, car tu es le *ka* qui est dans mon corps, le dieu Khnoum qui garde mes membres intacts. Ne laisse pas mon nom sentir mauvais... Ne dis pas de mensonge contre moi auprès du dieu » ; des cœurs en lapis-lazuli gravés au nom du roi défunt ; des bracelets pour les poignets, les bras, les cuisses et les chevilles ; des doigtiers, des bagues, des sandales, des amulettes et des statuettes de divinités ; des reproductions de nombreux objets-cannes, sceptres, armes, attributs royaux.

Le roi défunt pouvait être momifié puisqu'il avait abordé sur l'autre rive. Ses proches étaient en deuil pour soixante-dix jours. Ils restaient prostrés chez eux ou sortaient le visage barbouillé de limon. L'embaumement commença. On enleva le cerveau du roi et tous les organes à l'exception du cœur et on les répartit en quatre paquets pour les quatre vases canopes.

Après avoir été deux fois nettoyés, les organes furent remplacés par des aromates. Son corps fut ensuite salé avec du natron. Au bout de soixante-dix jours, le corps fut lavé puis enveloppé de bandelettes taillées dans une étoffe de lin et enduites de gomme. Quinze produits permirent d'achever le travail ; la cire d'abeille pour couvrir les oreilles, les yeux, le nez, la bouche et l'incision du corps ; la casse et la cinnamome, l'huile de cèdre, la gomme, le henné, les baies de genevrier, les oignons, le vin de palme et plusieurs espèces de résine, la sciure de bois, la poix et le goudron extraits des sapins du Liban.

La momie de Ramsès III fut alors habillée de bijoux. Sur l'incision faite par l'opérateur fut placée une feuille d'or sur laquelle était gravé l'œil *oudja* qui permettait de guérir les plaies. Un exemplaire du *Livre des Morts* fut placé entre ses jambes. Puis son corps fut enveloppé de bandes de lin. Un dernier linceul enveloppa le tout. Vingt jours plus tard, le pharaon fut enterré.

C'est sans doute pendant cette période que le papyrus Harris fut rédigé sous les ordres de Ramsès IV. Ce discours – le dernier de Ramsès III – s'adresse aux dieux et aux notables, et rappelle les bontés et les réalisations de Ramsès III. En échange, que le peuple égyptien accepte et honore Ramsès IV comme il le doit :

« O Dieu, que mon fils devienne roi car c'est toi qui l'as prédit quand il était adolescent ! Qu'il vive plus vieux que tous les pharaons en fonction des bienfaits que j'ai accomplis pour toi. Fais de mon fils un parfait souverain. Qu'il gouverne le Double-Pays comme tu le souhaites, toi, le roi de l'Égypte ! (...) Regarde-moi, prête-moi tes oreilles, dieu Ptah, père des pères, qui a fait l'Ennéade ; écoute mes prières car je suis ton fils bien-aimé aux multiples bienfaits. Accepte mon fils comme roi et mets-le sur le trône ! »

Ramsès III emploie un ton plus impératif pour s'adresser au peuple égyptien :

« Prosternez-vous devant Ramsès IV, courbez-vous devant lui, servez-le en tout temps. Adorez-le, respectez-le, louez sa perfection comme vous le faites pour le dieu Rê dès l'aurore. Donnez vos présents à son palais. Apportez-lui des dons des différentes régions d'Égypte et de l'étranger. Imprégnez-vous de ses paroles et des décrets qu'on vous lira. Si vous êtes attentifs à ses paroles, vous serez à l'abri de sa colère. Travaillez pour lui dans toutes les sortes de travaux : construisez pour lui des monuments et des canaux. Si vous n'économisez pas vos bras, vous serez félicités et nourris chaque jour ! »

Sans doute ce document fut-il réalisé par Ramsès IV et placardé au moment de la mort de son père. Chacun put le lire, notamment les prêtres venus spécialement assister à la levée du corps et à son culte funéraire.

Le corps de Ramsès III fut, comme prévu, inhumé dans la Vallée des Rois. L'enterrement de Ramsès III entraîna un grand étalage de larmes dans le peuple. Des pleureuses avaient été louées. Le visage couvert de limon, la poitrine découverte, la robe déchirée, elles gémirent et se frappèrent la tête. Des serviteurs portaient des gâteaux et des fleurs, des jarres et des vases, le mobilier et les effets du roi. Les bijoux furent transportés ostensiblement. Le sarcophage avait été déposé dans un catafalque et embarqué sur le Nil. Un prêtre revêtu d'une peau de panthère brûlait de la résine. La barque portant le catafalque était tirée par une autre barque.

« Qu'on aille à l'ouest vers la vérité ! », gémissaient les pleureuses sur d'autres embarcations.

Un long cortège accompagna le catafalque dès qu'il fut débarqué. Des boutiques avaient été installées près de la Vallée des Rois. Les prêtres redonnèrent au défunt l'usage de ses membres et de ses organes. Les lamentations se multiplièrent. On plaça le sarcophage dans la maison d'éternité de Ramsès III avec ses bijoux, son précieux mobilier et ses provisions de bouche, sans oublier les Osiris, des cadres de bois qui avaient la forme d'Osiris momifié. Ces derniers furent remplis d'orge et de sable. Puis on arrosa l'orge pour la faire germer, symbole de résurrection du défunt. Les maçons et les architectes pouvaient entamer leurs chants mélodieux.

Le pillage de la tombe

A la fin de la XXe dynastie, la tombe fut cependant pillée. Les bijoux furent volés. Il est intéressant, à cet égard, de connaître le témoignage d'un pilleur de tombes :

« Je me joignis au charpentier du château de Ousermaâtrê-miamoun, vie, santé, force..., au décorateur du domaine d'Amon Hâpyâa, au cultivateur du domaine d'Amenemopê, au charpentier des chasseurs d'Amon Iirimen, au choachyte du palanquin du roi Menkheperrourê, au passeur du gouverneur de Thèbes, Ahay... Nous partîmes pour faire des pillages dans les monuments funéraires... Nous prîmes nos pics de cuivre et nous perçâmes la pyramide du roi (Sekhemrê-Shedtaouy) à la recherche des pièces intimes. Nous trouvâmes son appartement inférieur ; nous prîmes des torches allumées dans nos mains ; nous descendîmes ; nous enlevâmes le remblai que nous trouvâmes à l'entrée de sa niche. Nous trouvâmes le pharaon allongé au fond de sa sépulture. Nous trouvâmes la sépulture de l'épouse royale... Nous ouvrîmes leurs sarcophages et leurs cercueils. Nous trouvâmes la momie vénérable de ce roi avec un cimeterre ; un grand nombre d'amulettes et de parures d'or entouraient son cou ; son masque d'or était sur lui ; la momie était entièrement couverte d'or ; les cercueils étaient rehaussés d'argent et incrustés de pierres précieuses. Nous ramassâmes l'or que nous trouvâmes sur cette momie vénérable ainsi que les amulettes, les parures... et les cercueils... Nous mîmes le feu à leurs cercueils ; nous prîmes leurs équipements que nous trouvâmes avec eux : des ustensiles en argent et en cuivre. Nous partageâmes entre nous : nous fîmes huit parts. »

Quelles étaient les motivations de ces pilleurs qui risquaient des châtiments cruels ? Certains avaient le goût du luxe, mais la plupart cherchait tout simplement à se nourrir.

Pris sur le fait, les pilleurs de la tombe de Ramsès III reconnurent qu'ils avaient agi par nécessité. Les produits des vols étaient, dans ce cas, immédiatement échangés contre des céréales, du poisson, des légumes, du lait, de l'huile ou de la graisse.

De nombreux pilleurs étaient des artisans organisés en petites bandes. Piller une tombe royale réclamait un long travail qui ne pouvait être réalisé à l'insu des Égyptiens. Certains pilleurs étaient même des ouvriers de l'institution de la Tombe, carriers, sculpteurs, peintres, ou des employés qui veillaient aux besoins des ouvriers, pêcheurs, jardiniers, porteurs d'eau, bûcherons, charpentiers... Des policiers, chargés de la sécurité et de la surveillance des Tombes, étaient souvent soudoyés et devenaient complices.

Le grand prêtre d'Amon Pinodjem Ier plaça le corps dans un nouveau linceul en l'an 9 puis en l'an 10 de Smendès (1061-1060 avant J.-C.). Cette tombe fut profanée une nouvelle fois puis restaurée en l'an 13 et en l'an 15 de Smendès par les deux scribes Djésersoukhonsou et Boutéhamon. En l'an 10 de Siamon (vers 969 avant J.-C.), il fut encore inhumé avec d'autres corps de pharaons dans la tombe inutilisée de Inhâpy, reine de la XVIIIe dynastie, épouse d'Ahmosis Ier. Cette tombe se trouvait près de Deir el-Baharî. Elle fut découverte en

1871 par la famille Abd el-Rassoûl du village de Gourna.

Le corps fut transféré au Caire en 1881 par Émile Brugsch et dépouillé de ses bandelettes par Gaston Maspero le 1er juin 1886 devant le khédive Taoufîq, des représentants britanniques et turcs, le Premier ministre Nubar Pacha, l'ensemble des ministres et de nombreuses personnalités. Il se trouve aujourd'hui au Musée égyptien du Caire.

CONCLUSION

Curieusement, aucun des Ramsès qui succédèrent à Ramsès III pendant la xxe dynastie n'accomplit de réalisations notoires au regard de celles accomplies par Ramsès III. Aucun esprit de conquérant chez les successeurs de Ramsès III. Seul son fils Ramsès IV souhaitait réaliser des monuments qu'une vie trop courte lui empêcha de voir achevés. Il fit notamment commencer un temple funéraire à Thèbes. Suivit un évident déclin de la monarchie et des problèmes internes.

Au Nouvel Empire, une période de prospérité avait pourtant apporté de nombreux bras, des techniques et des croyances nouvelles, et une ouverture aux cultures étrangères mais aussi des matières premières, des denrées, des produits de luxe. De nombreuses régions, telle la Syro-Palestine, placées sous protectorat égyptien, donnaient à l'Égypte tributs et taxes, métaux et denrées.

Mais avant tout, les conceptions du peuple égyptien s'étaient modifiées. Auparavant, le créateur laissait à la création une certaine autonomie, l'ordre social était respecté, la divinité peu sollicitée, la réussite de celui qui respectait les lois connue. « Si tu es d'humble condition et que tu entres au service d'un homme qui a réussi, et dont la situation est bonne auprès du dieu mais dont tu as appris la basse extraction, ne sois pas insolent. Respecte-le pour ce qu'il est devenu. La fortune ne vient pas d'elle-même. Ce sont les dieux qui font la réussite. » Le dieu assurait la bonne marche du cosmos. C'était avant tout un dieu solaire. Le pharaon était son représentant sur terre. Il rendait un culte au dieu, favorisant ainsi son action dans le cosmos. Les dieux veillaient, eux, sur la terre et l'ordre dont la cohésion était assurée par la déesse *Maât*. Celle-ci veillait aussi à la bonne marche de la société et à sa hiérarchie. Mais

« Maât est puissante, durable est sa pertinence.
« On n'a pu la modifier depuis le temps d'Osiris.
« Celui qui transgresse les lois est puni.
« C'est ce qui échappe à l'avide.
« C'est bien la bassesse qui s'empare des richesses
« Mais il n'y a pas d'exemple que la vilenie
« ait jamais mené son action à bon port. »

La divinité n'en était pas moins la suprême instance qui réglait les choses, les dieux pouvant intervenir dans la vie de chaque individu. L'émulation était de règle à condition de respecter l'ordre établi et les institutions. C'était l'époque des carriéristes et des arrivistes, non des corrompus.

A partir du Nouvel Empire, un nouvel état d'esprit fut caractérisé par le fait que les Égyptiens rejetaient l'ordre établi. Puisqu'il n'avait rien à espérer, l'homme recherchait le salut dans une relation avec la divinité qui lui assurait le bien-être sur terre et la survie dans l'au-delà.

La corruption se multiplia à tous les niveaux, du scribe au prêtre, et dans toutes les administrations de l'État. Les « combines » et les malversations s'étaient à ce point répandues que les Égyptiens étaient devenus sceptiques à l'égard des institutions. La falsification des comptes était d'autant plus aisée que l'Égypte avait seulement des monnaies de compte. Les scribes avaient tendance à arrondir les totaux dans la comptabilité des céréales et cette habitude fréquemment répétée finissait par représenter de sérieux détournements des biens publics.

Les détournements de fonds et la falsification de documents devinrent fréquents sous le Nouvel Empire comme l'atteste la *Sagesse* d'Aménemopé. Quoi de plus facile, en effet, que de falsifier une comptabilité ou des documents lorsque la grande majorité de la population est illettrée ?

Aménemopé évoque également la corruption de l'appareil judiciaire, la rapacité des juges dont souffrent avant tout les pauvres. Aussi les Égyptiens sentaient-ils la nécessité de faire appel à un vizirat divin, toute autorité humaine, même pharaonique, leur semblant discutable.

Qu'entraîna donc cette confiance dans le divin ? Le développement de la piété individuelle et la multiplication des oracles, la soumission du pouvoir à la parole des oracles entraînant bien des avantages pour ceux qui les manipulaient, membres du haut clergé d'Amon.

A la fin de la dynastie, les habitants de Thèbes pillèrent les tombes et les temples funéraires des rois. Suite à plusieurs guerres civiles, le pouvoir fut exercé différemment. Le grand prêtre Amon Amenhotep (descendant de Mérybastet) prit le gouvernement de la

Nubie, de la Haute et de la Moyenne-Égypte jusqu'en 1080 avant J.-C. Hérihor, un général, chassa alors le vice-roi de Koush, Panéhisy, en Nubie, avant de prendre sa place à son décès. Pendant ce temps, Smendès, fils ou frère d'Hérihor, prit la tête du reste du pays. Il attendit toutefois la mort de Ramsès XI pour devenir pharaon et épouser une fille du roi (Hérihor était mort quelque temps avant). Ainsi commençait la XXIe dynastie.

Ramsès III aurait-il pu éviter ce déclin de la monarchie ? Sans doute pas, car il se comporta en parfait pharaon. Comment les institutions pouvaient-elles en effet entretenir l'ensemble de la population et sortir des fortunes pour la réalisation de grands travaux ? Sans compter qu'il leur fallait faire face aux crises politiques, aux famines... et qu'il leur était impossible de licencier des ouvriers (liés par contrat) ou de négliger un culte même secondaire. Alors que les travailleurs ne pouvaient être nourris, d'autres terres étaient données au domaine d'Amon, d'autres travailleurs, d'autres institutions entraînant des déficits impossibles à combler.

Ramsès III avait su faire venir des richesses de l'étranger. Les butins de guerre avaient renfloué les caisses. Sans ces apports nécessaires, le système économique égyptien ne pouvait subsister. Cependant, si Ramsès III avait battu les Peuples de la Mer, leur migration avait entraîné la création d'États indépendants dans le Proche-Orient. Bientôt, la Palestine ne fournit plus à l'Égypte les richesses qu'elle lui avait apportées sous Thoutmosis IV ou Ramsès II. Les Peuples de la Mer en Palestine entraînèrent, vers 1030, la création du Royaume d'Israël. Il eût fallu que les rois de la XXe dynastie, à l'instar de Ramsès III, envisageassent une succession de campagnes d'exploitations ou de guerres. Au lieu de quoi, l'Égypte perdit non seulement ses cités asiatiques mais celles-ci entrèrent en conflit avec elle à son détriment.

Pour suppléer la déficience de la monarchie et pour survivre, les Égyptiens pillèrent des tombes et n'hésitèrent pas à confier ou à reconnaître le pouvoir parallèle d'un chef local.

On peut se demander pourquoi les successeurs de Ramsès III n'envisagèrent-ils pas comme leurs prédécesseurs des réformes d'une base économique chancelante et vouée à l'échec, pourquoi ne tentèrent-ils pas de reconquérir les terres perdues ou ne se posèrent-ils pas en conquérants. Sans doute avaient-ils foi dans la pérennité de la monarchie auréolée de religion et de l'œuvre de Ramsès III. Les troubles que connut la fin du règne de Ramsès III aurait dû les alerter. Négligence, paresse, manque de courage, insouciance, autant de facteurs qui font de Ramsès III « l'homme aux cent constructions », le dernier grand pharaon du Nouvel Empire, celui qui s'était couché dans le Pays-du-Silence comme son père Rê et qui s'était mêlé à la grande Ennéade du ciel, de la terre et de l'Au-delà.

ANNEXES

CHRONOLOGIE DES PRINCIPAUX ROIS d'ÉGYPTE JUSQU'À LA XXIe DYNASTIE

Période Thinite

Ire dynastie (quatrième millénaire avant J.-C.) : 8 rois dont Ménès et Athôthis.
IIe dynastie : 9 rois.

Ancien Empire

IIIe dynastie (troisième millénaire avant J.-C.) : 6 rois dont Nebkarê Bébi, Djeser, Kerphérès, Snefrou.
IVe dynastie : 7 rois dont Khéops, Sherou et Iemhotep.
V^e dynastie : 9 rois.
VIe dynastie : 6 rois dont Téti, Ouserkarê, Merenrê.

Période intermédiaire

VIIe dynastie : Néterkarê et Neterikert (la reine Nitocris).
IXe dynastie : 4 rois dont Akhthoes.

Moyen Empire

XIe dynastie : 7 rois.
XIIe dynastie : 8 rois : Amenemmès Ier ; Sésostris Ier ; Amenemmès II ; Sésostris II ; Sésostris III ; Amenemmès III ; Amenemmès IV ; Sebeknefrourê (reine).

Les trois dynasties suivantes sont très obscures :
XIVe dynastie : Toutimaios.
XVe dynastie (Hyksos) : Apophis ; Seouserenrê Khian ; Maâïbrê.
XVIe dynastie (Hyksos) : Aakenenrê Apepi (Apophis).
XVIIe dynastie : une vingtaine de règnes.

Nouvel Empire

XVIIIe dynastie (1550-1291) : Ahmosis Ier (1550-1525) ; Aménophis Ier (1525-1504) ; Thoutmosis Ier (1504-1492) ; Thoutmosis II (1492-1479) ; Hatshepsout (1479-1458) ; Thoutmosis III (1479-1425) ; Aménophis II (1428-1397) ; Thoutmosis IV (1397-1387) ; Aménophis III (1387-1350) ; Aménophis IV-Akhénaton (1350-1333) ; Smenkharê (1333) ; Toutânkhamon (1333-1323) ; Aÿ (1323-1319) ; Horemheb (1319-1291).

XIXe dynastie (1291-1185) : Ramsès Ier (1291-1289) ; Séti Ier (1289-1278) ; Ramsès II (1279-1212) ; Merenptah (1212-1202) ; Amenmessé (1202-1199) ; Séti II (1199-1193) ; Siptah (1193-1187) ; Taousert (1187-1185).

XXe dynastie (1185-1069) : Sethnakht (1185-1184) ; Ramsès III (1184-1153) ; Ramsès IV (1154-1148) ; Ramsès V (1148-1144) ; Ramsès VI (1144-1136) ; Ramsès VII (1136-1128) ; Ramsès VIII (1128-1125) ; Ramsès IX (1125-1107) ; Ramsès X (1107-1098) ; Ramsès XI (1098-1069).

XXIe dynastie (1069-945) : Smendès (ce règne comprend celui de Hérihor dans le sud) ; Psousennès Ier ; Kheperkhârê Pinedjem ; Amenemopé ; Siamon ; Psousennès II.

RÉSUMÉ DE L'HISTOIRE ÉGYPTIENNE

Avant J.-C.	PÉRIODE PROTODYNASTIQUE (Ire et IIe dynasties)
3200-2700	Unification de l'Égypte sous Ménès ; début de la lignée pharaonique (capitale à Memphis).
	ANCIEN EMPIRE (IIIe-VIe dynasties)
2700-2200	Age des pyramides. Pyramides à degrés de Djéser. Grande Pyramide de Khéops. Déclin sous Pépi II.
	PREMIÈRE PÉRIODE INTERMÉDIAIRE (de la VIIe à la Xe dynastie)
2200-2040	Les rois se succèdent rapidement et ne possèdent aucun pouvoir (VIIe et VIIIe dynastie). IXe et Xe dynasties de Ninsu. Révolte de Thèbes (XIe dynastie).
	MOYEN EMPIRE (XIe et XIIe dynasties)
2134-1991	Les rois thébains réunifient l'Égypte (XIe dynastie).
1991-1786	Conquête de la Nubie. Grande prospérité.
	DEUXIÈME PÉRIODE INTERMÉDIAIRE (de la XIIIe à la XVIIe dynastie)
1786-1540	Déclin du pouvoir royal. Les Hyksos s'emparent du pouvoir obligeant les rois de la XIIIe dynastie à devenir leurs vassaux. La XVIIe dynastie repousse les Hyksos au nord (vers 1550).
	NOUVEL EMPIRE (XVIIIe, XIXe et XXe dynasties)
1550-1291	Expulsion des Hyksos. Empire égyptien en Syrie et en Nubie.

1291-1185	Grande prospérité. Travaux architecturaux importants.
1185-1069	Déclin après Ramsès III. *Période de ce livre.*
	PÉRIODE TARDIVE (XXIe à XXXe dynastie) Période « post-impériale » ou « troisième période intermédiaire ».
1069-945	Dynastie Tanite (rois à Tanis, grands prêtres d'Amon).
945-715	Dynastie libyenne : XXIIe dynastie : Sheshonq Ier entreprend des raids en Palestine. Faiblesse des successeurs et perte de l'unité.
750-656	XXVe dynastie nubienne. Les rois de Napata s'emparent de l'Égypte. Après le coup assyrien de 663, ils ne conservent que le sud de Thèbes. Renouveau saïte, les Perses et les périodes de l'Indépendance.
664-525	La XXVIe dynastie restaure l'unité. Prospérité de l'Égypte. Renouveau des constructions.
525-400	Assimilation de l'Égypte à l'empire perse (XXVIIe dynastie).
400-332	Volonté d'indépendance des derniers pharaons (XXVIIIe à XXXe dynastie) et reconquête perse (341-332).
	ÉPOQUE GRÉCO-ROMAINE
332-323	Alexandre le Grand « libère » l'Égypte.
323-30	Dynastie des Ptolémées à Alexandrie qui se termine avec Cléopâtre.
30	Empire romain puis période byzantine (Égypte Copte).
Après J.-C.	ÉGYPTE MÉDIÉVALE ET MODERNE
641	Conquête islamique de l'Égypte. Périodes arabe et turque. A partir de 1922 et 1952, indépendance de l'Égypte.

Les dates antérieures à 650 avant J.-C. sont souvent approximatives. Certaines dates de l'époque tardive admettent une marge d'inexactitude de 5 à 10 ans.

Les dates du Nouvel Empire sont exactes à 10 ans près. Il est ainsi possible que Séti Ier ait régné 20 ans ou 15 ans et la durée de la corégence d'Akhénaton est souvent contestée.

BIBLIOGRAPHIE

Les ouvrages cités ci-dessous ne constituent qu'un choix parmi l'ensemble des livres utilisés, le papyrus Harris et les inscriptions restant les sources principales.

ALLAM, S., *Hieratische Ostraka und Papyri aus des Ramessidenzeit*, Tübingen, 1973.

ALLIOT, M., *Le culte d'Horus à Edfou au temps des Ptolémées*, Le Caire, 1949.

ASSMANN, J., *Ägypten, Theologie und Frommigkeit einer frühen Hochkultur*, Stuttgart, 1984.

ASSMANN, J., *Maât, L'Égypte pharaonique et l'idée de justice sociale*, Conférences, essais et leçons du Collège de France, Paris, 1989.

BARGUET, *L'Empire des conquérants*, vol. II, Paris, Gallimard, 1979.

BARGUET, P., *Le temple d'Amon-Rê à Karnak*, Le Caire, 1962.

BARGUET, P., *The Cambridge Ancient History*, Cambridge University Press, 1975.

BECKERATH (von), J., *Untersuchungen zur politischen Geschichte der zweiten Zwischenzeit in Ägypten*, Gluckstadt, 1964.

BEDELL, E.D., *Criminal Law in the Egyptian Ramessid Period*, Brandeis, 1973.

BELLION, M., *Égypte ancienne*. Catalogue des manuscrits, Paris, 1987.

BETRO, C., *I Testi solari del portale di Pascerieritaisu*, Pise, 1991.

BIERBRIER, M.L., *The Late New Kingdom in Egypt*, Warminster, 1975.

BONHEME, M.-A. et FORGEAU, A., *Pharaon, les secrets du pouvoir*, Paris, 1988.

BOTTI, G., PEET, T.E., *Il Giornale della Necropoli di Tebe*, Turin, 1928.

BREASTED, J.H., *Development of Religion and Thought in Ancient Egypt*, New York, 1912.
BRUYÈRE, B., *Rapport sur les fouilles de Deir el-Médîneh*, Le Caire, Institut français d'archéologie orientale, 1926-1953.
BUCAILLE, M., *Les Momies des pharaons et la médecine*, Paris, 1987.
CERNY, J., *A Community of Workmen at Thebes in the Ramessid Period*, Le Caire, 1973.
CERNY, J., *The Valley of the Kings. Fragments d'un manuscrit inachevé*, Le Caire, 1973.
CHAMPOLLION, J.-F., *Monuments de l'Égypte et de la Nubie*, Paris, 1835-1845.
CHARPENTIER, G., *Recueil de matériaux épigraphiques relatifs à la botanique de l'Égypte antique*, Paris, 1986.
CHRISTOPHE, L.-A., « Les fondations de Ramsès III entre Memphis et Thèbes », *Cahiers d'Histoire égyptienne*, Le Caire, octobre 1954.
DAUMAS, F., *La civilisation de l'Égypte pharaonique*, Paris, 1965.
DEMAREE, R.J. et JANSSEN, J.J., *Gleanings from Deir el Medîna*, Leyde, 1982.
DESROCHES NOBLECOURT, C., *La femme au temps des pharaons*, Paris, 1986.
DEVERIA, T., *Le papyrus judiciaire de Turin et les papyrus Lee et Rollin, Étude égyptologique*, Paris, 1868.
DONADONI, S., *La religione dell'Antico Egitto*, Bari, 1959.
DRIOTON, E., et VANDIER, J., *L'Égypte*, Paris, 1962.
DUVERGER, M., *L'Égyptologie en 1979. Axes prioritaires de recherches*, édition du C.N.R.S., Paris, 1982.
ERICHSEN, W., *Papyrus Harris I. Hieroglyphische Transkription.* Fond. égyptologique Reine Élisabeth, Bruxelles, 1933.
FRANDSEN, P.J., *An Outline of the Late Egyptian Verbal System*, Copenhague, 1974.
FRANKFORT, H., *The Cenotaph of Seti I at Abydos*, Londres, 1933.
GARDINER, A.H., *The Wilbour Papyrus*, Oxford, 1948.
GARDINER, A.H., *Ramesside Administrative Documents*, Oxford, 1948.
GARDINER, A.H., *Egypt of Pharaons*, Oxford, 1961.
GARDINER, A.H. *Late Egyptian Miscellanies*, Fond. égyptologique Reine Élisabeth, Bruxelles, 1937.
GARELLI, P., *Le Proche-Orient asiatique*, Paris, 1969.
GAUTHIER, H., *Les fêtes du dieu Min*, Le Caire, Institut français d'archéologie orientale, 1931.
GRANDET, P., *Ramsès III, Histoire d'un règne*, Pygmalion, 1992 (pour l'administration et les constructions sous Ramsès III).
GRAPOW, H., *Kranker, Krankheiten und Artz. Vom gesunden und*

kranken Ägypter, von den Krankheiten, von Artz und der ärztlichen Taegtigkeit, Berlin, 1956.

GRAYSON, A.K. et REDFORD, D.B., *Papyrus Egypt*, Englewood Cliff, New Jersey, 1973.

GRIMAL, N., *Histoire de l'Égypte ancienne*, Paris, 1988.

GROLL, S.I., *Pharaonic Egypt. The Bible and christiavity*, Jérusalem, 1985.

GUTGESELL, M., *Die Datierung der Ostraka und Papyri aus Deir el Medineh und ihre ökonomische Interpretation*, Hildesheim, 1983.

HABACHI, L., *Sixteen Studies on Lower Nubia*, Institut français d'archéologie orientale, Le Caire, 1981.

HARRIS, J.R., WENTE, E.F., *An X-Ray Atlas of the Royal Mummies*, Chicago, 1980.

HOLSCHER, U., *Medinet Habu Studies*, Chicago, 1930.

HORNUNG, E., *Les dieux de l'Égypte. Le Un et le Multiple*, Monaco, 1987.

HUSSON, G. et VALBELLE, D., *L'État et les institutions en Égypte des premiers pharaons aux empereurs romains*, Paris, 1992.

JAMES, T.G.H., *Pharaoh's People. Scenes from Life in Imperial Egypt*, Londres, 1984.

JANSSEN, J.J., *Commodity Prieces from the Ramessid Period*, Leyde, 1975.

JANSSEN, J.M.A., *De traditioneele egyptische Autobiografie*, Leyde, 1946.

KAENEL (von), F., *Les prêtres-ouâb de Sekhmet et les conjurateurs de Serket*, Paris, 1984.

KAPLONY-HECKEL, U., *Äegyptischen Handschriften*, Wiesbaden, 1971-1986.

KEEL, O., *Re und Amun. Die Krise des polytheistischen Weltbilds im Äegypten der 18-20*, Fribourg, 1983.

KEES, H., *Ancien Egypt. A cultural Topography*, Londres, 1961.

KITCHEN, K.A., *Ramsès II, le pharaon triomphant*, Éditions du Rocher, Monaco, 1985.

KITCHEN, K.A., *The Third Intermediate Period in Egypt*, Warminster, 1986.

KITCHEN, K.A., *Ramesside Inscriptions*, Oxford, 1969-1989 (publication en caractères hiéroglyphiques de tous les textes d'époque ramesside).

KRUTCHEN, J.-M., *Le décret d'Horemheb*, Bruxelles, 1981.

LALOUETTE, C., *L'Empire des Ramsès*, Paris, 1985.

LALOUETTE, C., *Textes sacrés et textes profanes de l'ancienne Égypte I et II*, Paris, 1987.

LEFEBVRE, G., *Histoire des grands prêtres d'Amon de Karnak*, Paris, 1929.

LEFEBVRE, G., *Romans et contes égyptiens de l'époque pharaonique*, Paris, 1949.
LESKO, L.H., *A Dictionary of Late Egyptian*, Berkeley, 1982-1987.
MALININE, M., POSERNER, G., VERCOUTTER, J., *Catalogue des stèles du Sérapeum de Memphis*, Paris, Imprimerie nationale, 1968.
MC DOWELL, A.G., *Jurisdiction in the workmen's Community of Deir el-Médîna*, Leyde, 1990.
MORENZ, S., *La religion égyptienne*, Paris, 1962.
MORET, A., *Le rituel du culte divin journalier en Égypte*, Paris, 1902.
MORET, A., *Le Nil et la civilisation égyptienne*, Paris, 1926.
MORSCHAUSER, S., *Threat-Formulae in Ancien Egypt*, Baltimore, 1990.
NELSON, H.H., *Medinet Habou*, Chicago, The University of Chicago Press, 1930-1970.
OTTO, E., *Wesen und Wandel der ägyptischen Kultur*, Berlin, 1969.
PEET, T.E., *The Great Tomb-Robberies of the twenthieth Egyptian Dynasty*, New York, 1977.
PINKOFF, A., *The Litany of Rê*, New York, 1964.
PORTER, B., et MOOS, R., *Topographical Bibliography of ancient Egyptian texts, reliefs and paintings*, Oxford, 1934-1974.
REDFORD, D.B., *Akhenaten*, Princeton, 1984.
REEVES, C., *Valley of the Kings*, Londres, 1991.
SADEK, A.I., *Popular Religion in Egypt during the New Kingdom*, Hildesheim, 1987.
SANDARS, N.K., *The Sea Peoples*, Londres, 1978.
SAUNERON, S., *Les prêtres de l'ancienne Égypte*, Paris, 1957.
SAUNERON, S., *Catalogue des ostraca hiératiques non littéraires de Deir el-Médîneh*, Le Caire, 1959.
SETHE, K., *Dramatische Texte zu Altägyptische Mysterienspielen*, Leipzig, 1928.
SHAFER, B.E., *Religion in Ancient Egypt*, Londres, 1991.
SIMPSON, W.K., *Religion and Philosophy in Ancient Egypt*, New-Haven, 1989.
SMITH, J.D., *Ramesses II. A chronological structure for his reign*, Baltimore, 1973.
TRIGGER, B.G.-KEMP, B.J., O'CONNOR, D., LLOYD, A.B., *Ancien Egypt*, Cambridge, 1987.
VALBELLE, D., *Catalogue des poids à inscriptions de Deir el-Médîneh*, Le Caire, 1977.
VALBELLE, D., *Les ouvriers de la tombe*, Le Caire, 1985.
VALBELLE, D., *Les Neuf Arcs*, Paris, 1990.
VAN DEN BOORN, G.P.F., *The Duties of the Vizier*, Londres, 1988.
VANDIER, J., *Manuel d'archéologie égyptienne*, Paris, 1952-1978.
VANOYEKE, V., *Les Grandes heures de la Grèce antique*, Perrin, 1992.

VANOYEKE, V., *La Prostitution en Grèce et à Rome*, Les Belles Lettres, 1990.

VENTURA, R., *Living in a city of the Dead : a selection of topographical and administrative terms in the documents of the Theban Necropolis*, Göttingen, 1986.

VERNUS, P., *Affaires et scandales sous les Ramsès*, Paris, 1993.

VERNUS, P., *Textes et documents relatifs à la géographie, aux cultes et à l'histoire d'une ville du delta égyptien à l'époque pharaonique*, Le Caire, 1978.

VERNUS, P., YOYOTTE, J., *Les pharaons. Les noms, les thèmes, les lieux*, Paris, 1988.

WEIGALL, A., *Histoire de l'Égypte ancienne*, Paris, 1968 (synthèse).

WENTE, E.F., *Letters from Ancient Egypt*, Atlanta, 1990.

YOYOTTE, J., *Le jugement des morts dans l'Égypte ancienne*, Paris, 1961.

ZABA, Z., *Pruvodce vystavou Deir el-Medina*, Prague, 1950.

TABLE DES MATIÈRES

TROISIÈME PARTIE

RAMSÈS III À LA CONQUÊTE DE SON PAYS

QUATRIÈME PARTIE

RAMSÈS CONQUÉRANT

CINQUIÈME PARTIE

LES CONSÉQUENCES DES VICTOIRES ÉGYPTIENNES

SIXIÈME PARTIE

LA CONSPIRATION DU HAREM

DANS LA MÊME COLLECTION

Alexandre le Grand, de Philippe Guilhaume.
Attila, de Philippe Guilhaume.
Hannibal, de Violaine Vanoyeke.
Guillaume le Conquérant, de Gilles Henry.
Tamerlan, de Fabrice Léomy.

Cet ouvrage a été réalisé par la
SOCIÉTÉ NOUVELLE FIRMIN-DIDOT
Mesnil-sur-l'Estrée
pour le compte des Éditions France-Empire
en janvier 1996

Imprimé en France
Dépôt légal : février 1996
N° d'impression : 32944